세계 장식문양 4

세계 장식문양(꽃)

ORNAMENT DESIGN OF THE WORLD

편집부편

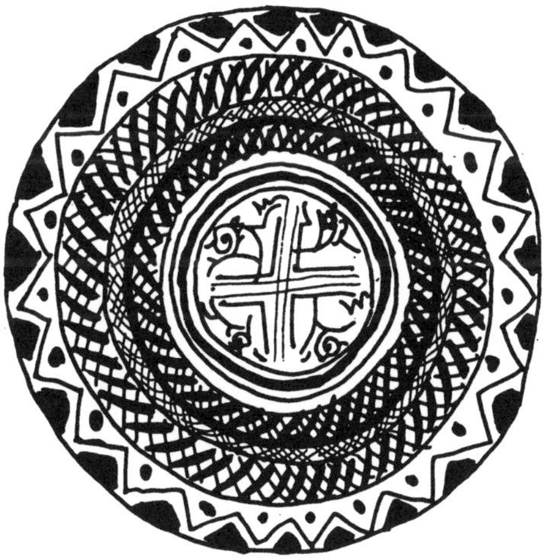

SANCTUS 도서출판 상투스

INTRODUCTION

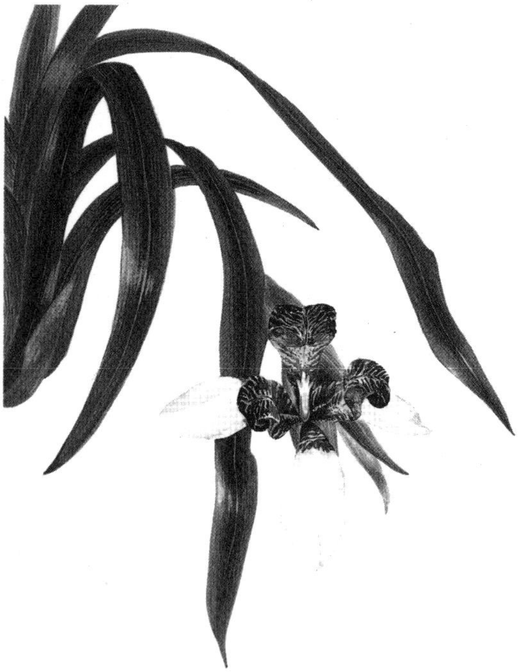

장식문양은 인류 역사상 선사시대 이후 오늘날까지 건축물이나 공예품, 도서……등등, 우리 주위 모든 분야에 널리 활용되고 있으며 그 가운데서도 꽃을 모티프로 한 문양이 주종을 이루고 있다. 옛 르네상스 시대, 바로크 시대, 아르누보 시대 등에서의 섬세함이나 화려한 문양이 오늘날에 와서는 현대감각에 부응한 문양으로 심히 놀라운 발전을 거듭하고 있다.

이 책은 문양 작도의 기본을 포괄적으로 설명을 하고 있지만 전체적으로는 꽃문양의 자료의 역할에 중점을 두고 있다고 보아야 할 것이다. 또 단색 부분 역시 시대적인 배경으로 구분은 되어있다고 해도 어디까지나 자로로서의 가치에 치중한 내용을 담고 있다.

장식문양은 미술의 장르 가운데서도 정밀 일러스트레이션에 속하며, 처음부터 끝까지 기하학적인 구상에서 정확한 도안에 입각한 제작을 요하고 있으므로 특히 문양을 상품화할 때 다양한 사고 속에서 재능을 발휘해야 할 것이다.

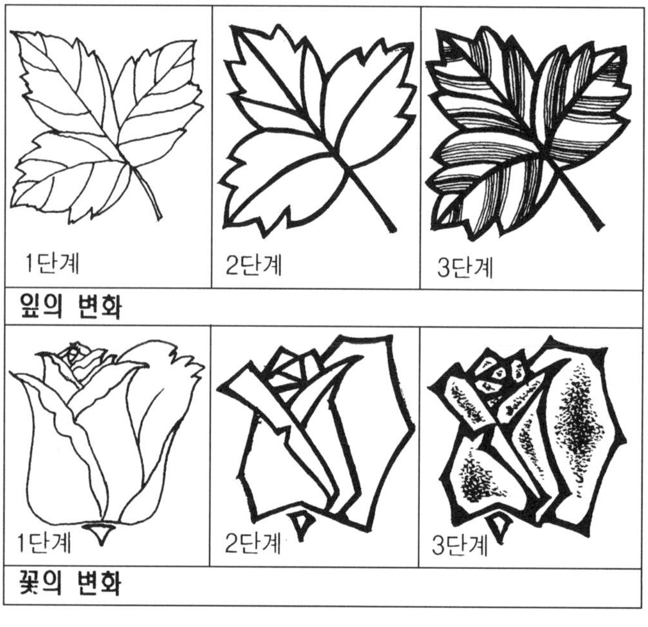

꽃과 잎에 간단한 변화를 준 형태

사물을 문양화할 때는 먼저 형태에 변화를 주어야 하는데, 생각해 둔 문양에는 반드시 작도의 순서가 있으며 순서에 따라 그려나가야만 뜻한바 작품을 만들 수가 있다. 왼쪽은 그 한 예로서, 잎은 태선과 세선을, 꽃은 태선과 점으로 표현한 예이다.

이 밖에 여러 가지 형태의 문양으로도 그려봄으로써 문양 작도의 기초를 다져나가야 할 것이다.

꽃의 단독문양

꽃을 모티프로 한 문양을 살펴보면, 꽃 한 종류(단독)만으로 구성된 것과 여러 종류의 꽃의 복합적인 것으로 대별할 수가 있다. 여기에 나뭇잎이나 열매, 덩굴, 추상적인 무늬가 가미된 문양들로 이어나간다. 여기서는 꽃문양의 기초적인 구성요소를 살펴보기로 한다.

먼저 꽃 한 포기를 본다면 자연적인 형태에서는 화면상에서 어느 한쪽의 기우러짐이 없게 하기 위해서 꽃 모양 자체에 균형이 이루어져 있어야 하며 기하학적인 형태에서는 대칭형이 가장 이상적인 형태가 된다.

단독문양

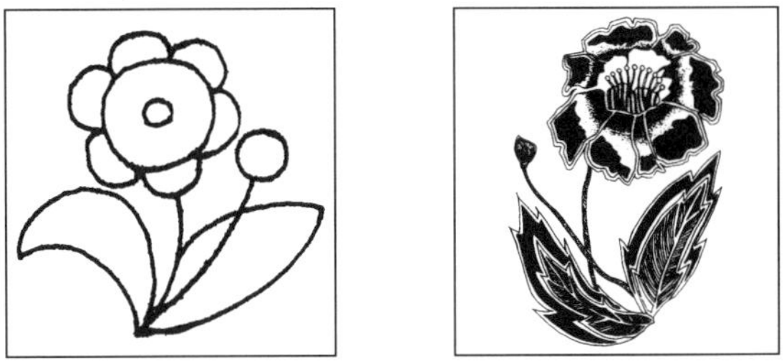

균형 형태

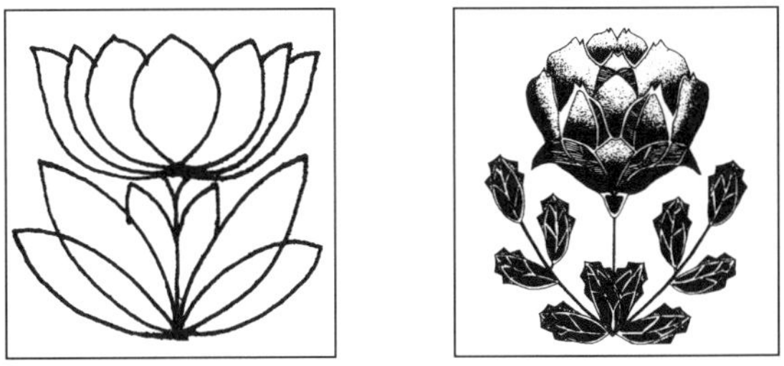

대칭 형태

꽃의 연속문양

꽃문양에는 단독문양과 연속문양으로 대별할 수 있다. 꽃 한 종류로 꾸민 단독문양도 배경과 주위를 다양하게 장식한 훌륭한 문양들이 많지만, 같은 종류의 꽃 혹은 서로 다른 종류의 꽃들의 배합으로 중복이나 연속되어진 문양도 허다하다.

연속문양은 르네상스 시대, 교회나 다른 건축물 혹은 책의 장정에 활발히 활용된 문양으로서, 오늘날에도 종횡으로 긴 공간에 널리 활용되고 있으며 같은 문양이 반복되어 다소 지루한 느낌은 있어도 전체적으로는 안정되고 소박한 감정을 불러일으키는 문양이다.

이러한 문양을 제작하려면, 과거(불과 20년 전)에는 작가들이 같은 모양을 정확하게 컬러 물감으로 그리든가 아니면 제판과정에서 필름으로 연속적으로 이어가는 아주 복잡한 공정을 거쳐야 했다. 그러나 오늘날에는 컴퓨터에 의해 기본 화면만 있으면 아무리 복잡한 문양이라도 간단하게 해결이 된다.

복잡한 연속무양을 다시 대별해 본다면 다음 8종으로 분류할 수가 있다.

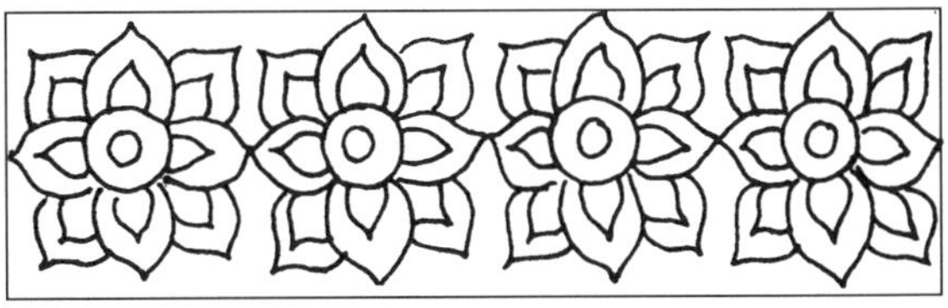

① 위에서 본 형태

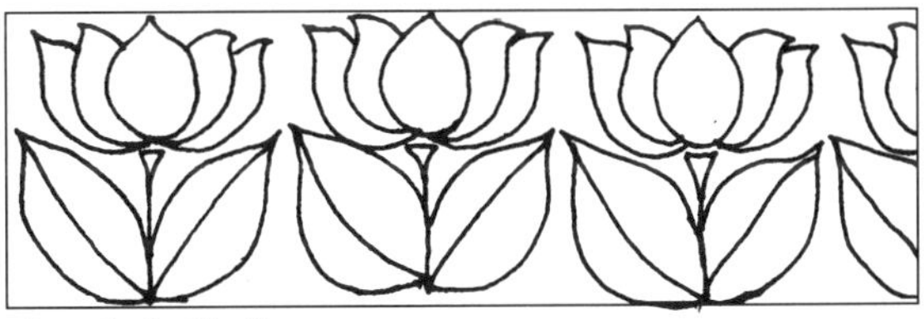

② 직립 형태

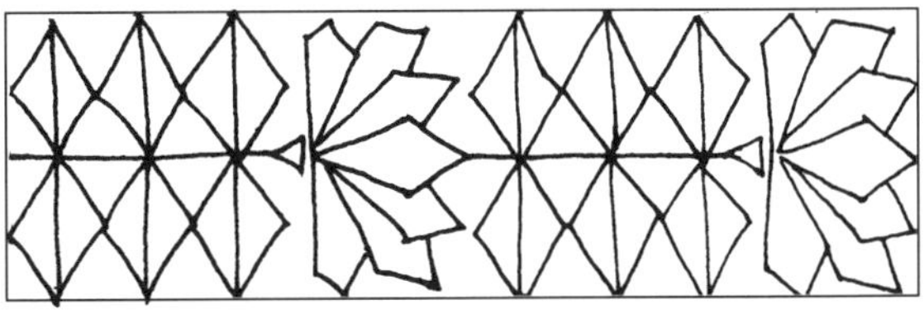

③ 누운 형태

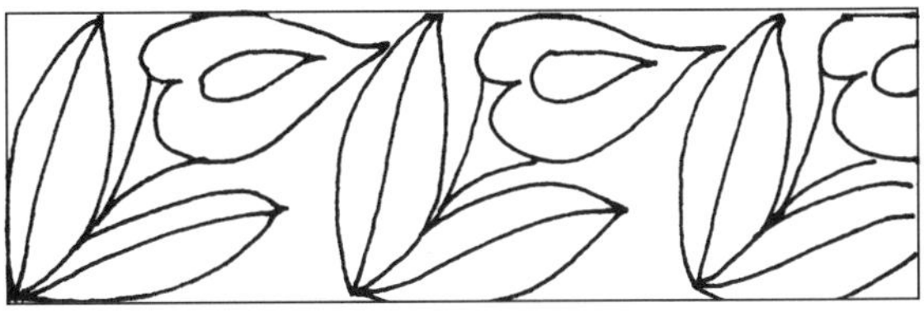

④ 경사진 형태

단순한 꽃 한 포기로 훌륭한 문양을 만들기 위해서는 각고의 노력이 필요하다. 즉 꽃의 확산과 축소, 주위의 중복된 배열, 각 색채의 배려, 명암의 시가적인 안배 등등을 염두에 두고 많은 자료를 통해 자기 나름대로의 주관적인 화법을 개발해야 될 것이다.

이제부터 이 책에 수록된 자료를 통해 나의 문양세계를 만들어보자.

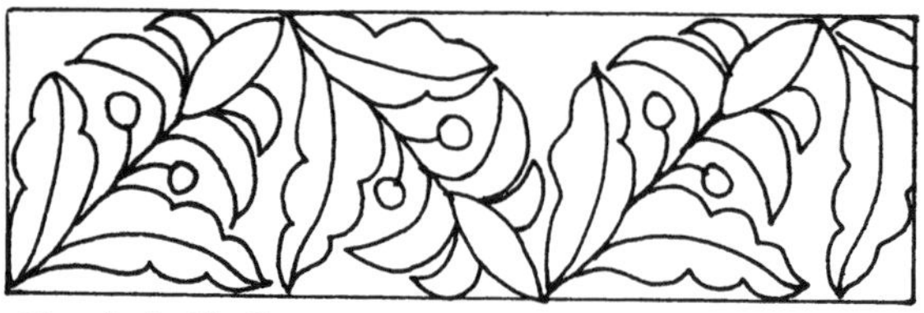

⑤ 꺾인 형태

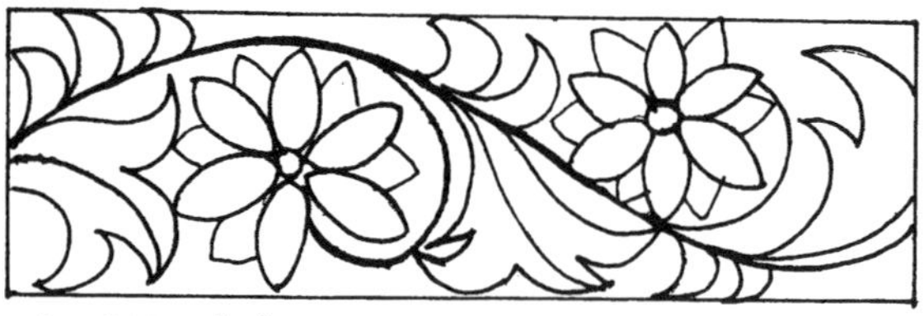

⑥ 파문 형태

⑦ 아래위 반복 형태

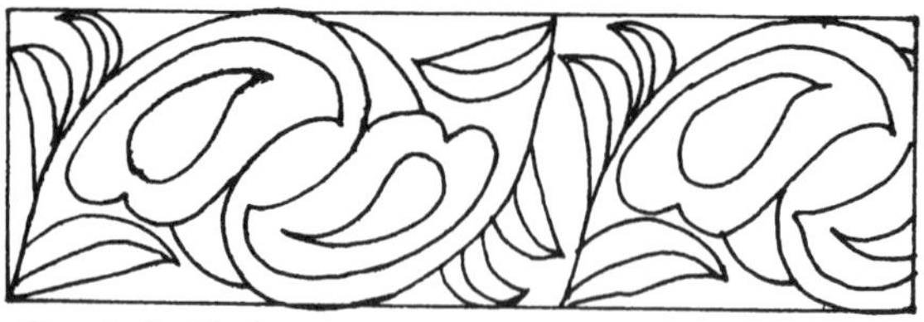

⑧ 회전 형태

단독문양의 변화

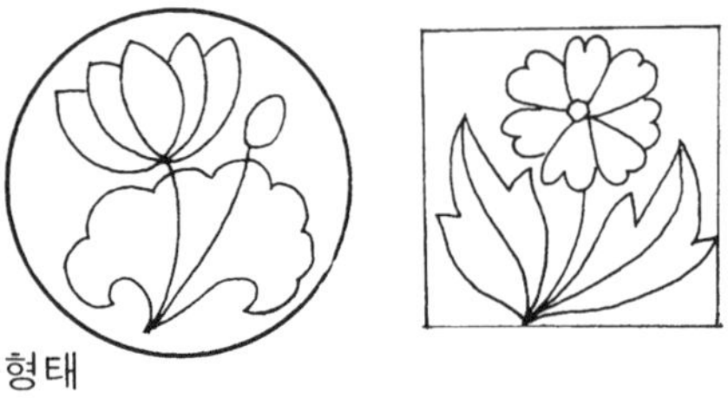

균형 형태

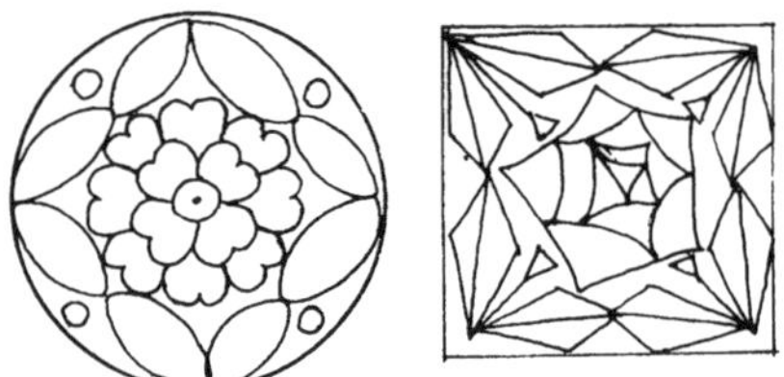

내심 형태

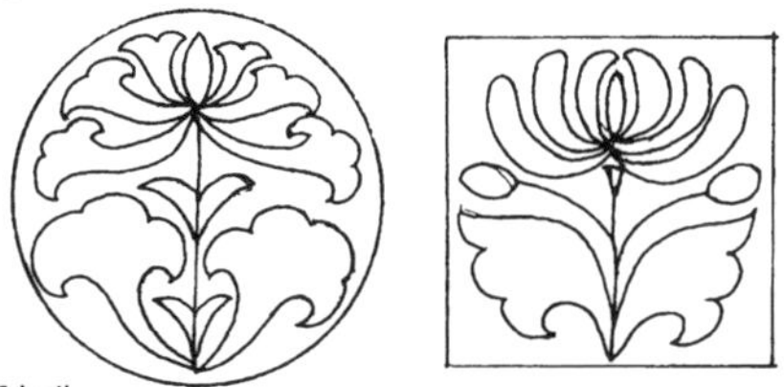

대칭 형태

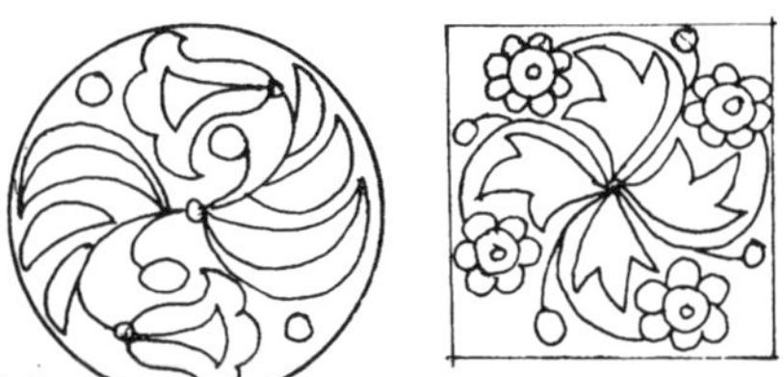

회전 형태

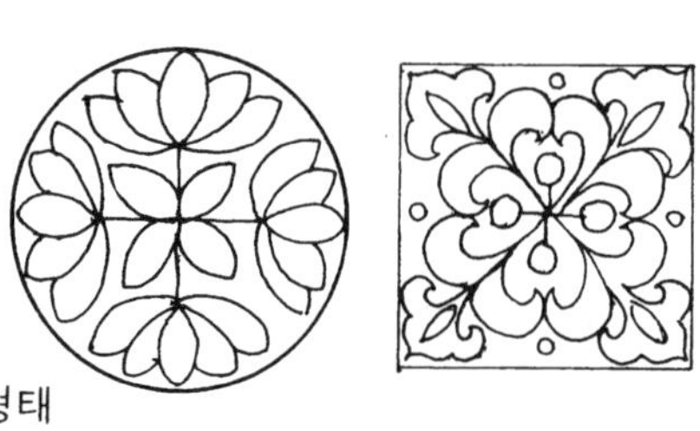

외심 형태

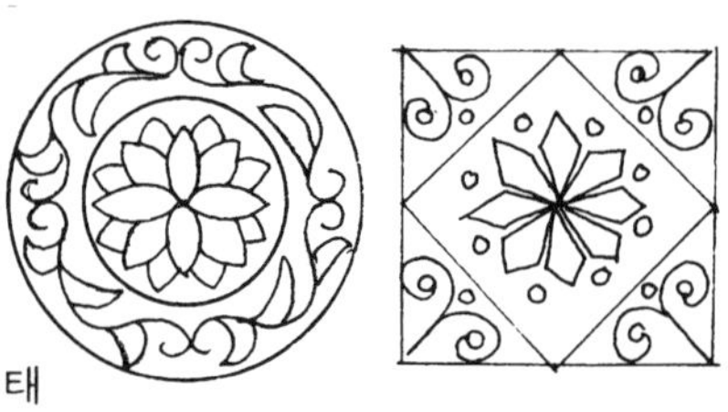

이중 형태

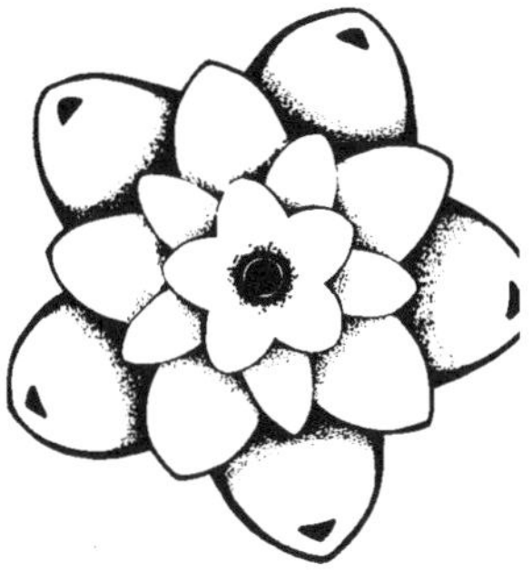

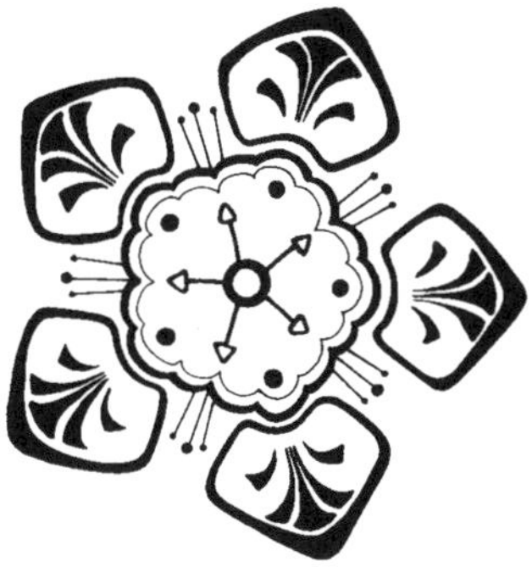

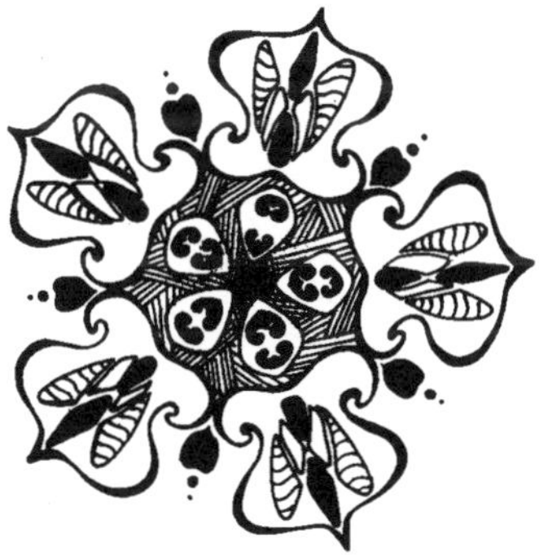

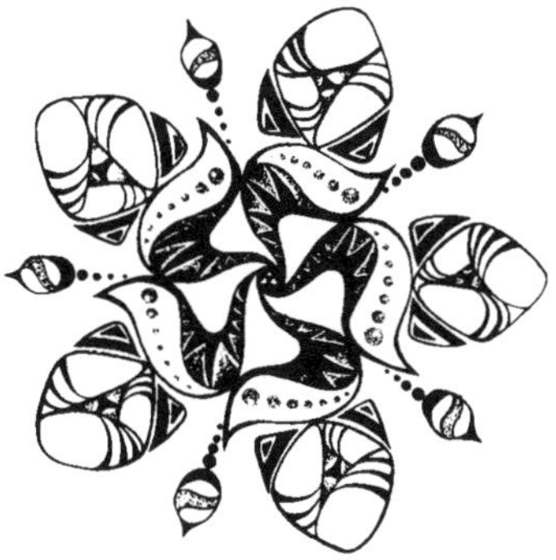
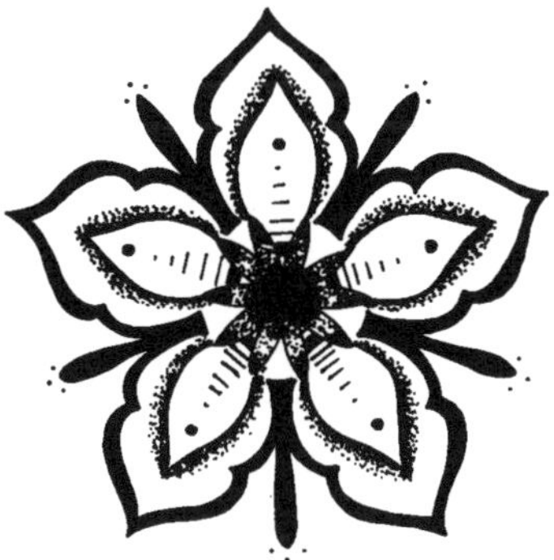

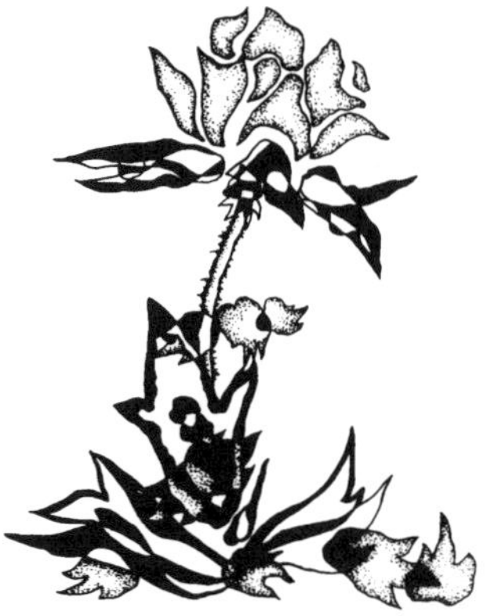
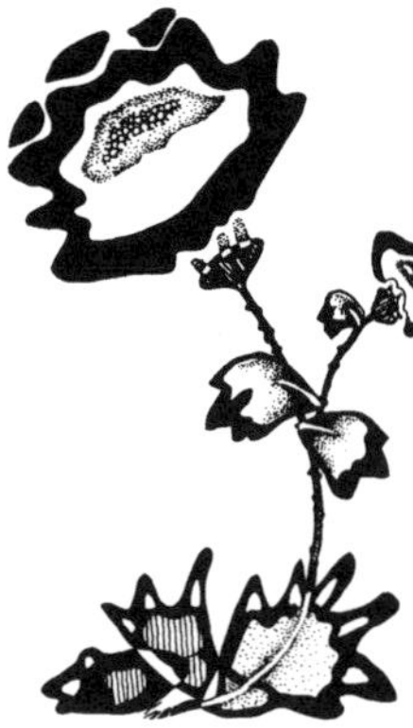
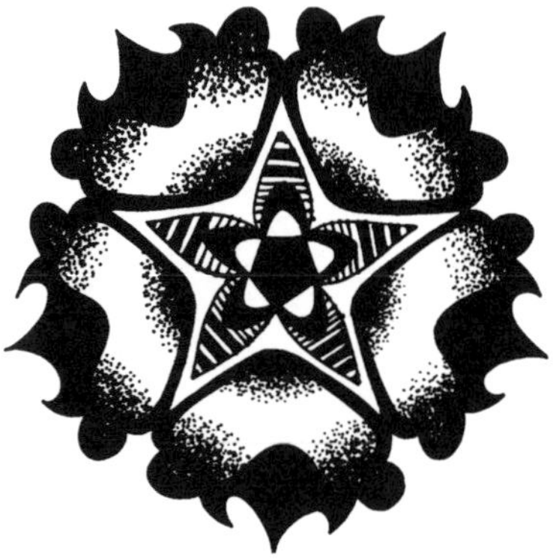
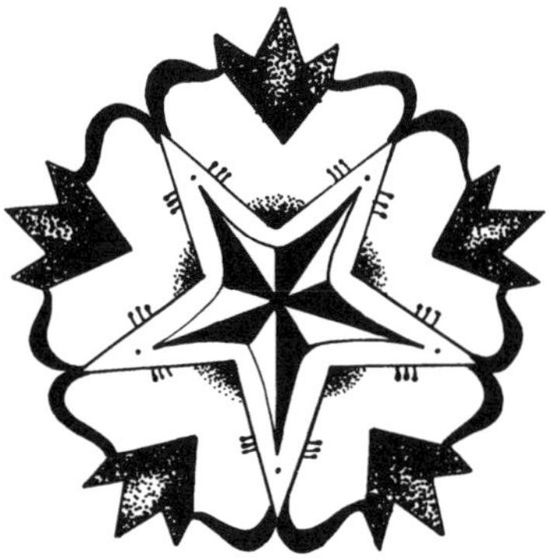

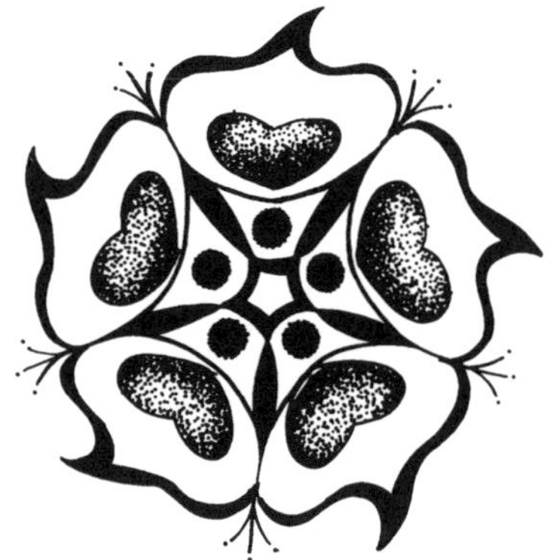
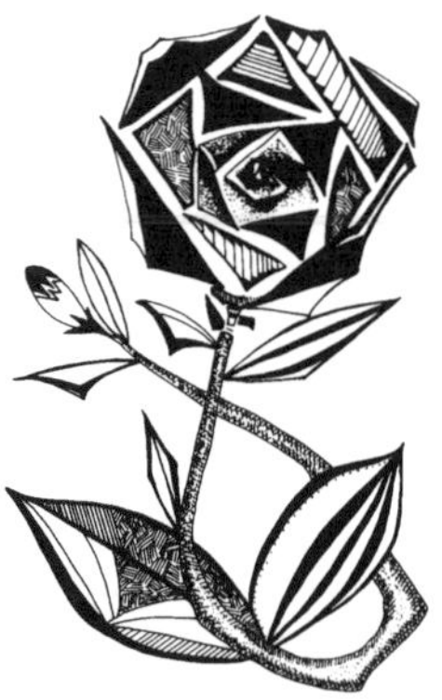
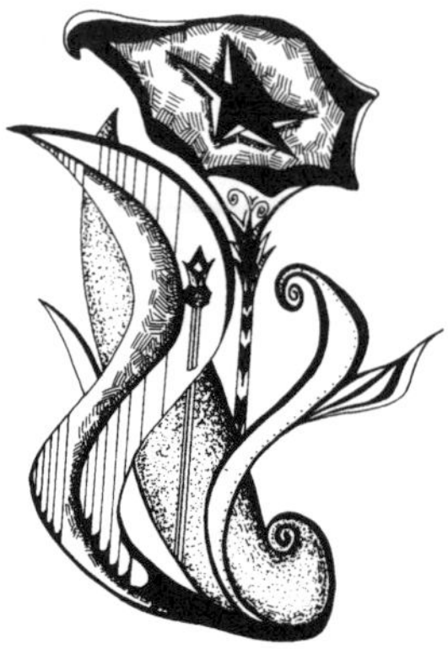

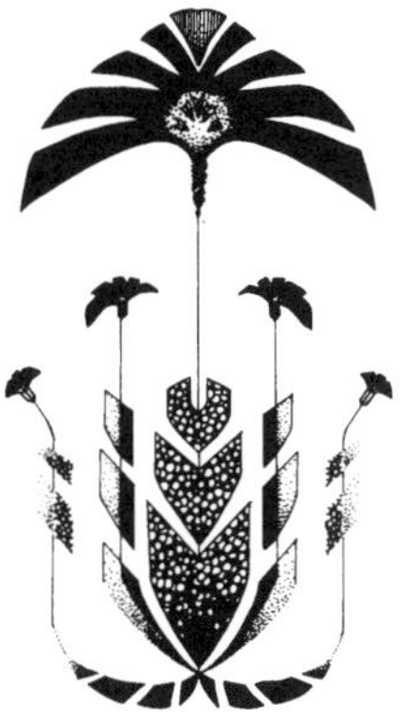

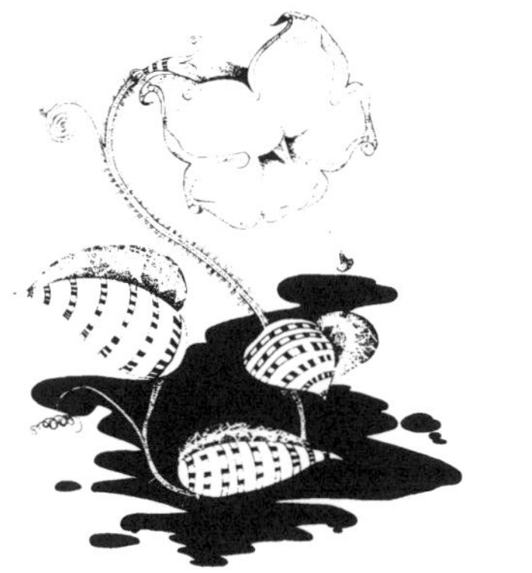

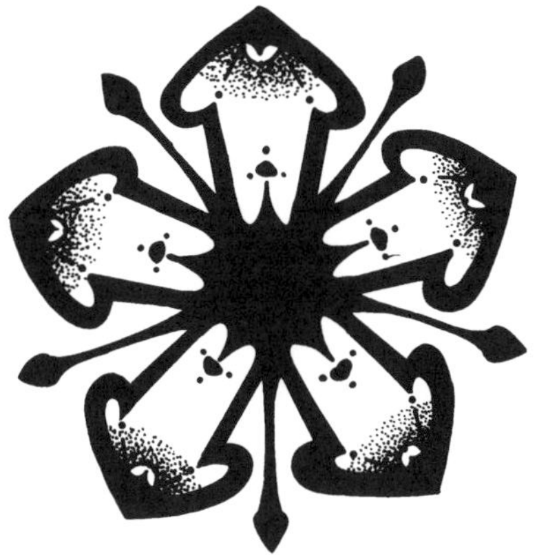

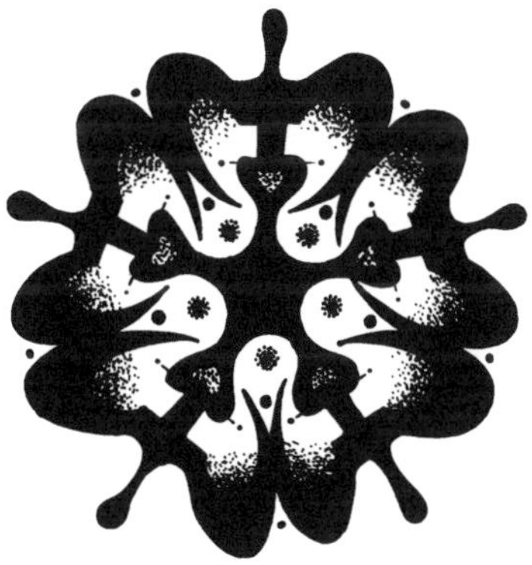

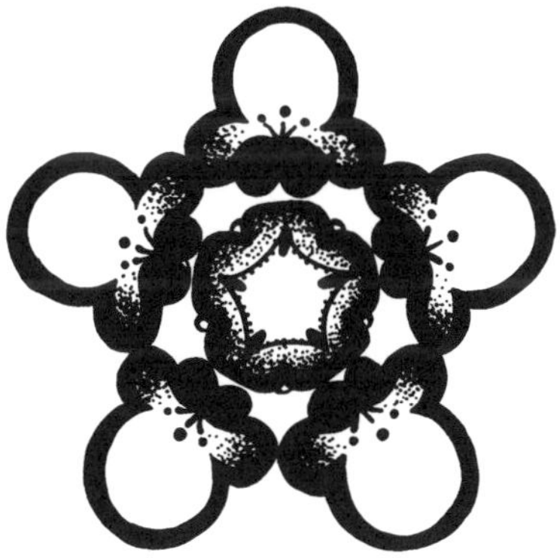

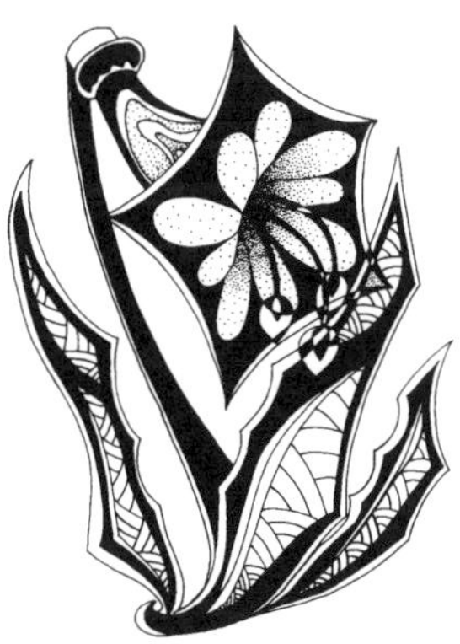

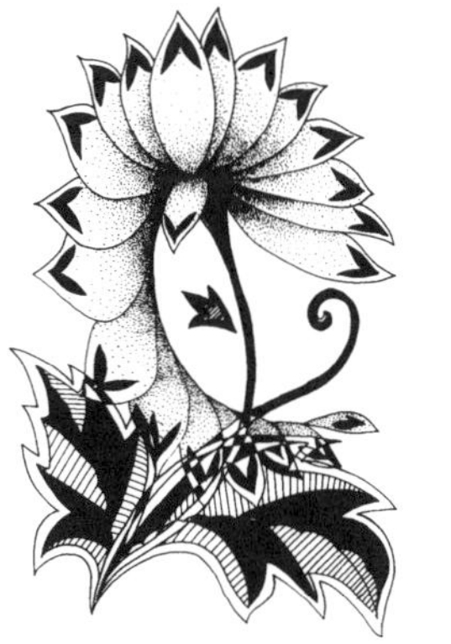

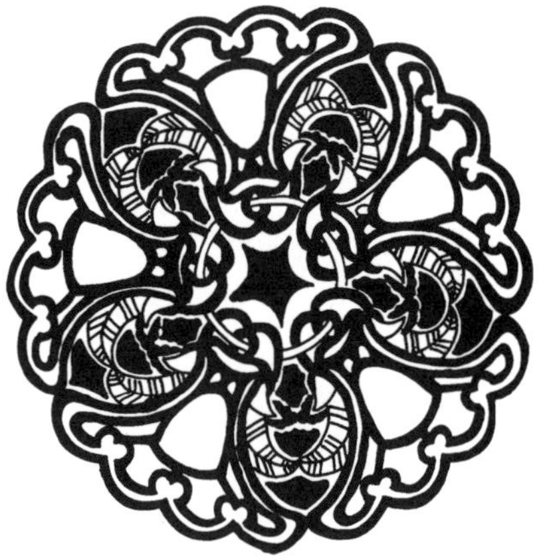
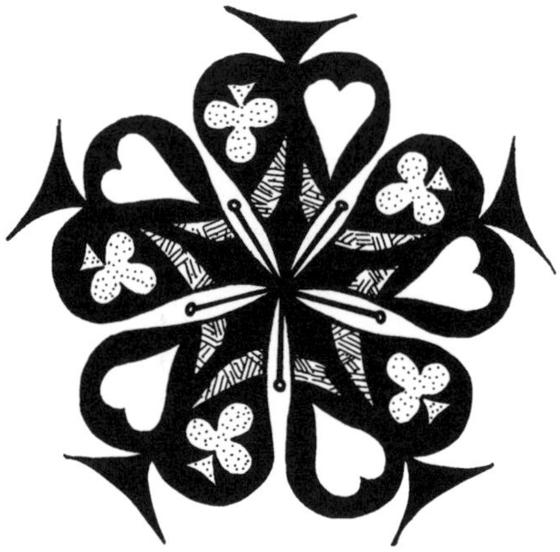
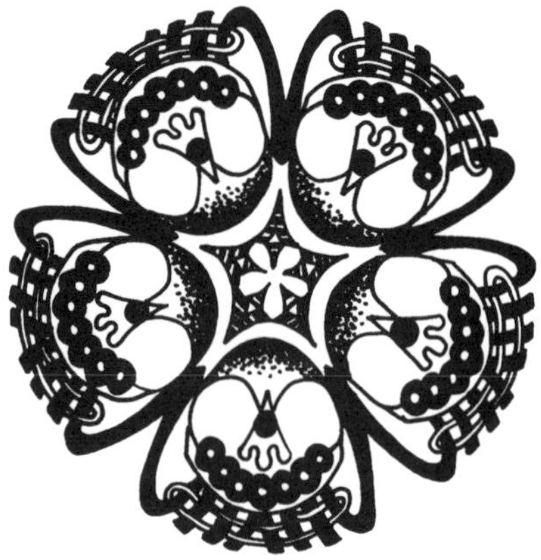
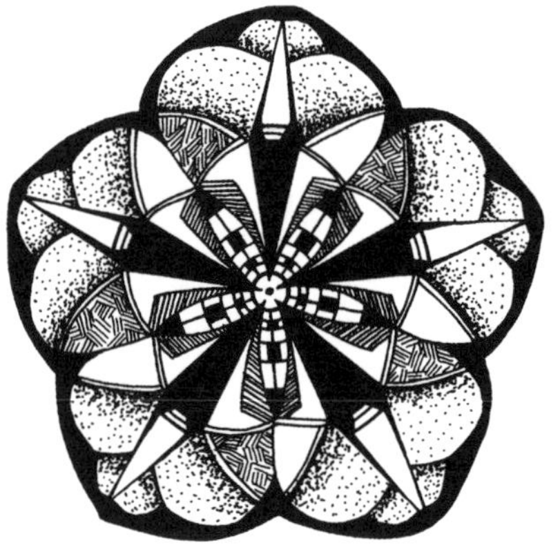

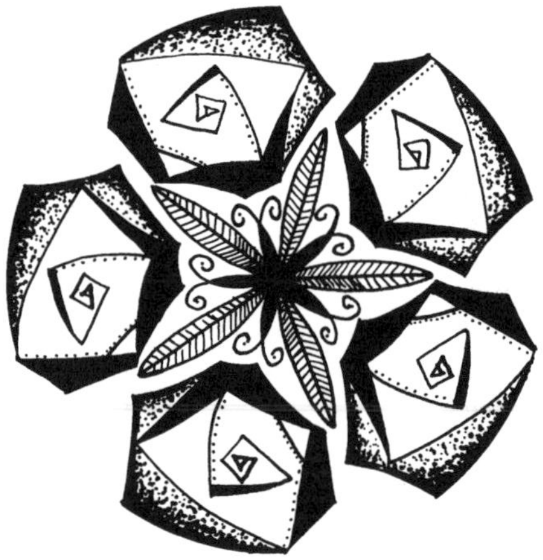

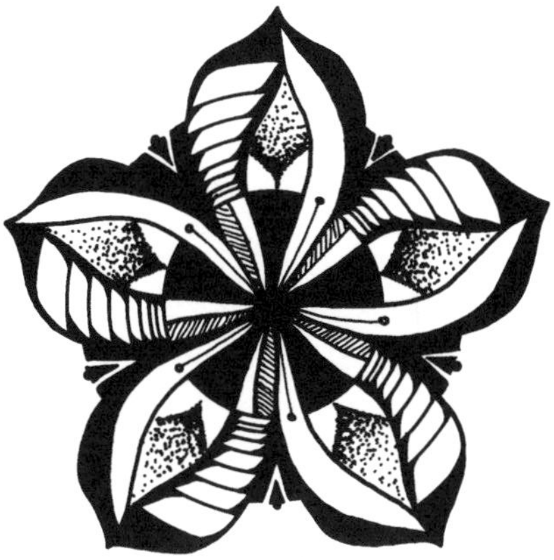
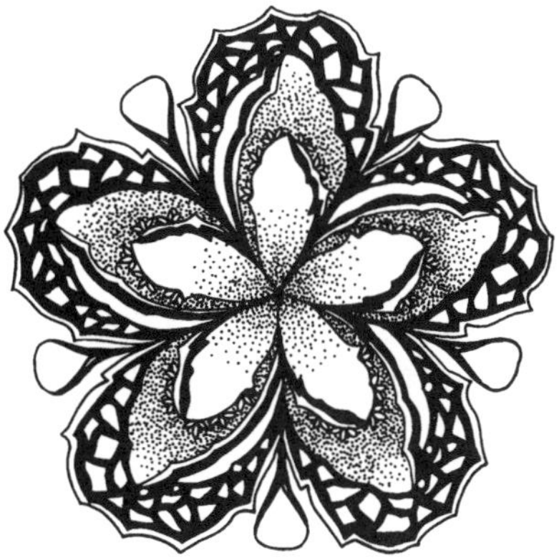
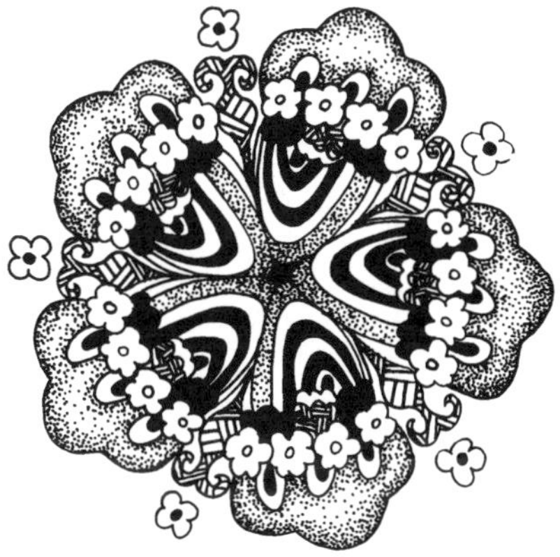
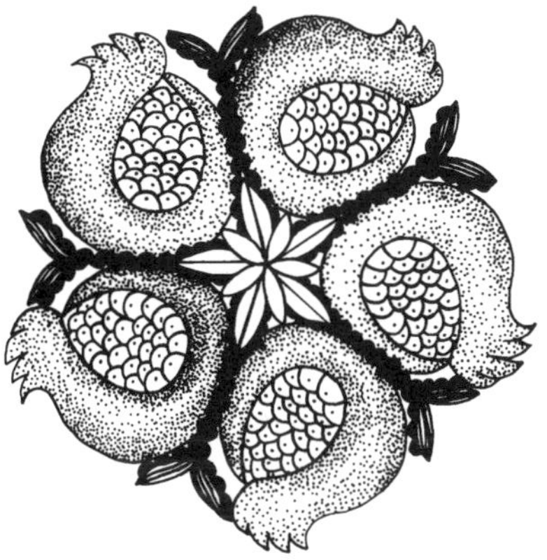
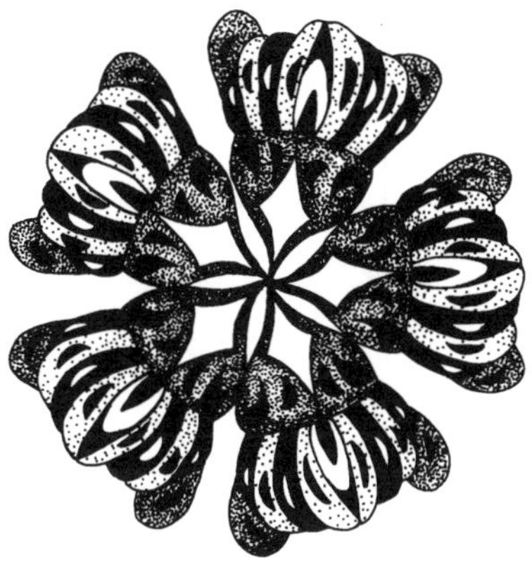
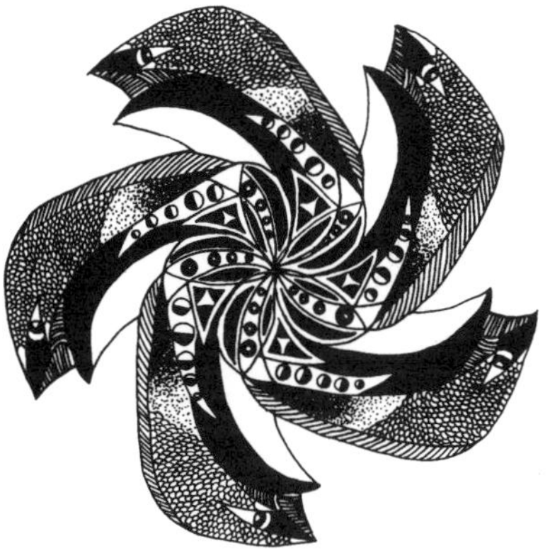

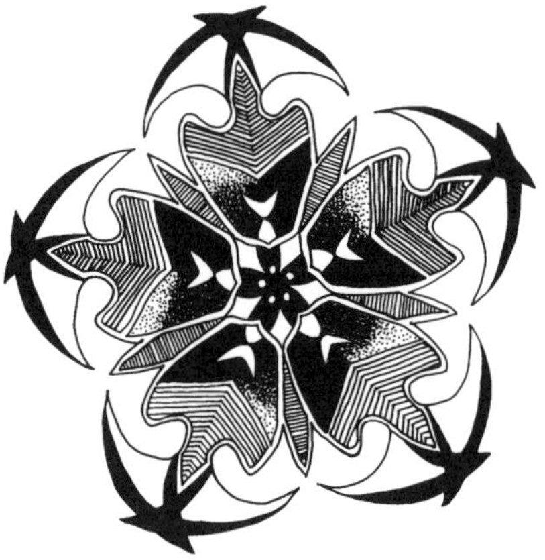
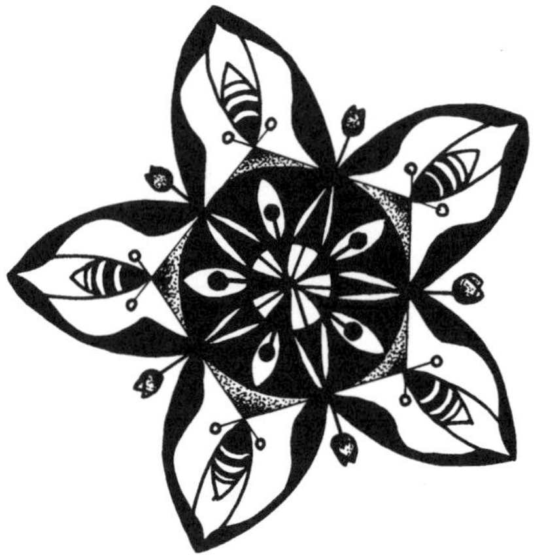
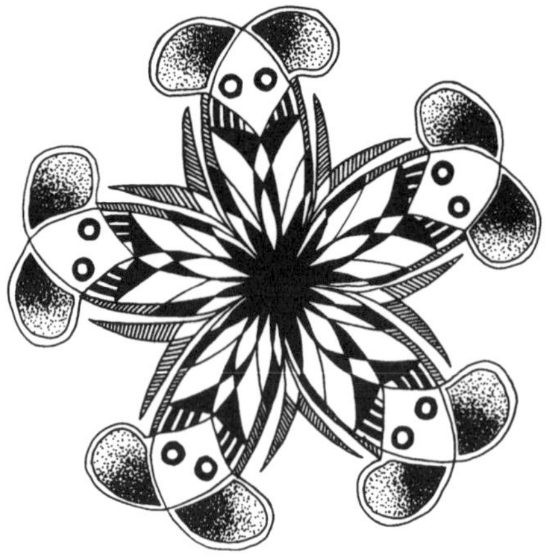
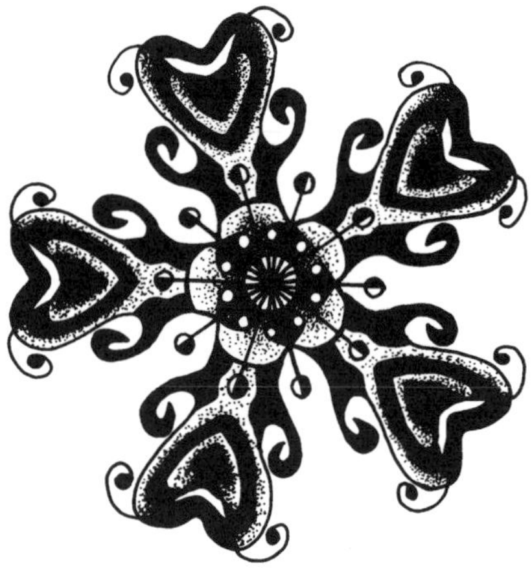
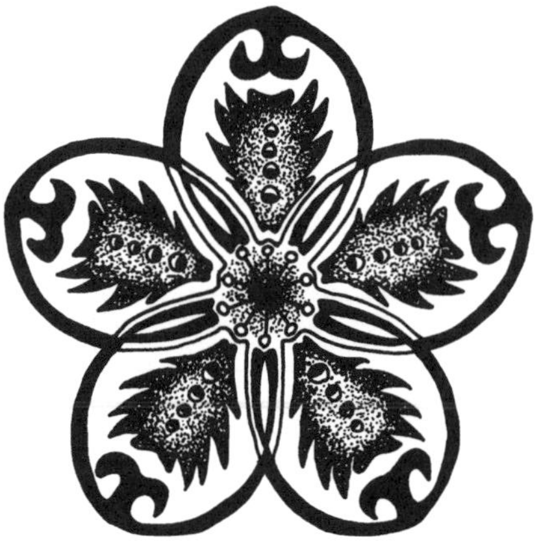
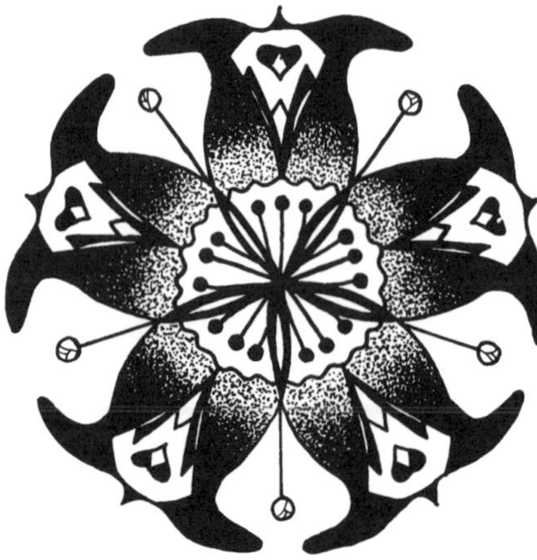

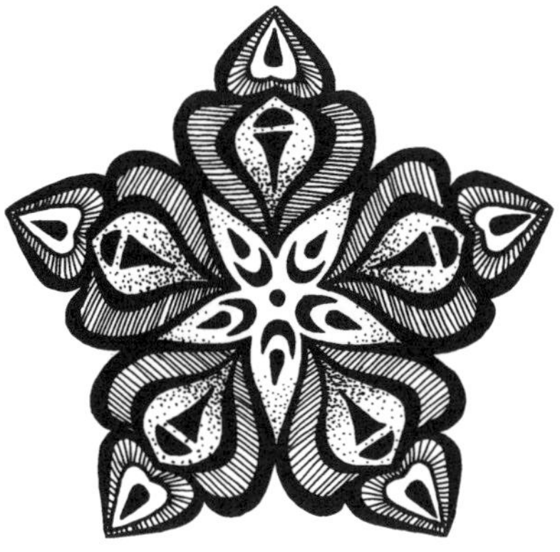
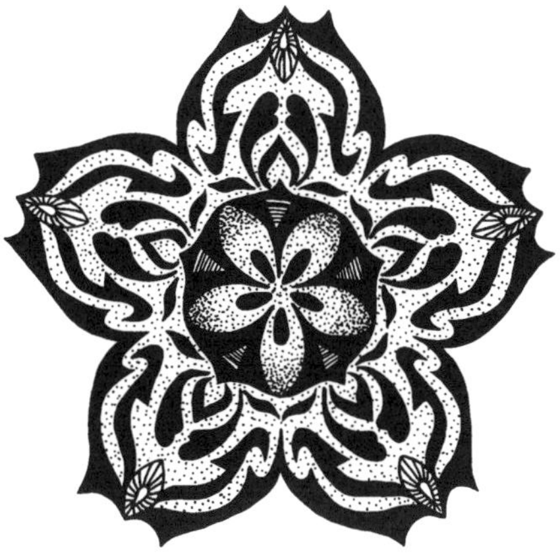
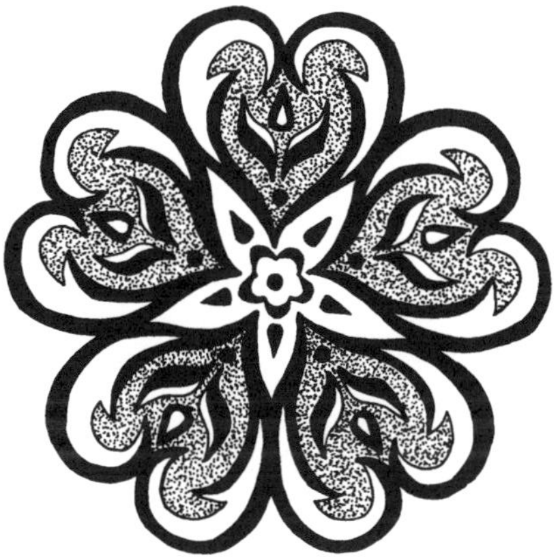
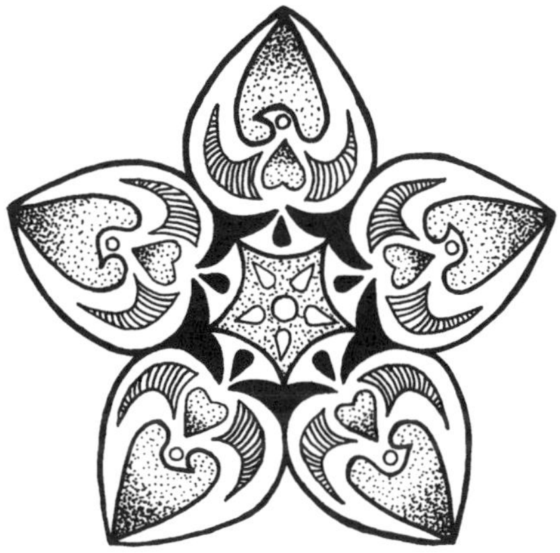
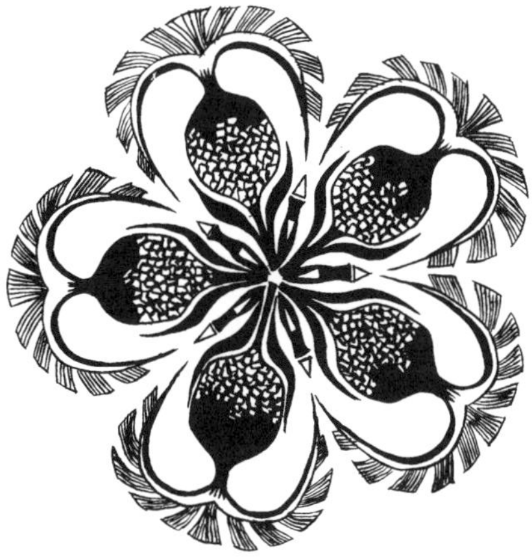
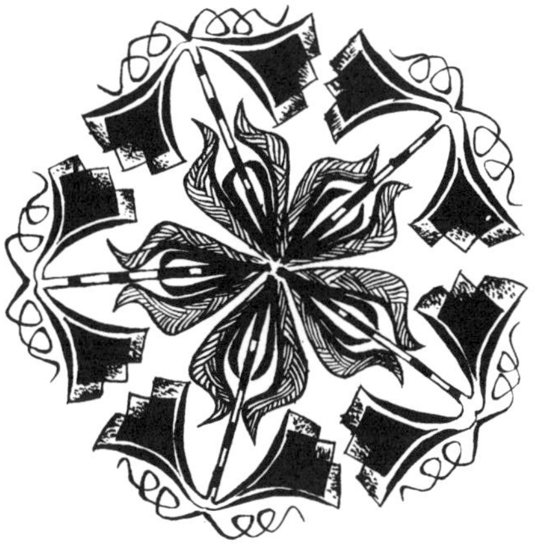

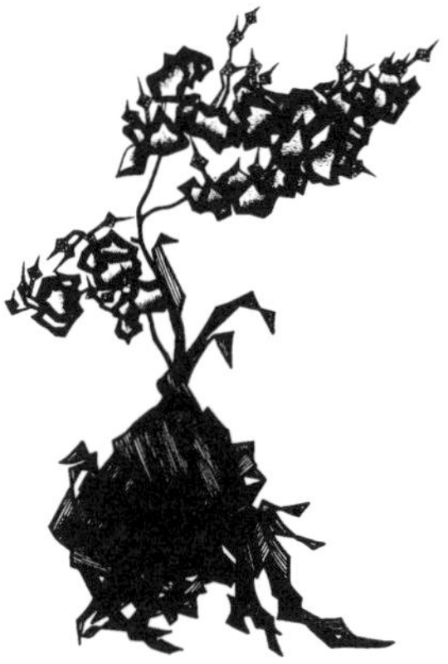

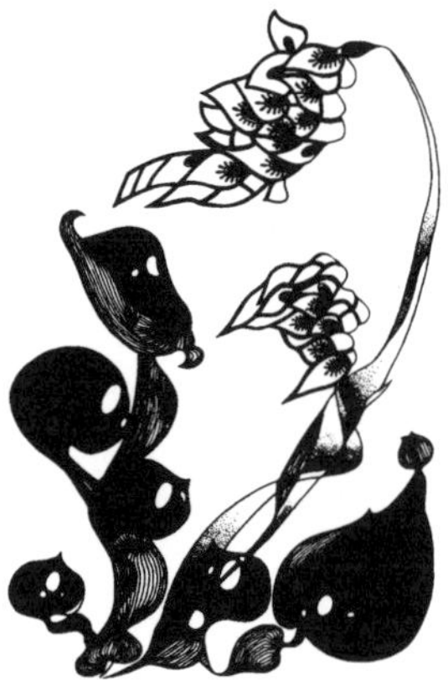

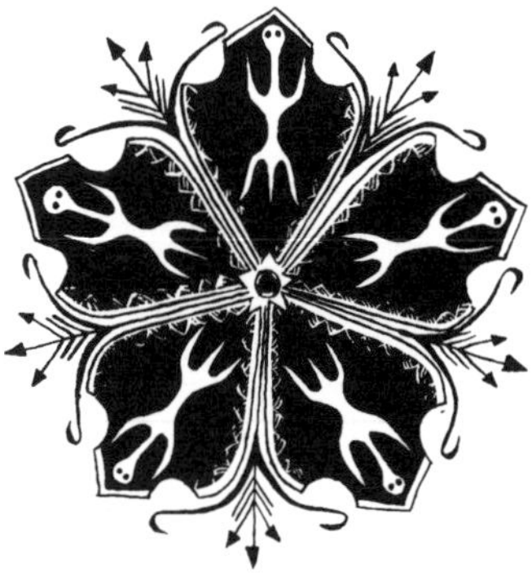

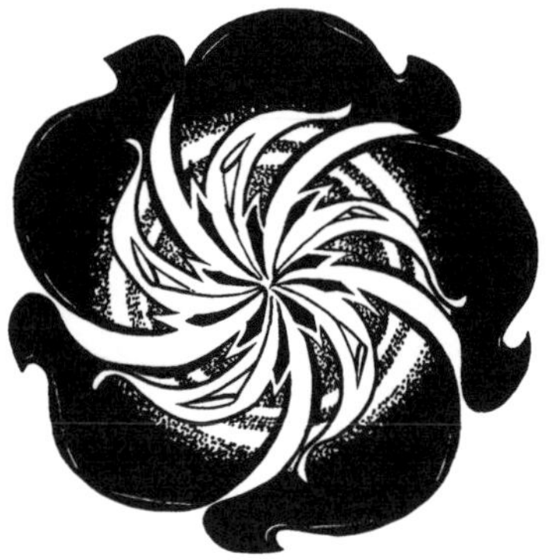

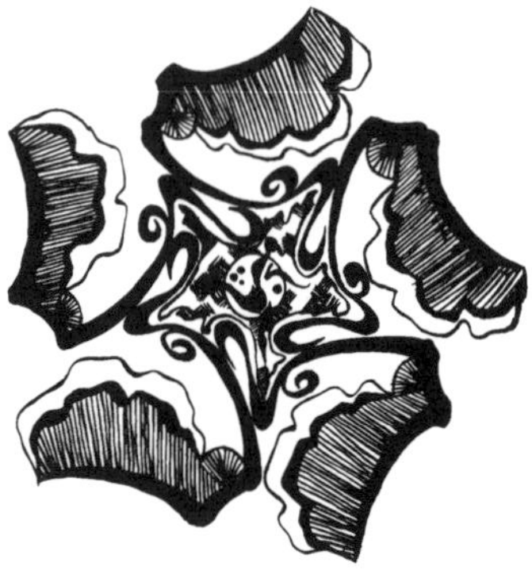

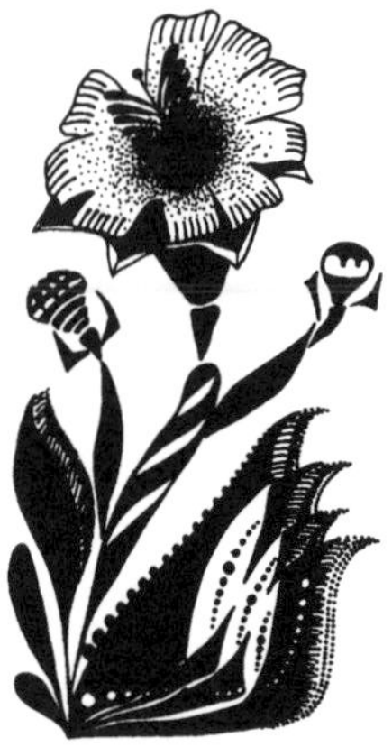

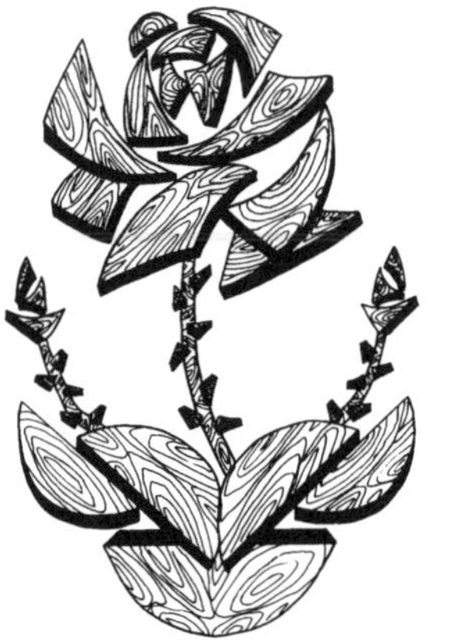

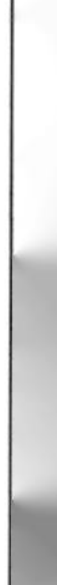

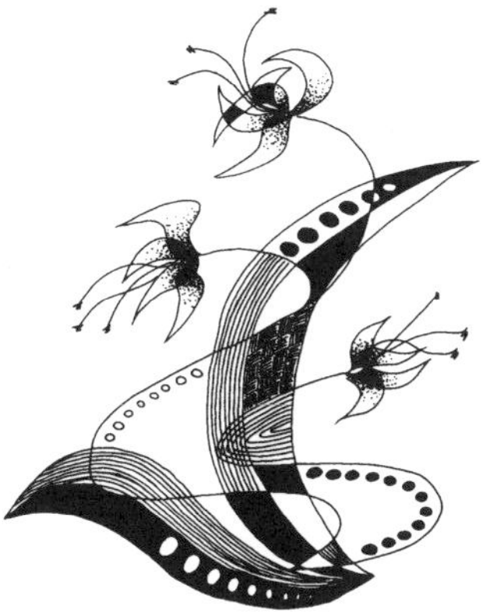
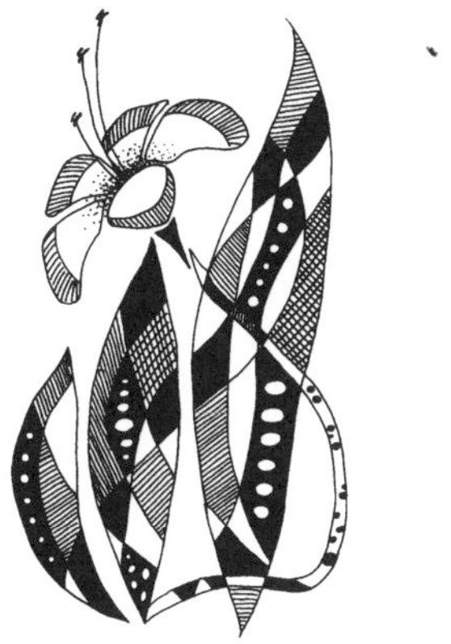
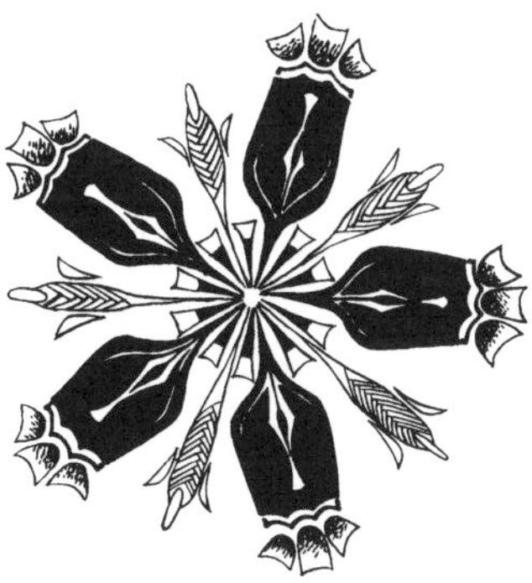
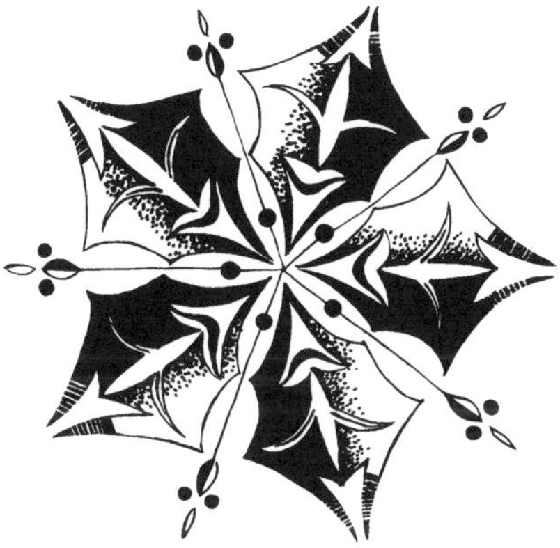
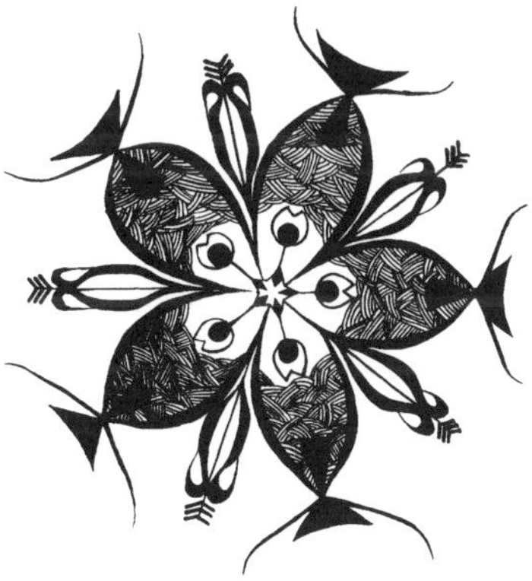
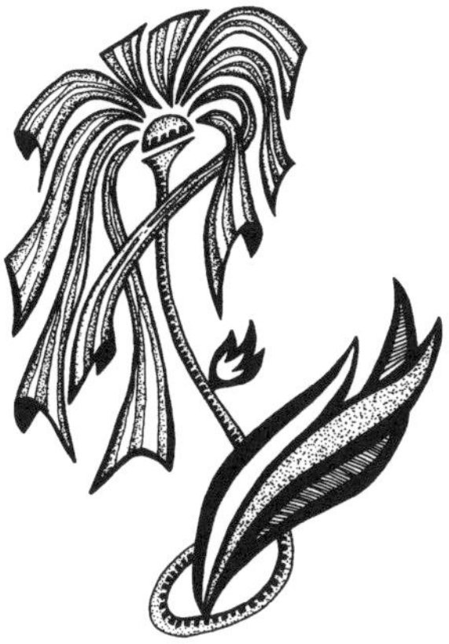
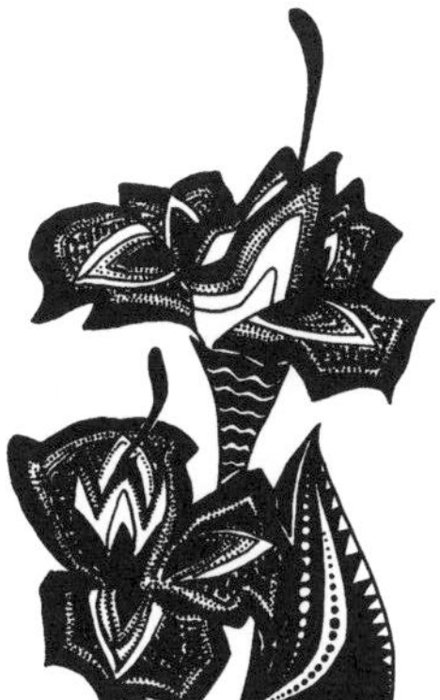

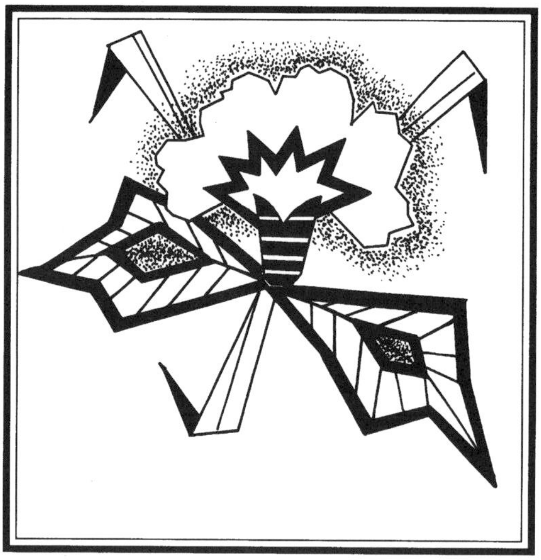

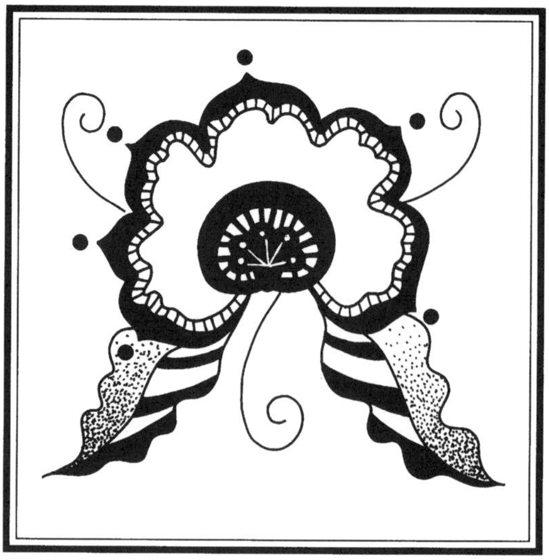

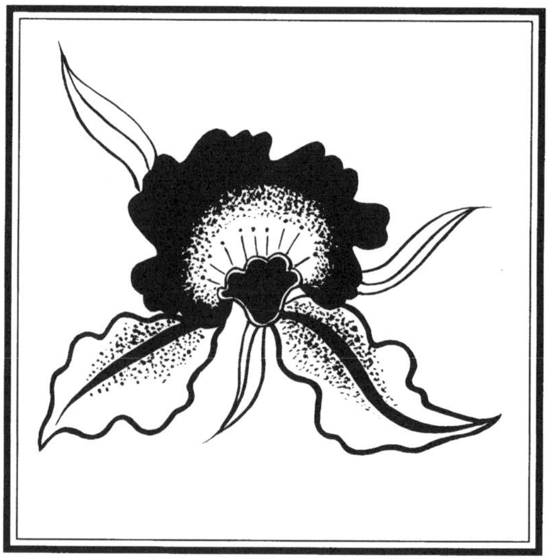

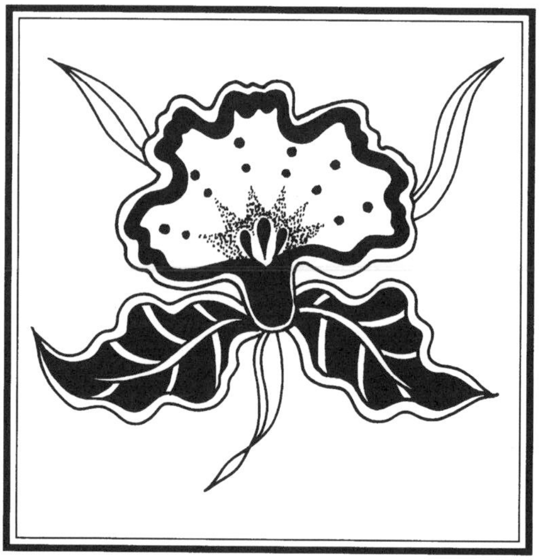

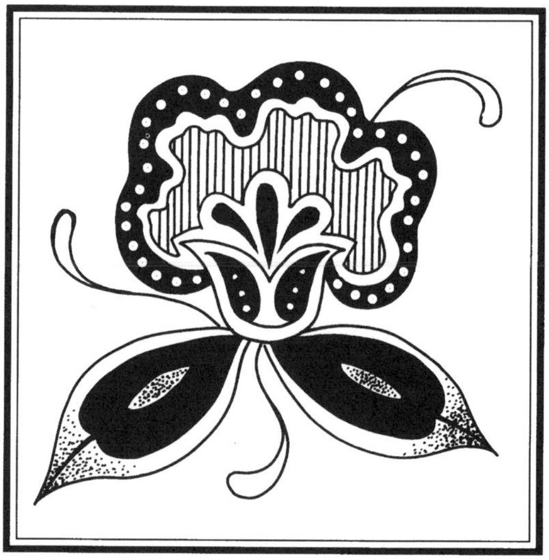

단독문양에서의 색체 변화

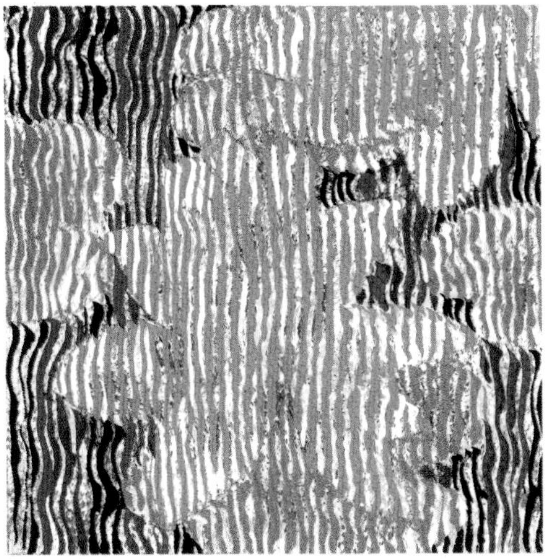

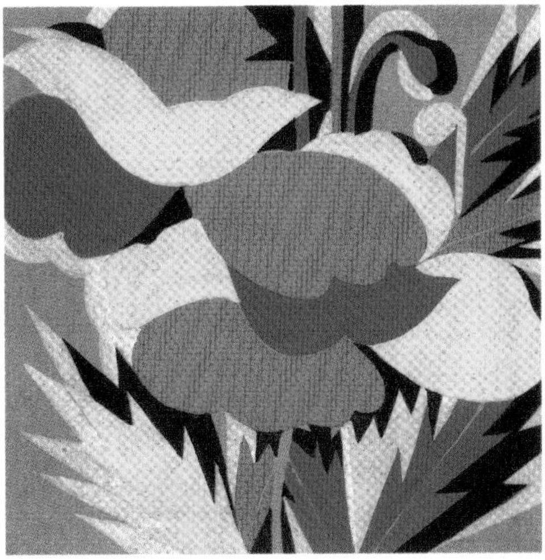

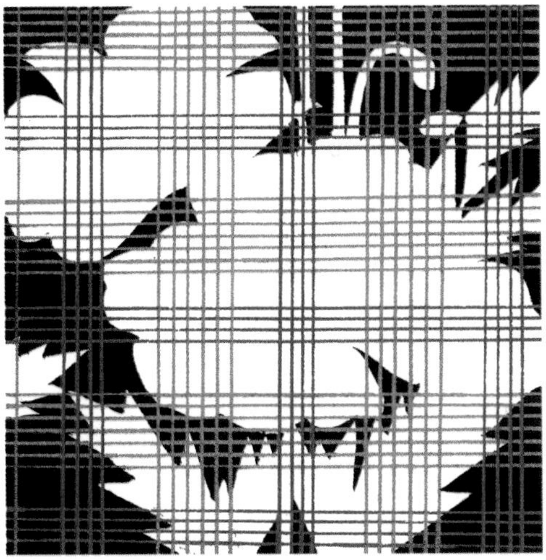

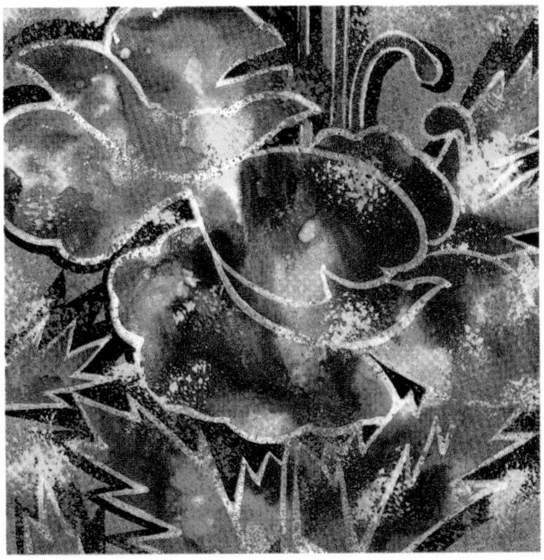

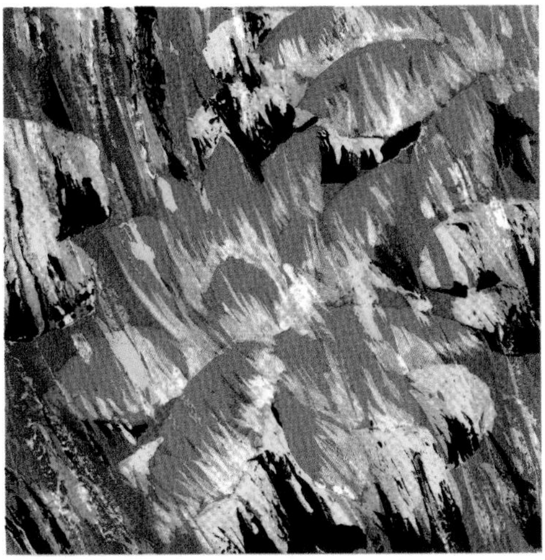

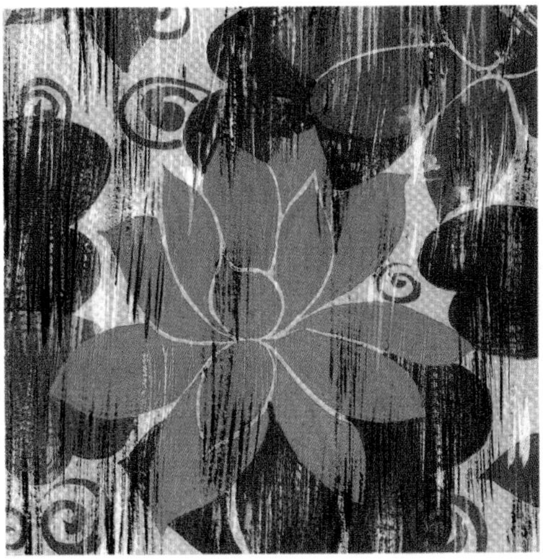

색채의 밝기에 의한 변화

색채의 밝기에서는 문양의 강조 부분을 확실하게 표현할 수 있다. 또 색채의 밝기로써 어떤 부분의 강조가 아닌 전체적인 단조로움이나 안정감을 나타낼 수도 있다. 이와 같이 색채의 명암에 따른 표현의 감각을 완전히 익혀야만 한다. 미술의 어느 분야에서나 아주 중요한 부분임을 명심하자.

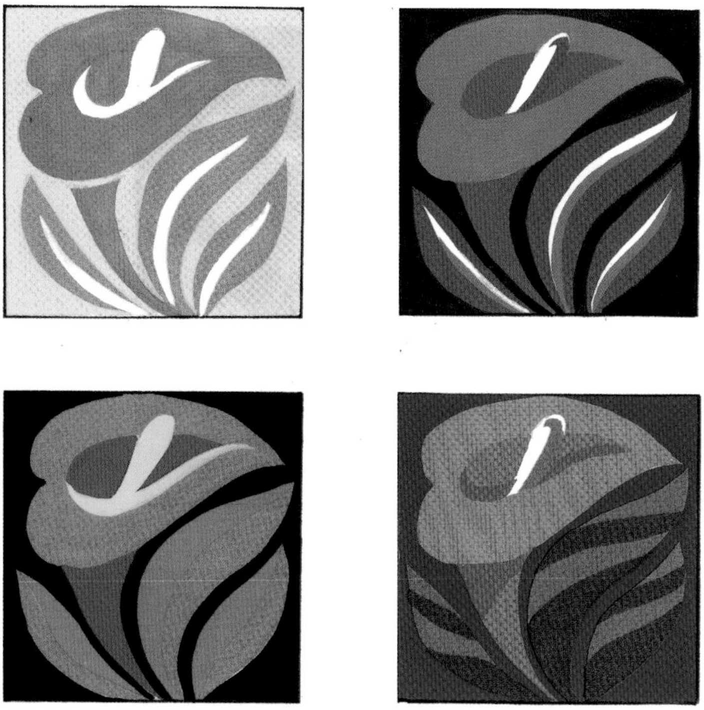

색채의 농담에 의한 변화

색채의 농담에 따라 시각적인 효과를 배가시킬 수도 있고 그 아래로 끌어내릴 수도 있다. 왼쪽 그림은 동색계열의 색채 농담이 그 강도에 따라 어떠한 시각적인 효과를 나타내고 있는가를 잘 보여주고 있다. 문양의 색채표현에서 동색계열의 색채 변화를 익혀 많이 활용해야 한다.

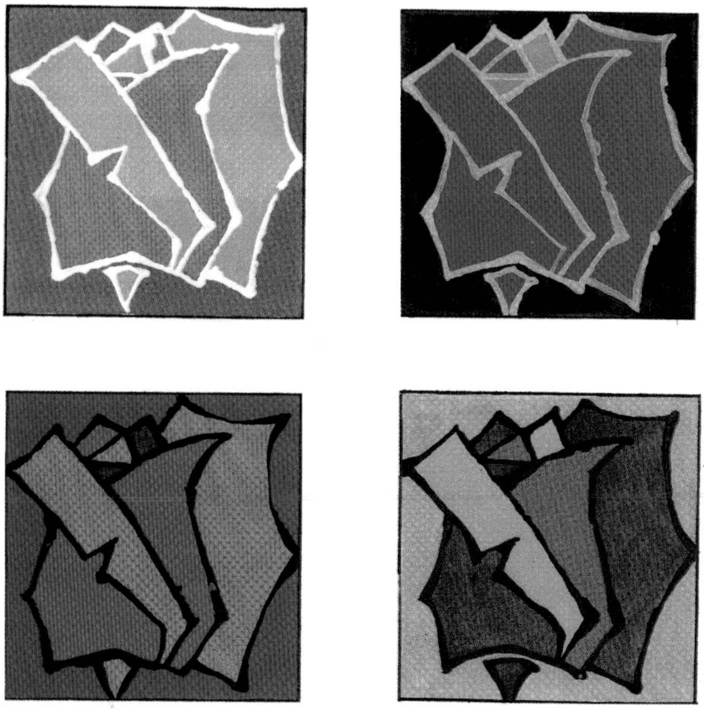

문양 밑그림의 준비와 착색의 효과

미술의 어떤 장르에서도 밑그림은 꼭 필요하다. 특히 정밀함을 생명으로 하는 문양제작에 있어서의 밑그림은 어느 분야보다도 세밀하고 정확해야 한다. 오른쪽 그림은 꽃의 간다한 밑그림에서 그 배경과 각 부분의 착색을 나타낸 것이다. 여러분은 이 순서에 입각해 다른 여러 가지 색채로도 시도해 보고 그 효과를 살펴보자.

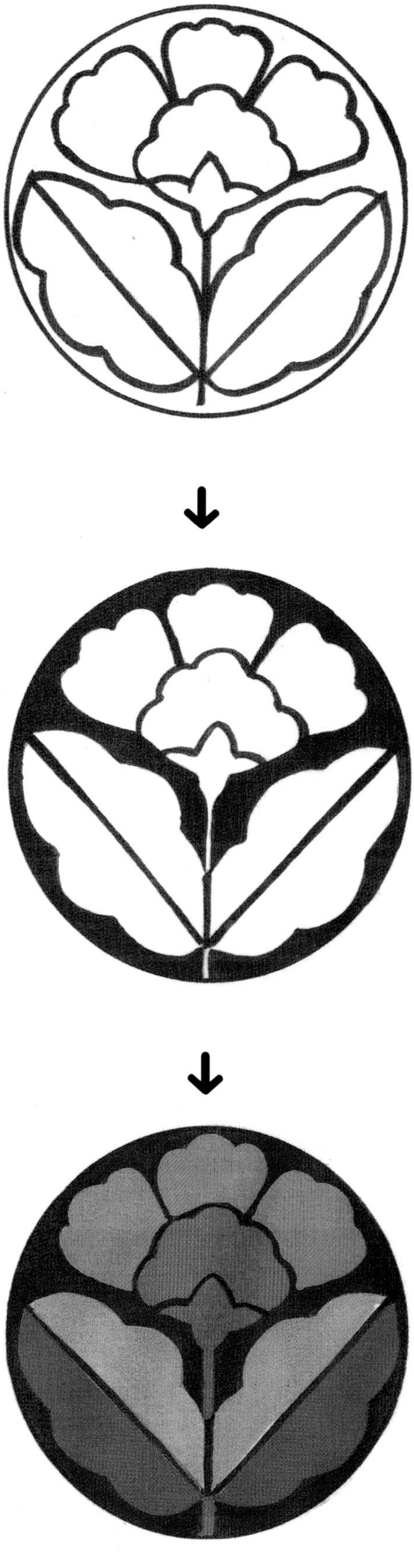

장 미

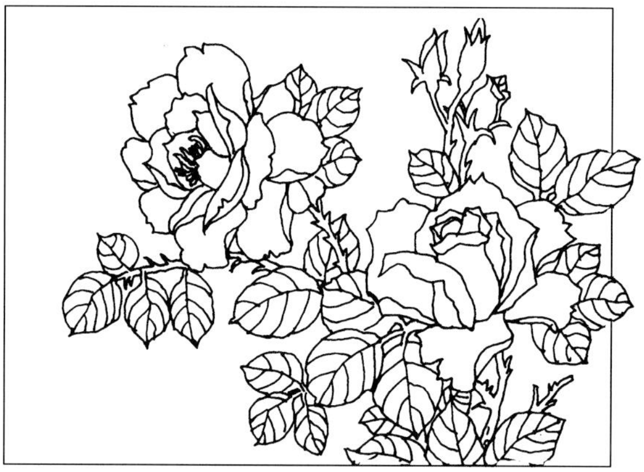

꽃과 잎의 원형

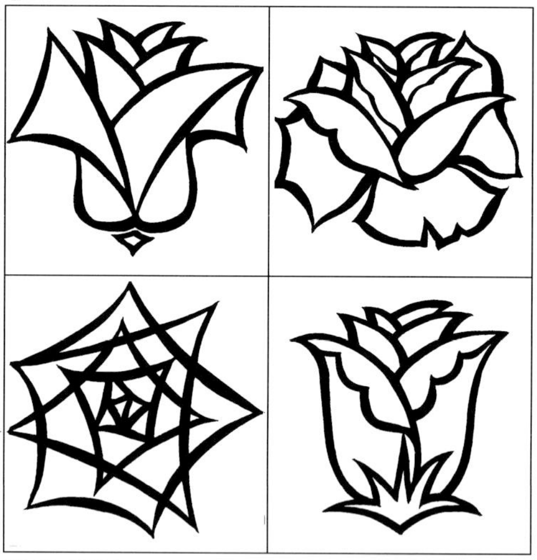

꽃의 변형

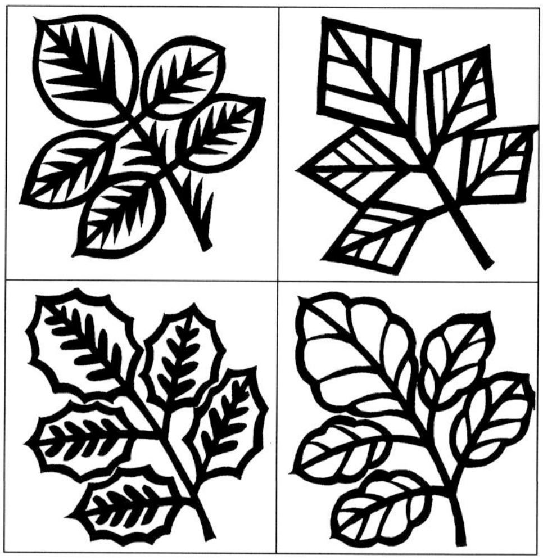

잎의 변형

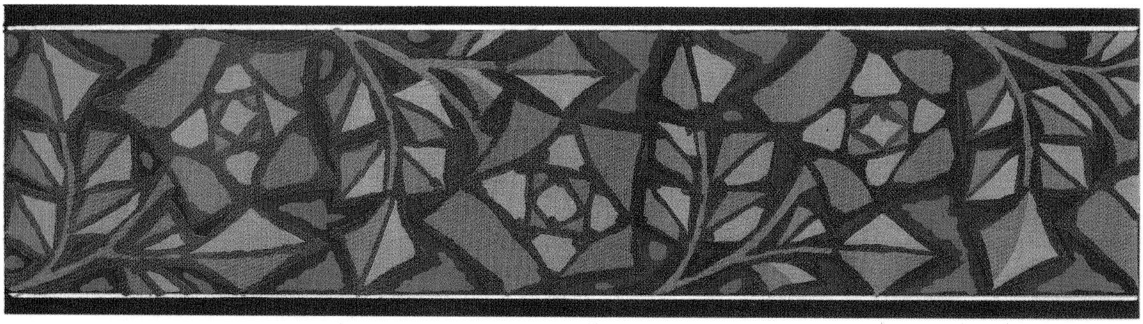

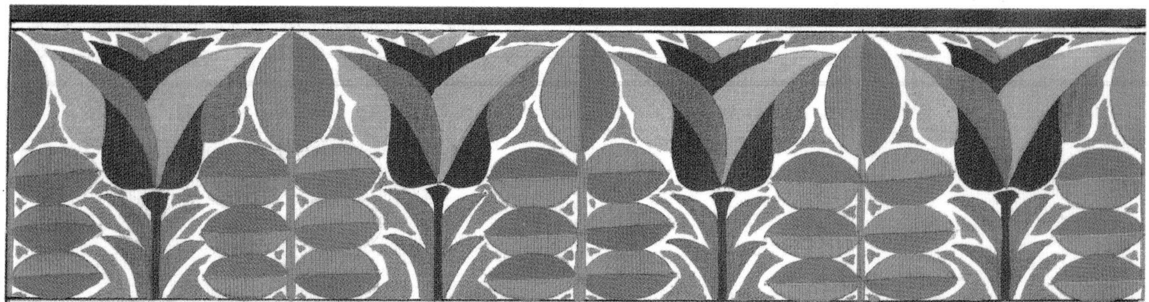

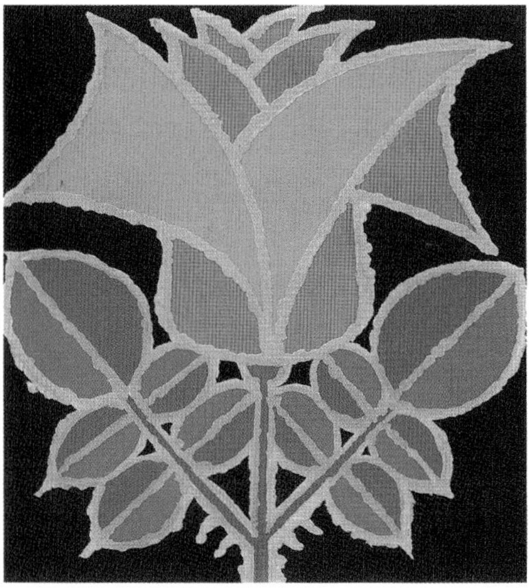
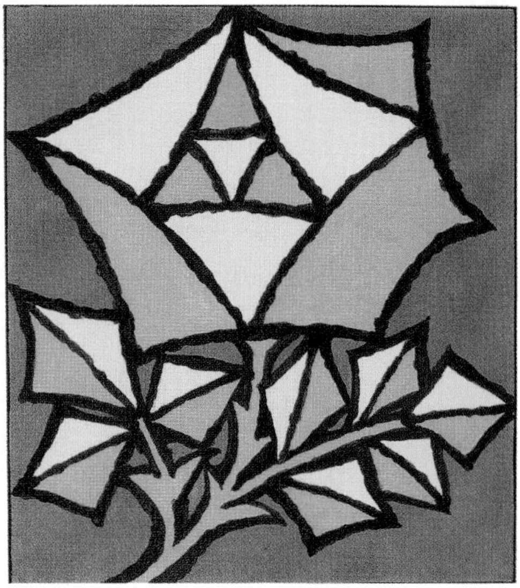
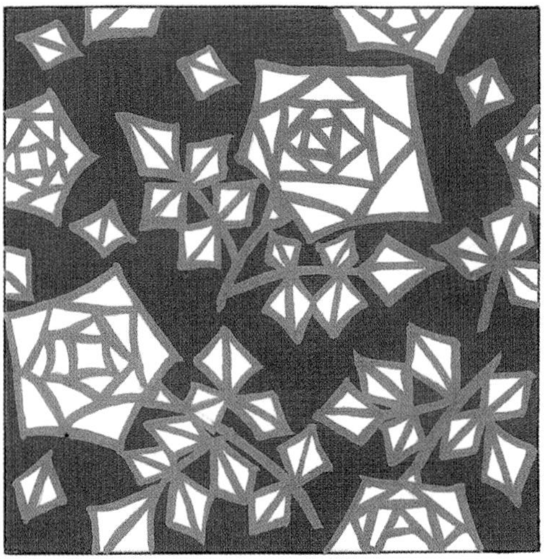
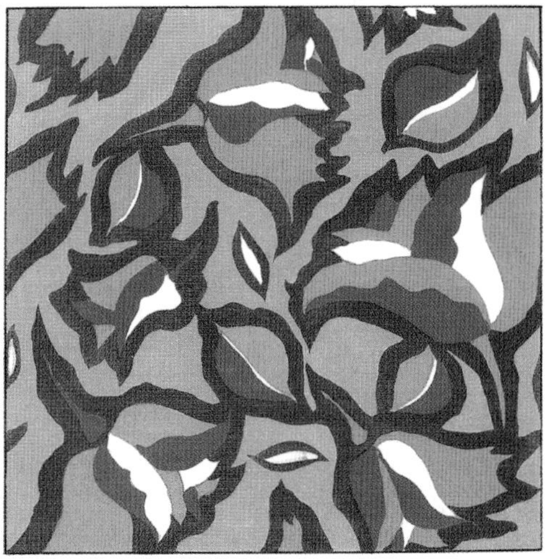
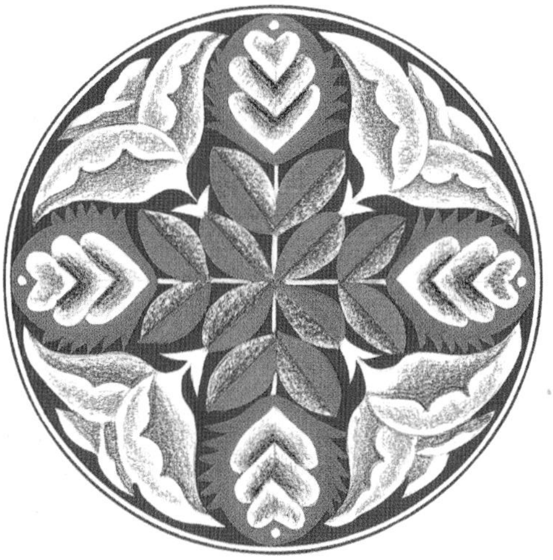
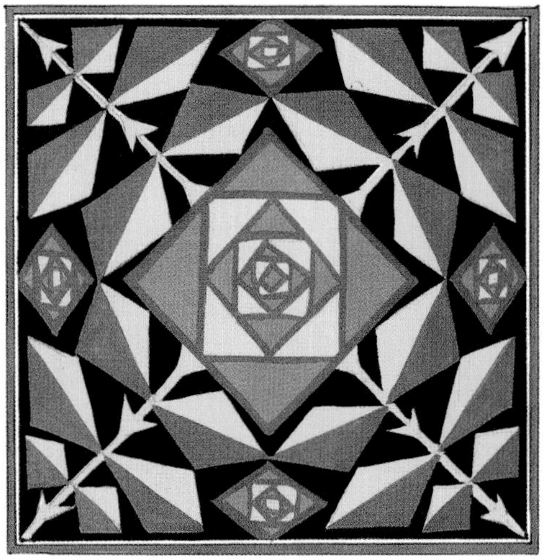

모 란

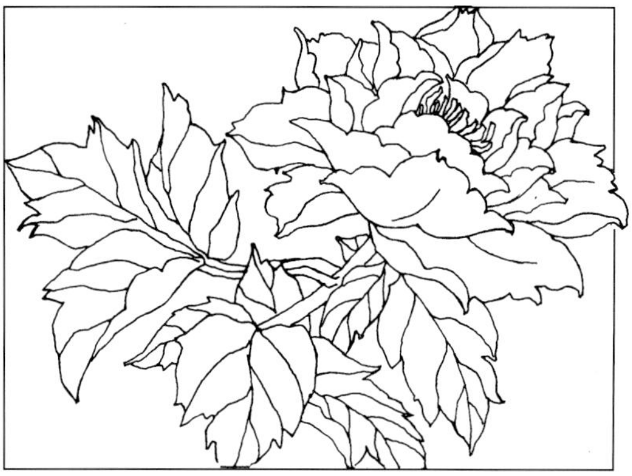

꽃과 잎의 원형

꽃의 변형

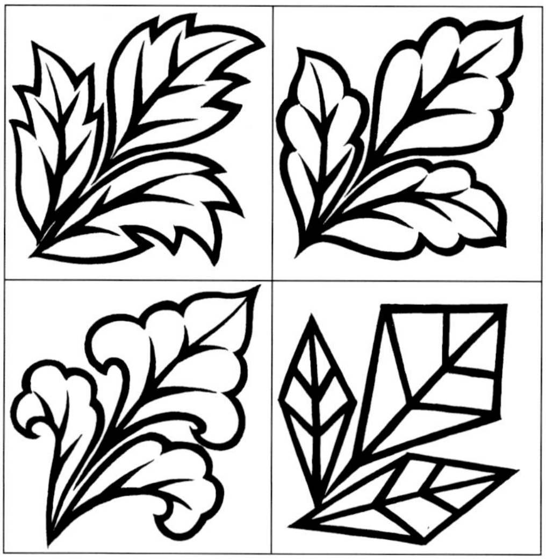

잎의 변형

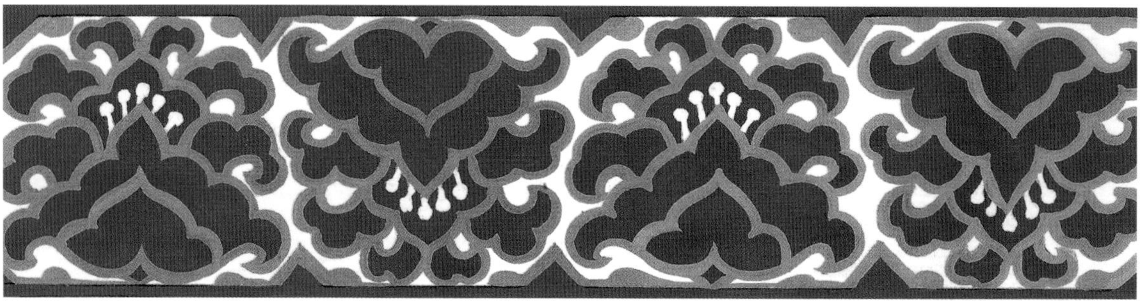

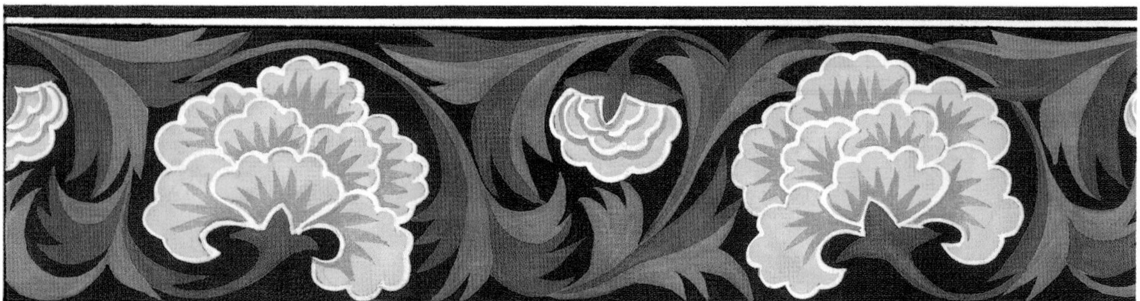

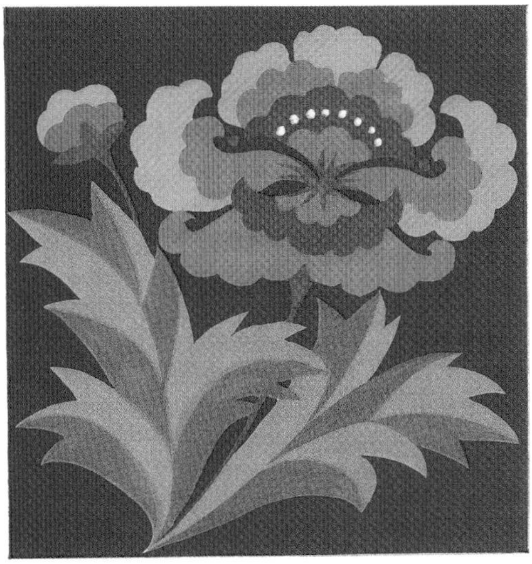
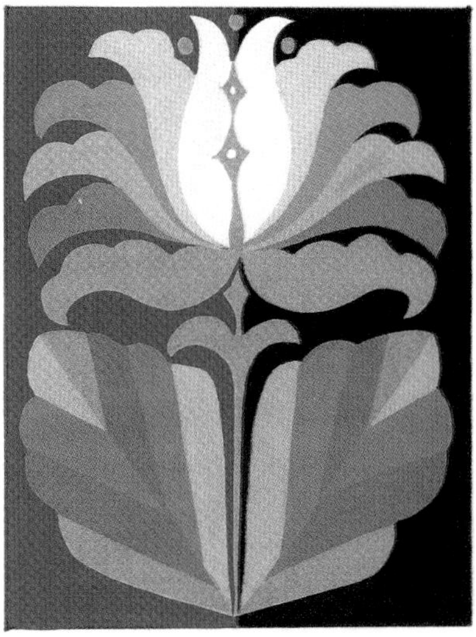
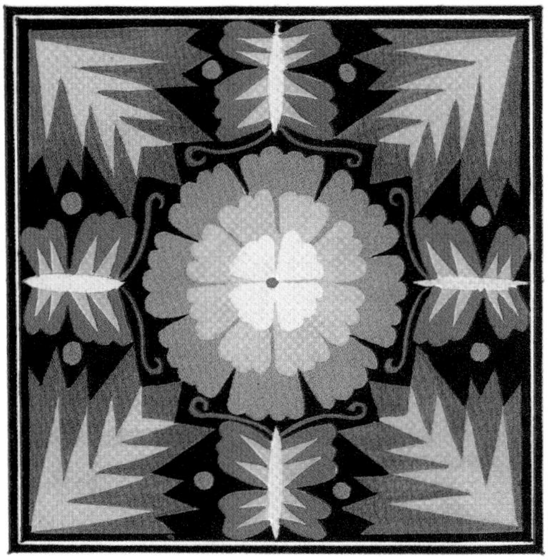
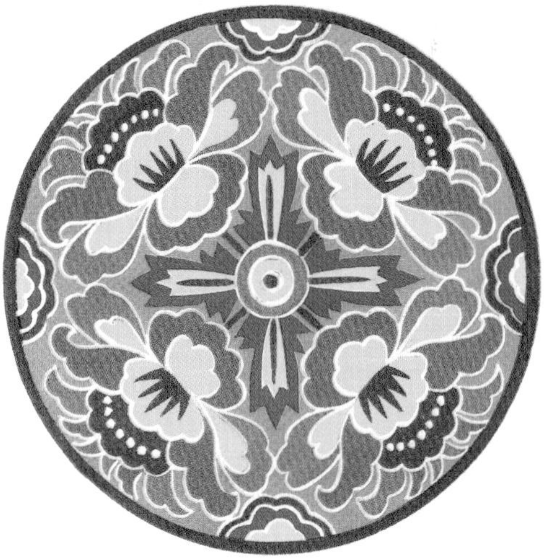
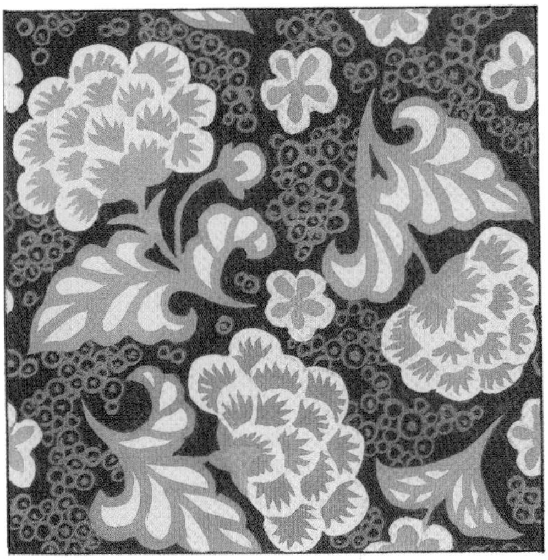
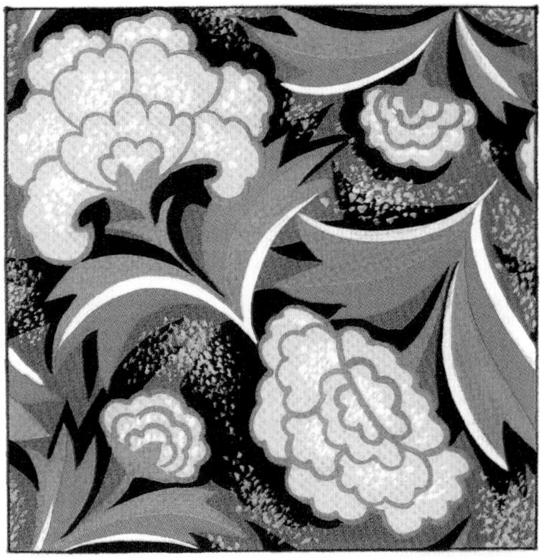

연 꽃

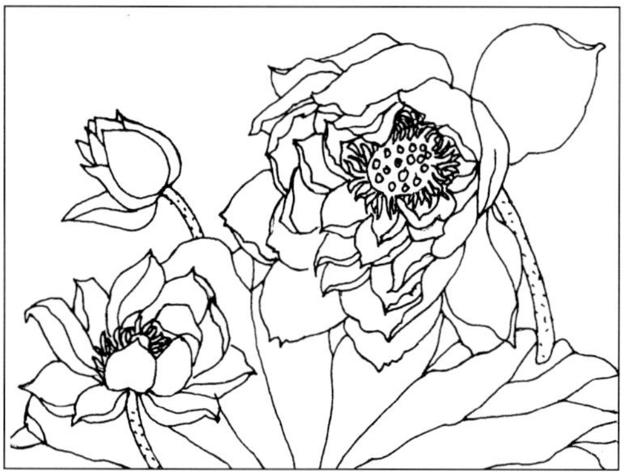

꽃과 잎의 원형

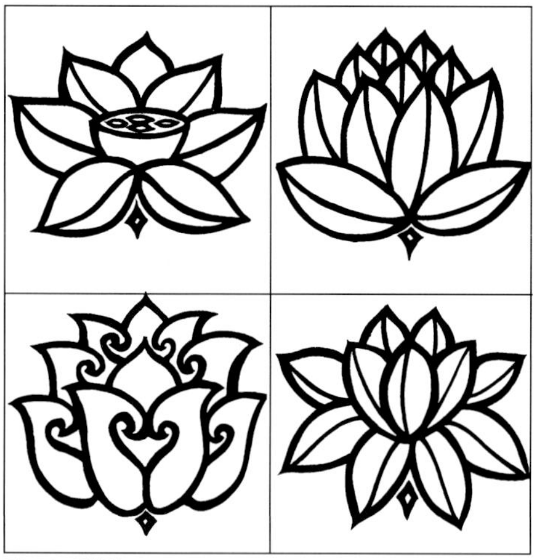

꽃의 변형

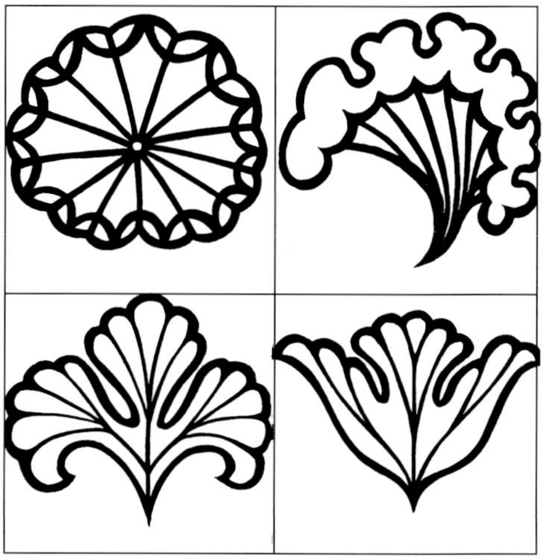

잎의 변형

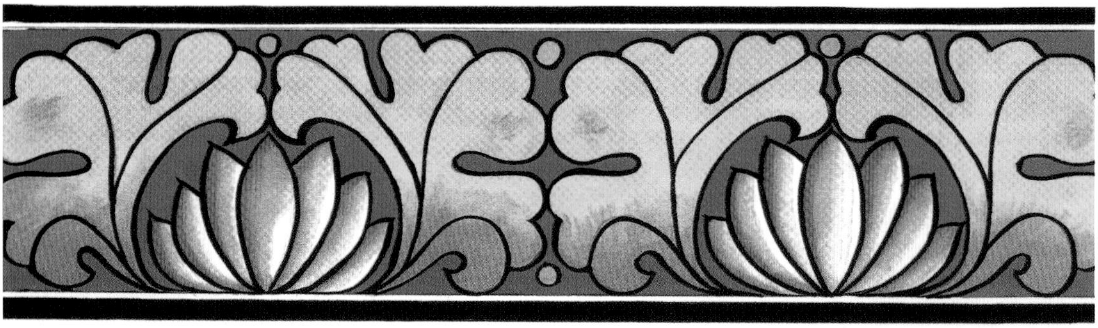

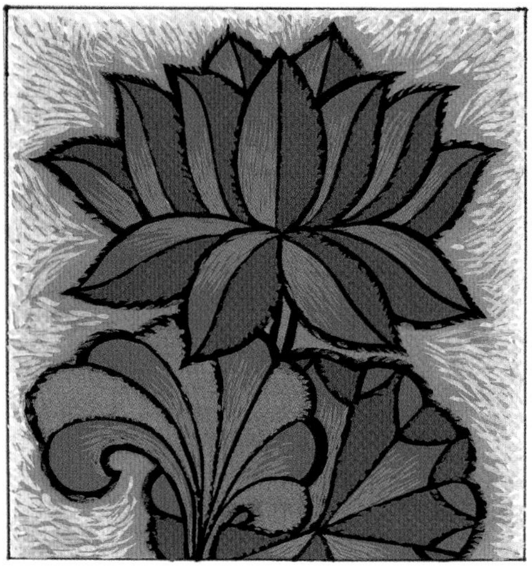
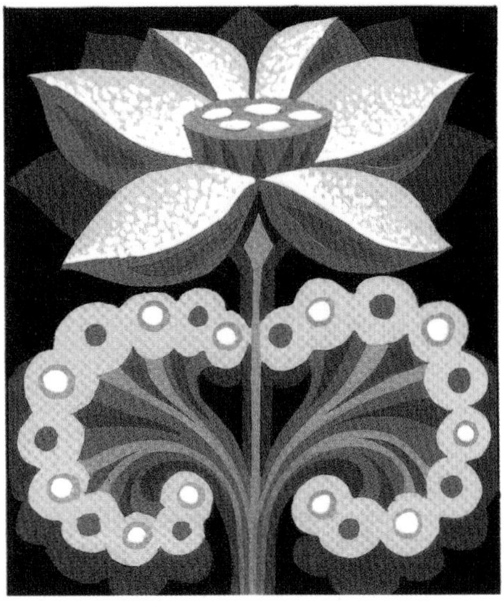
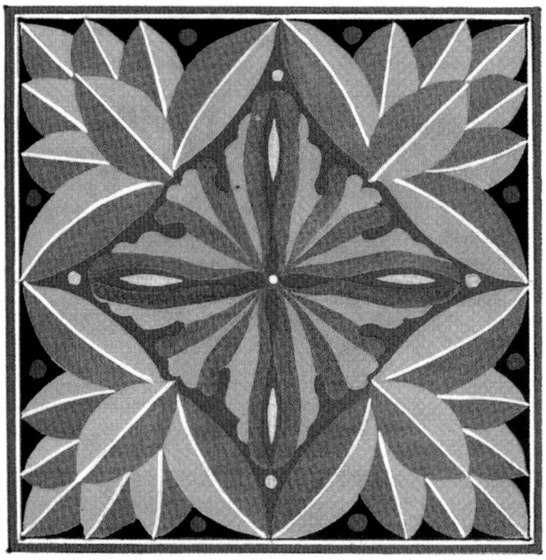
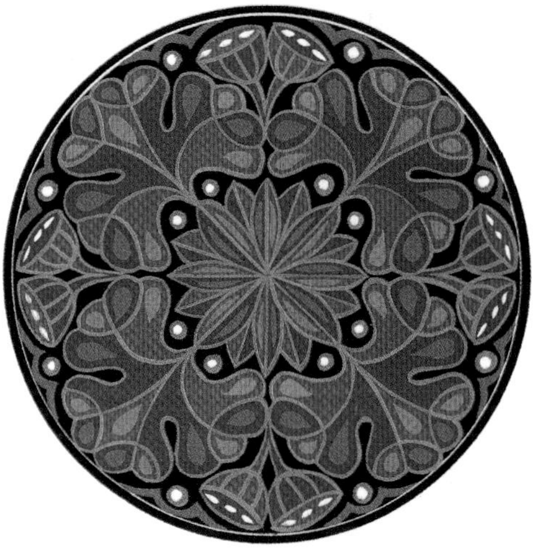

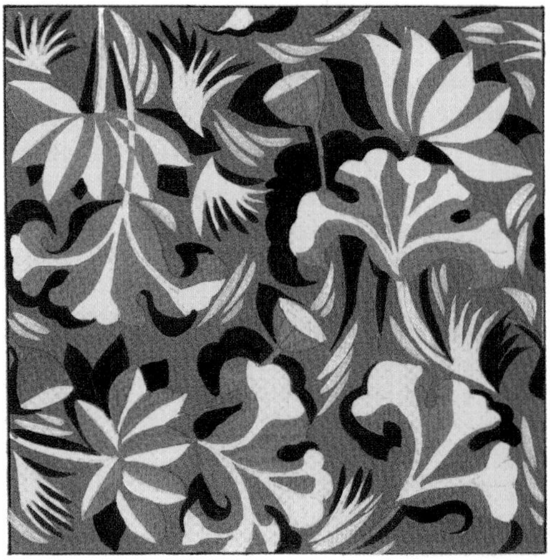

국 화

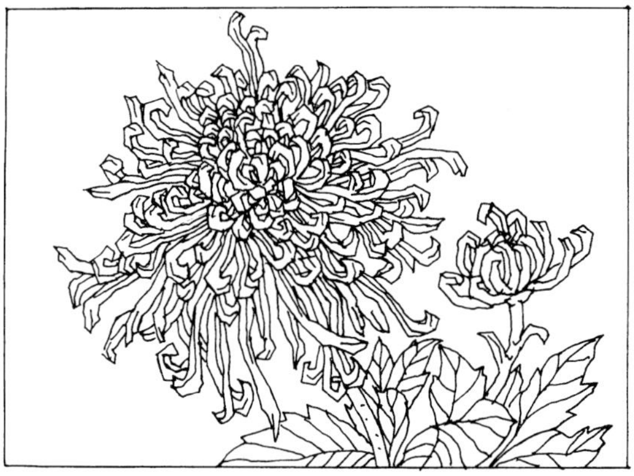

꽃과 잎의 원형

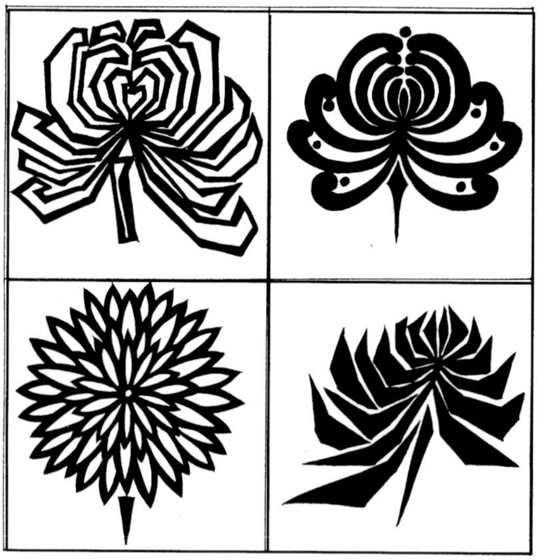

꽃의 변형

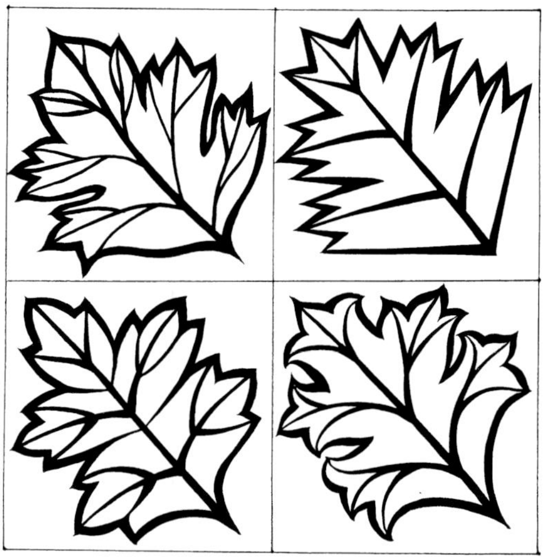

잎의 변형

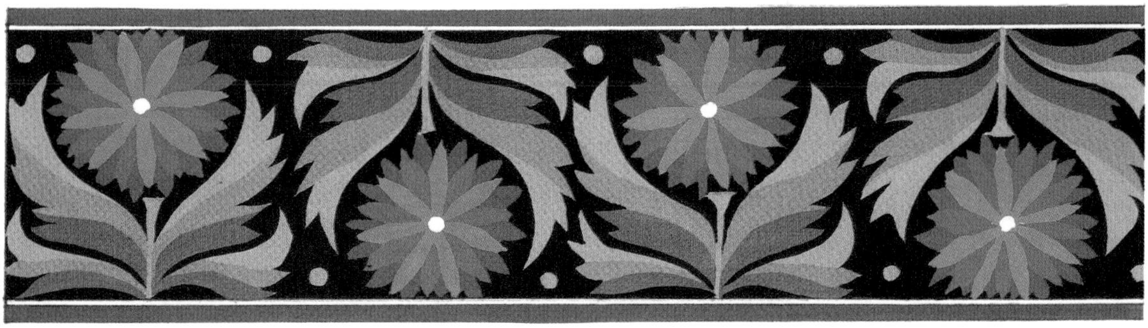

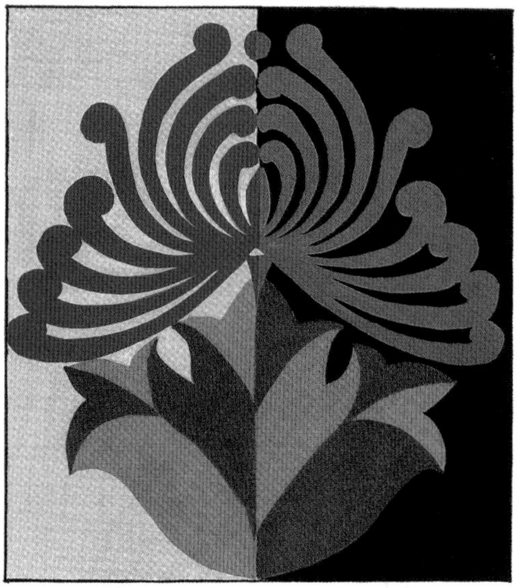
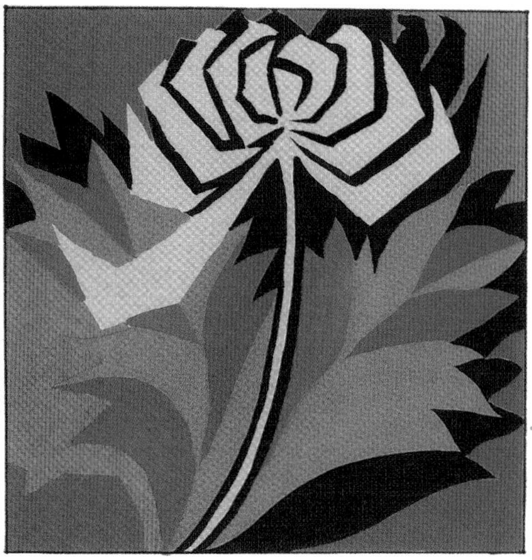
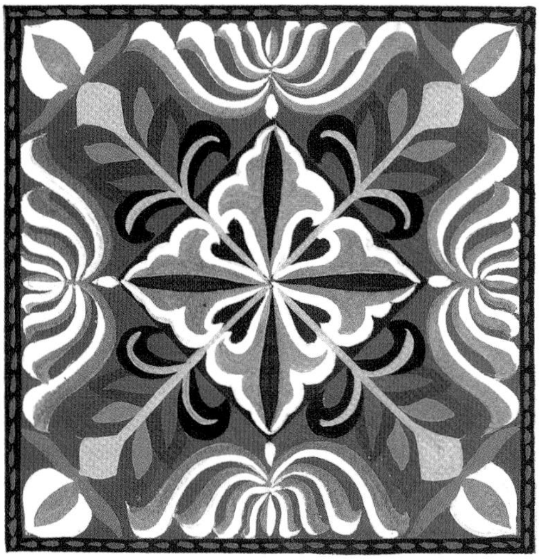
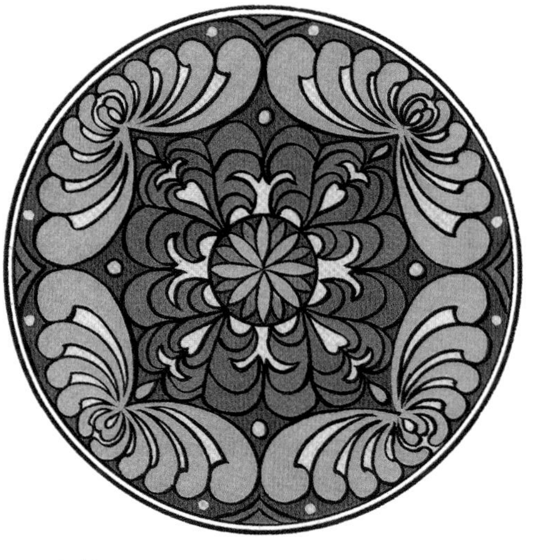

튤 립

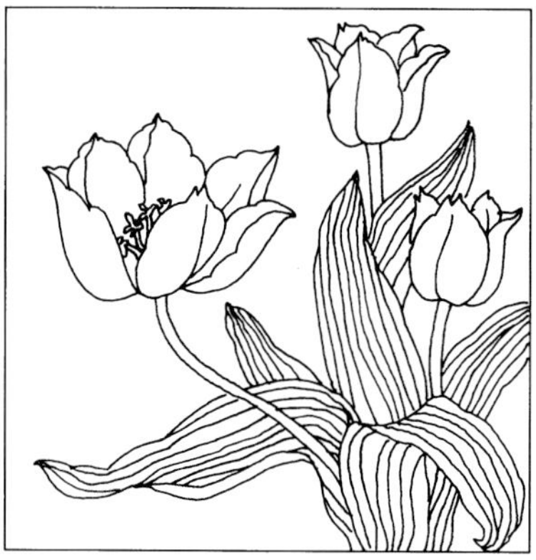

꽃과 잎의 원형

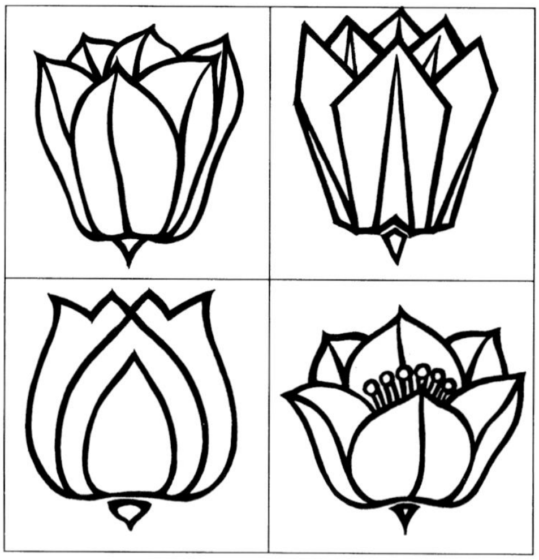

꽃의 변형

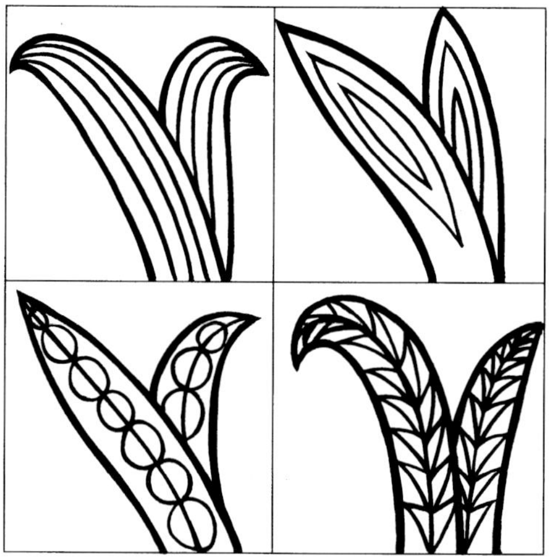

잎의 변형

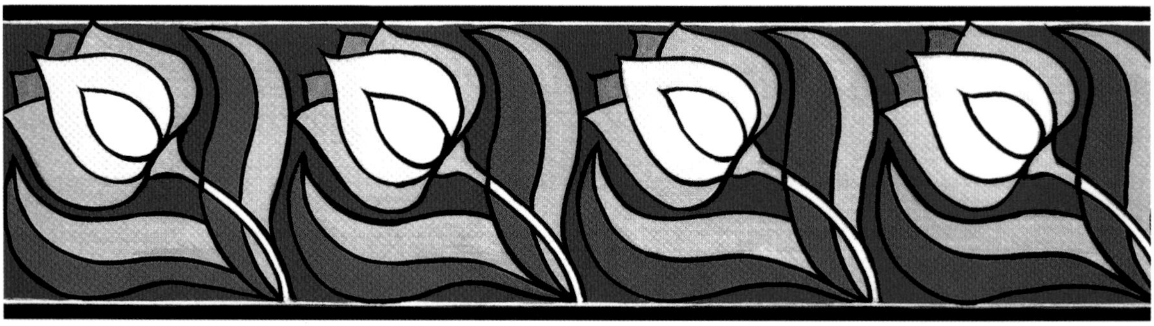

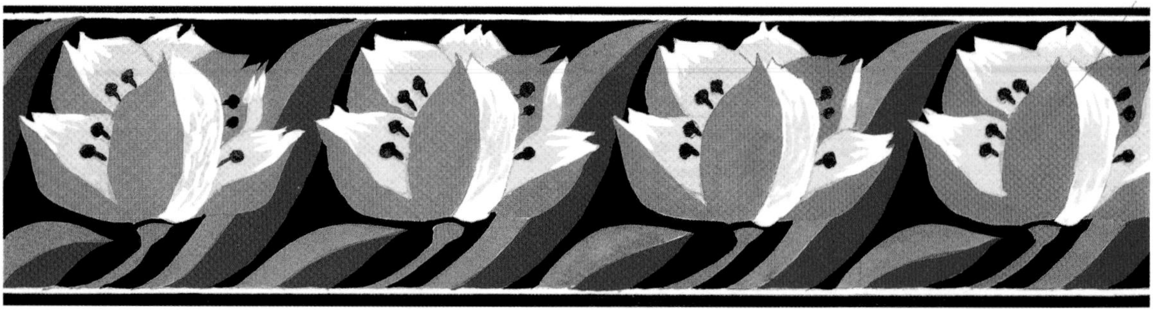

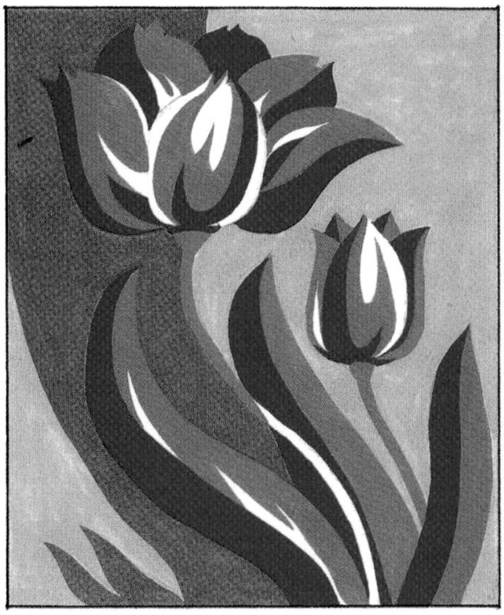
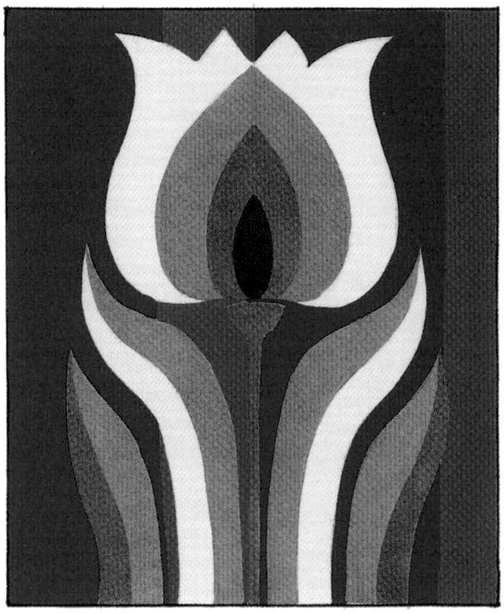
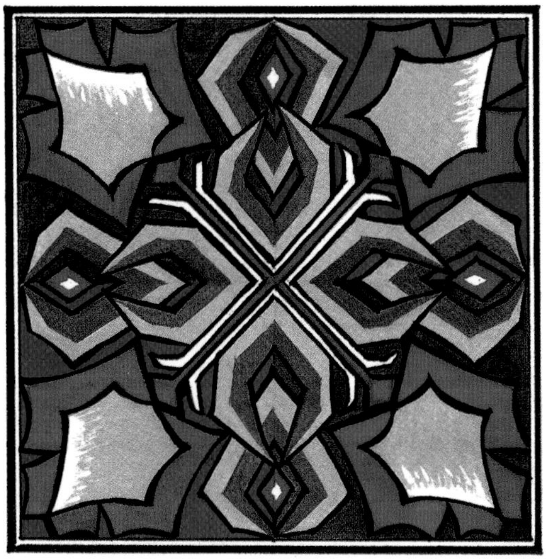
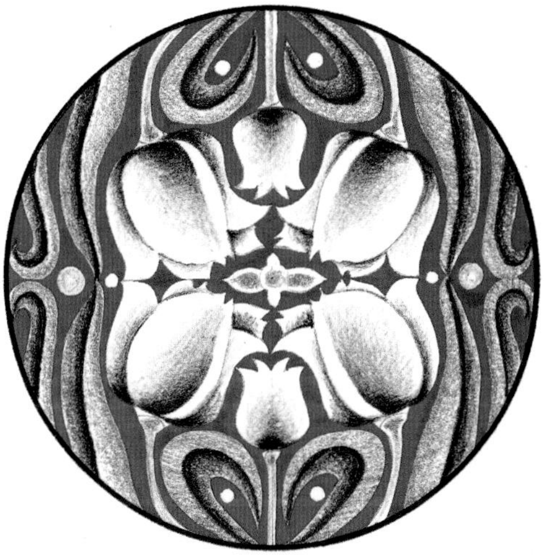
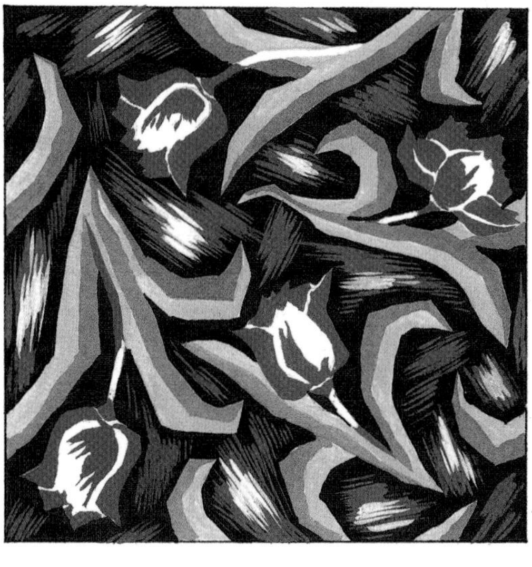
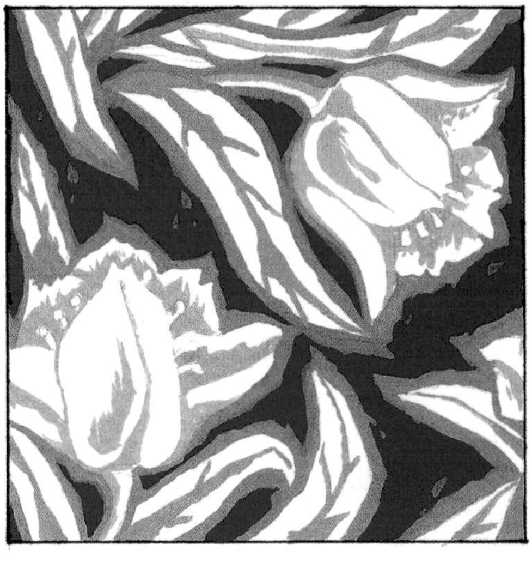

카 라

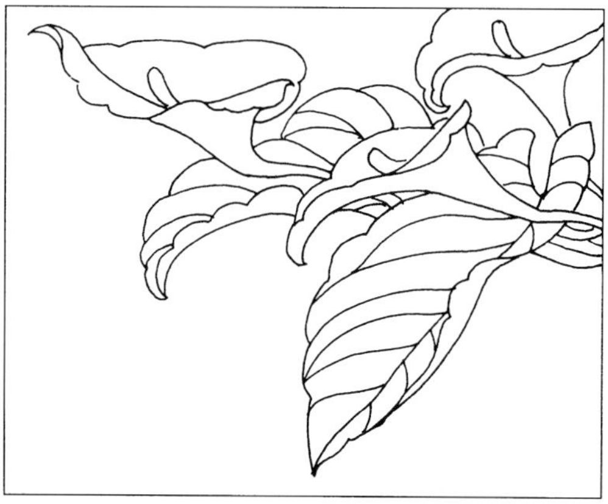

꽃과 잎의 원형

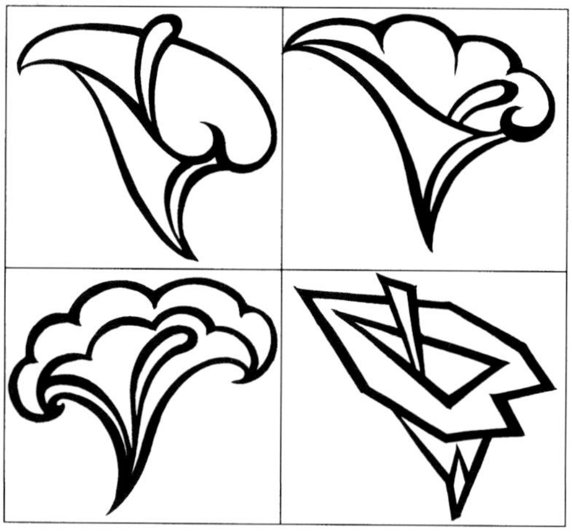

꽃의 변형

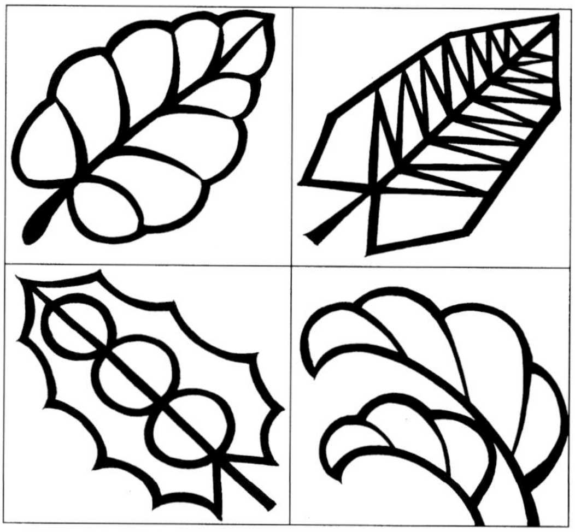

잎의 변형

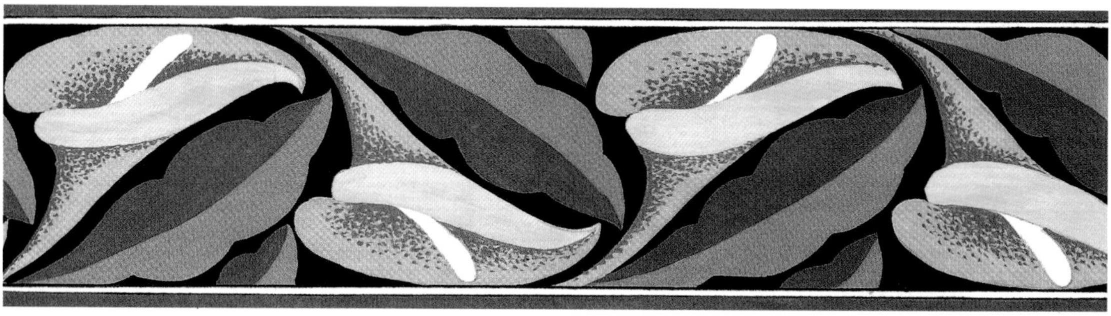

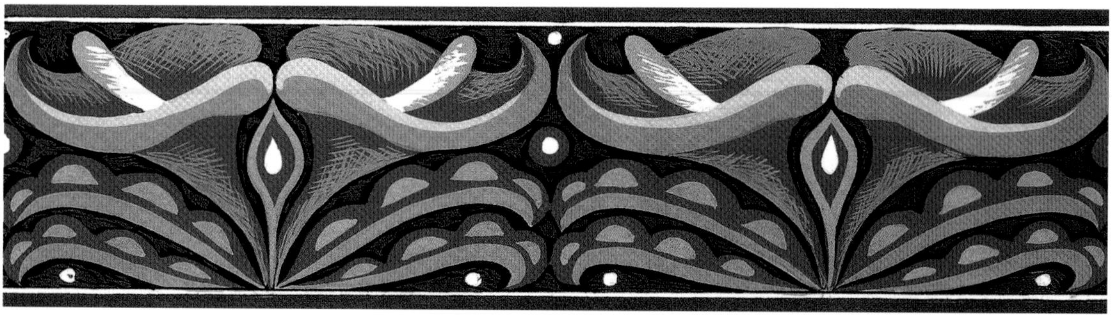

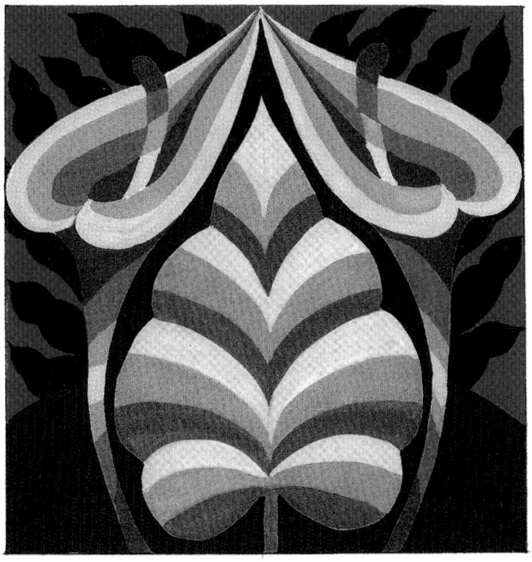
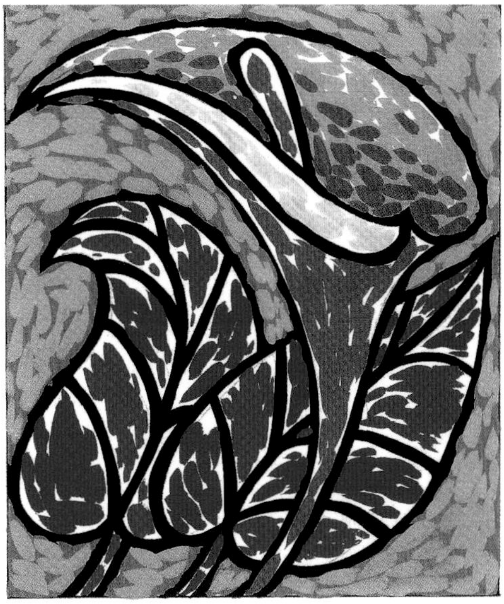
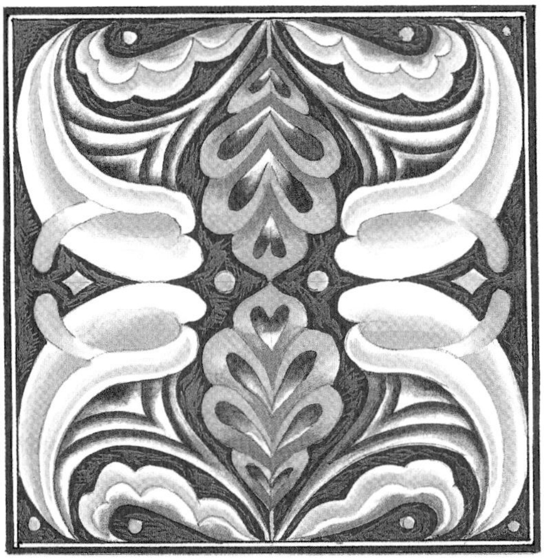
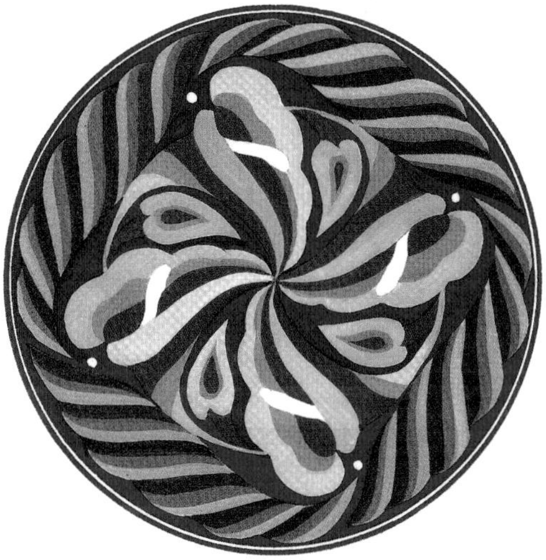
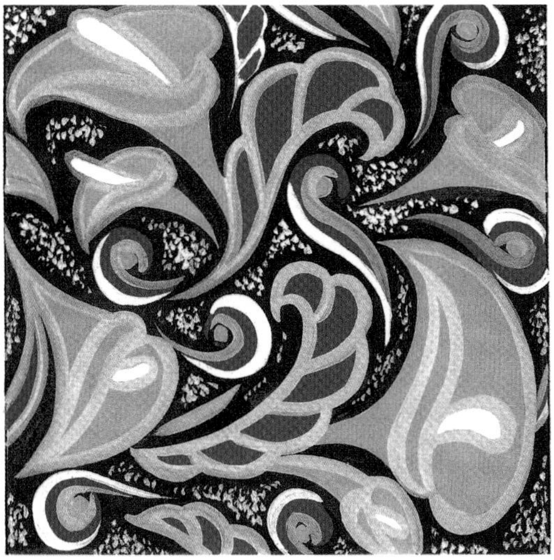
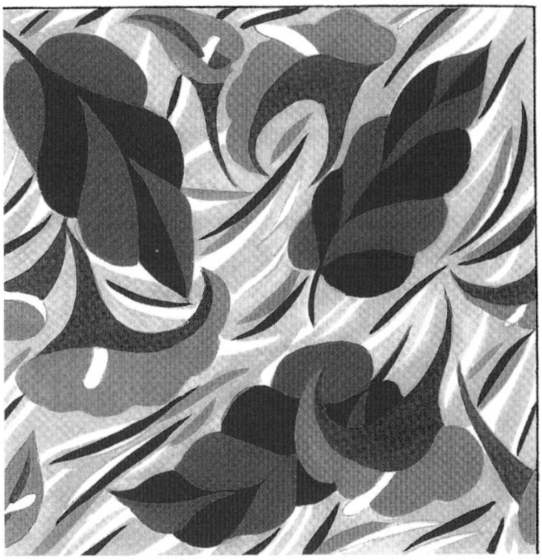

나팔꽃

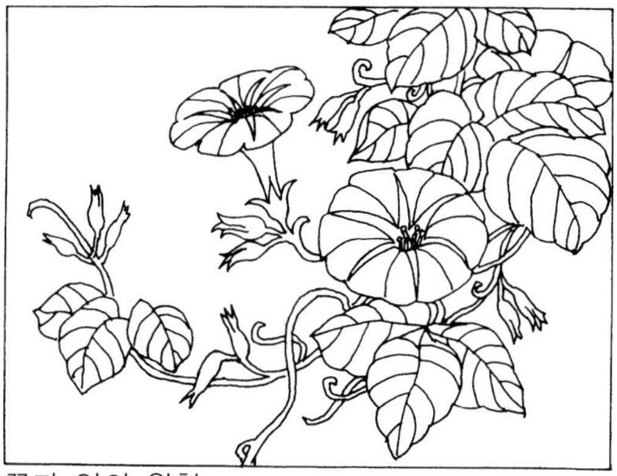

꽃과 잎의 원형

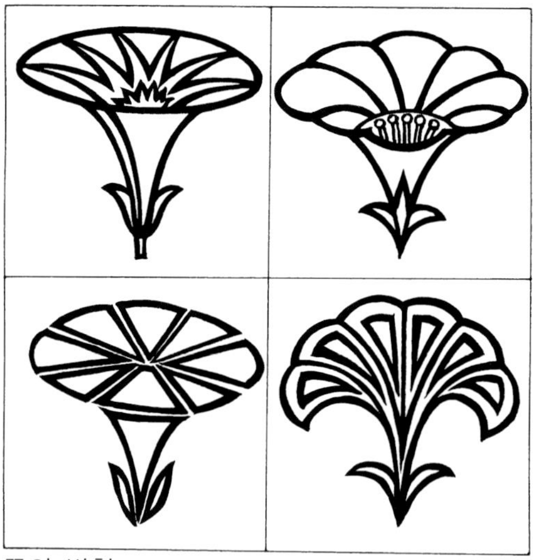

꽃의 변형

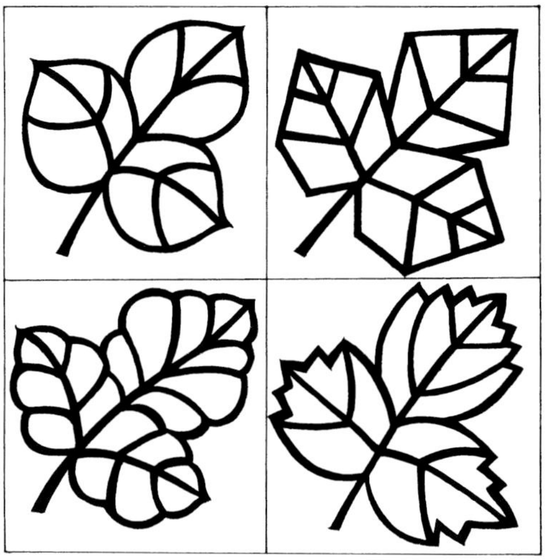

잎의 변형

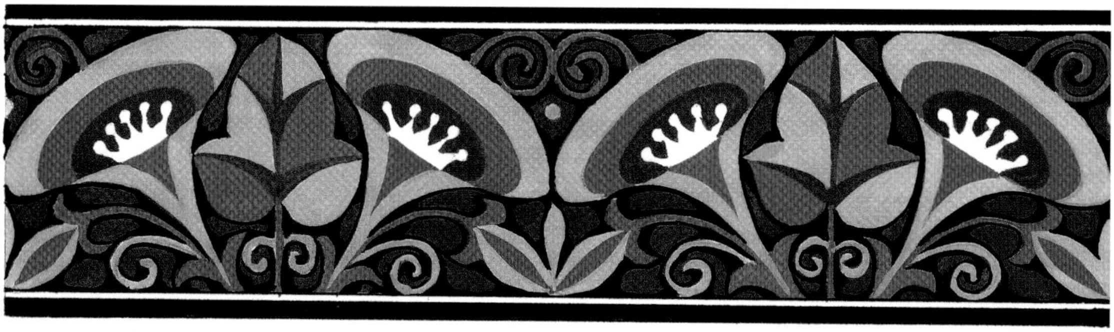

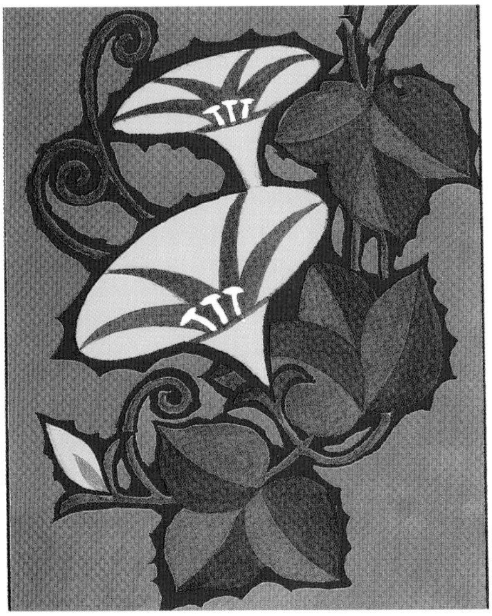

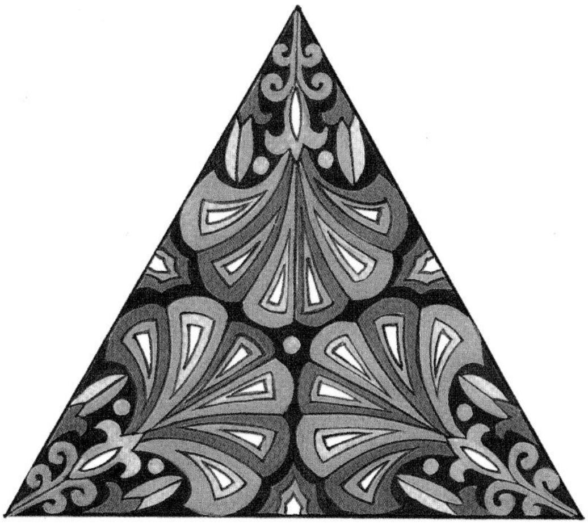

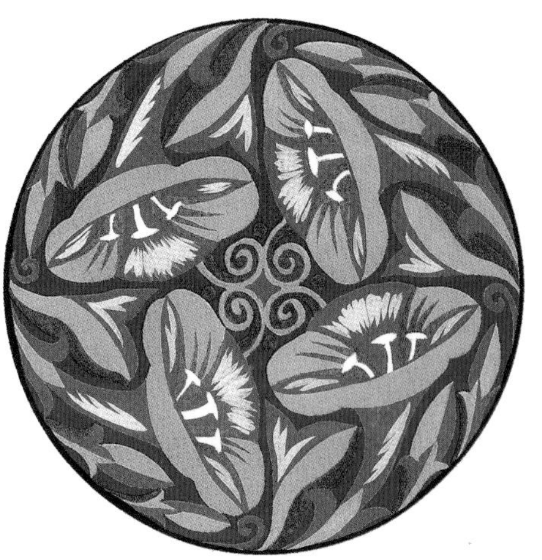

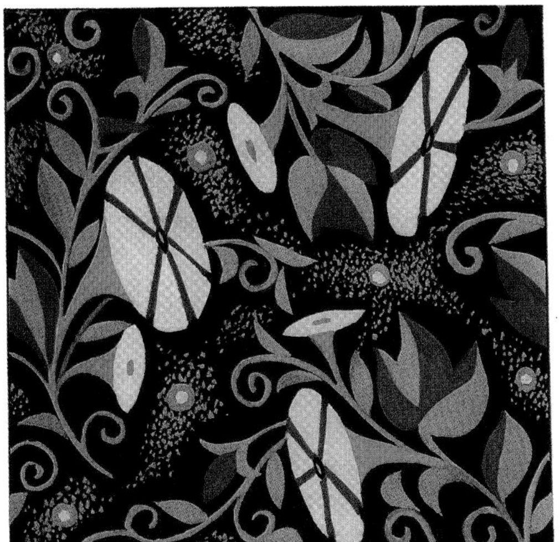

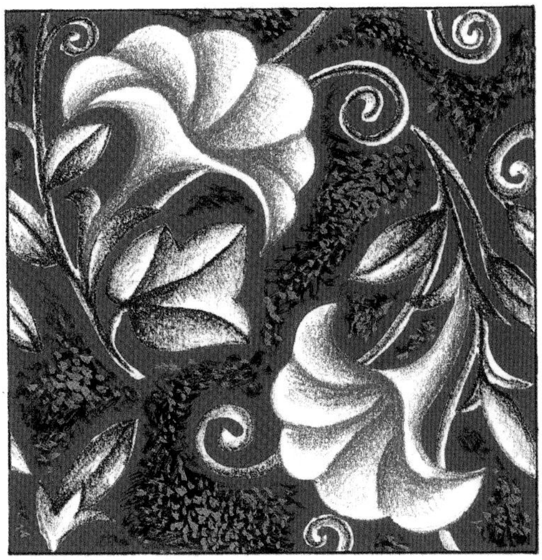

백 합

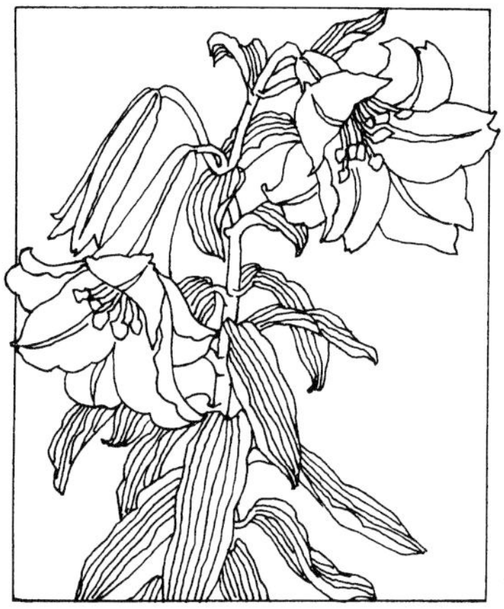

꽃과 잎의 원형

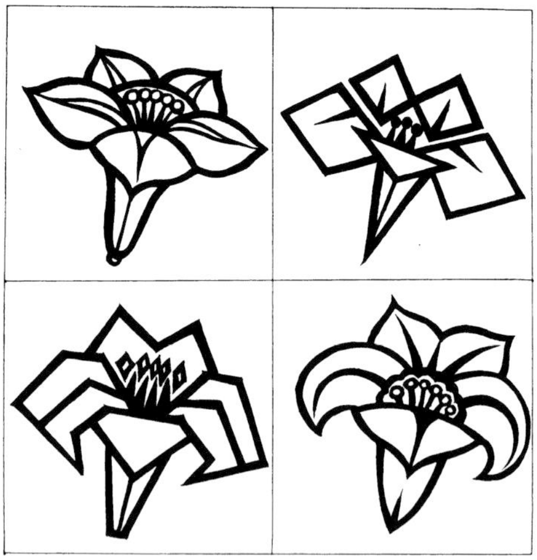

꽃의 변형

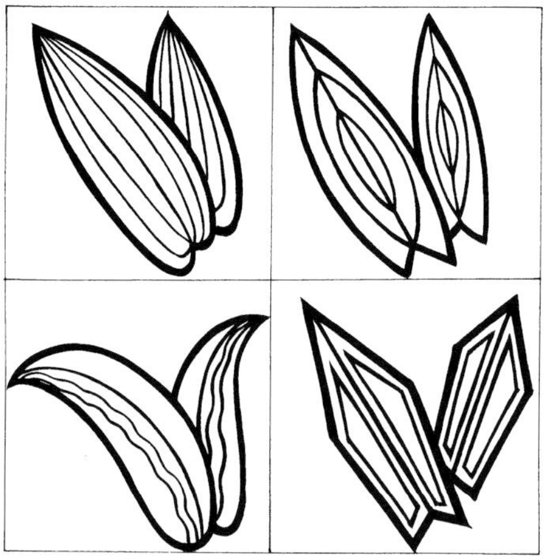

잎의 변형

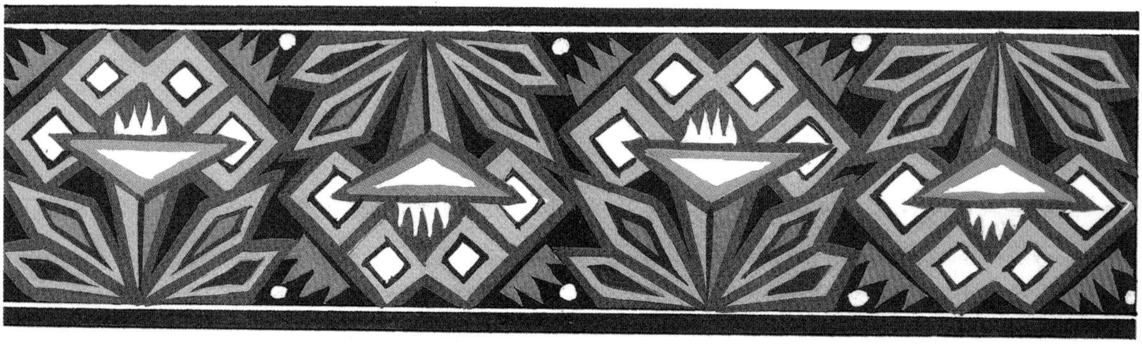

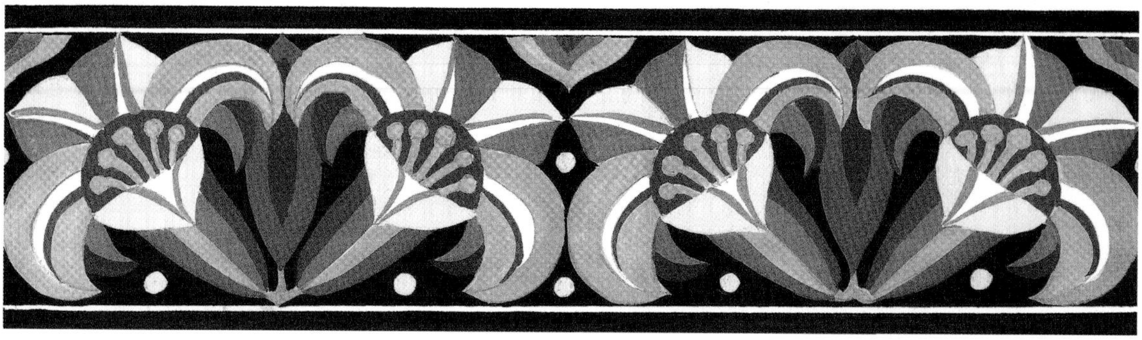

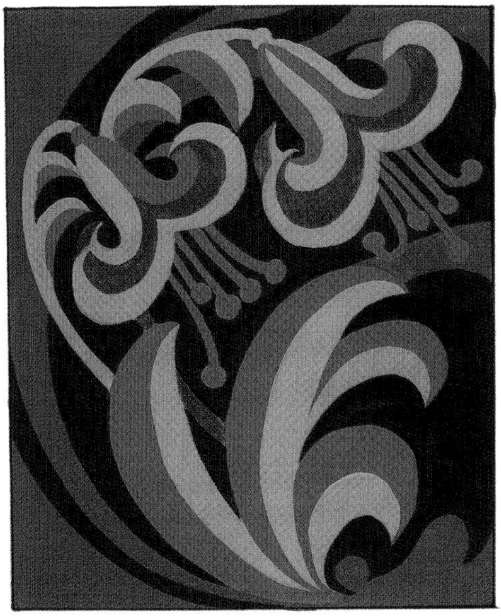

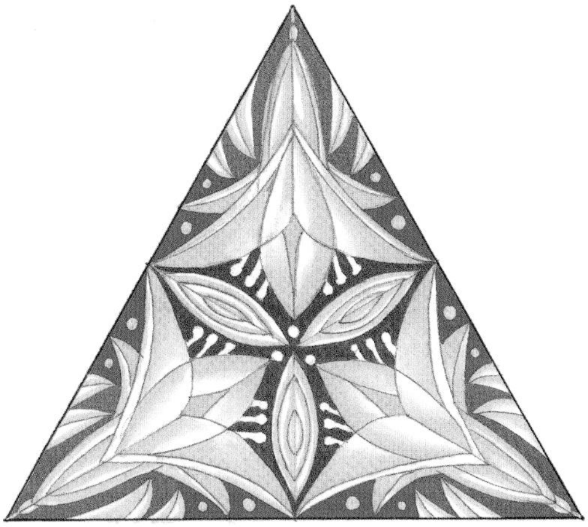
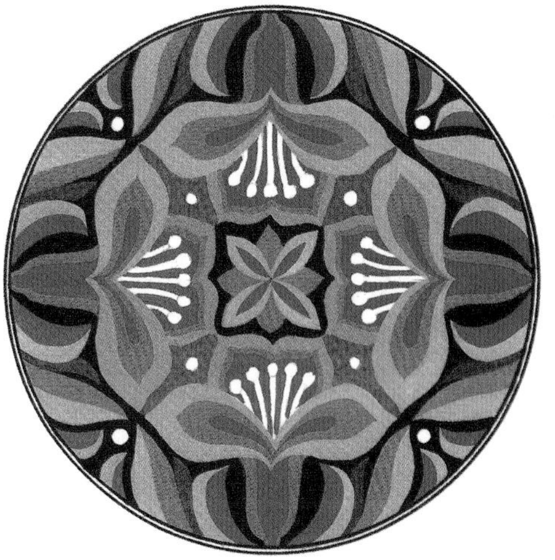
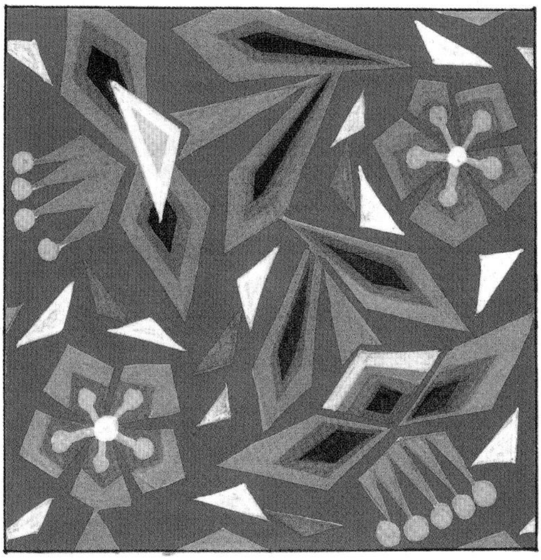

철 쭉

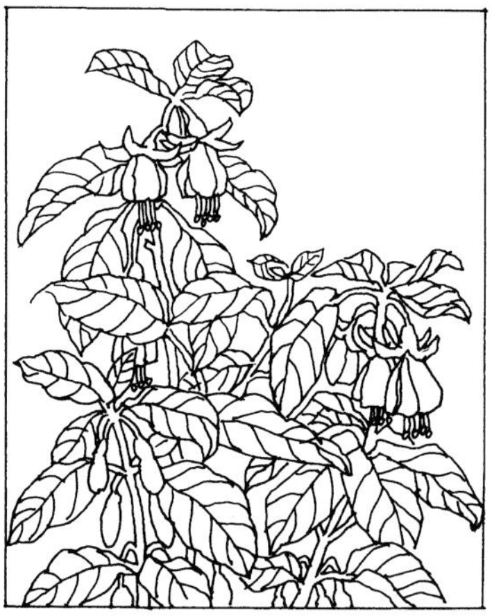
꽃과 잎의 원형

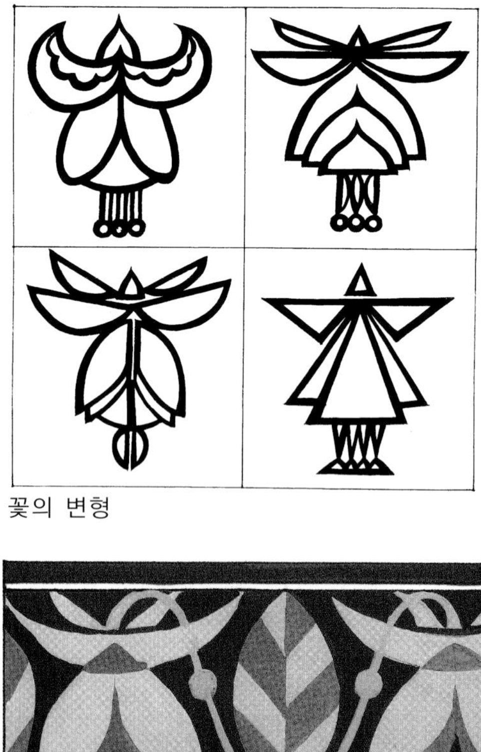
꽃의 변형

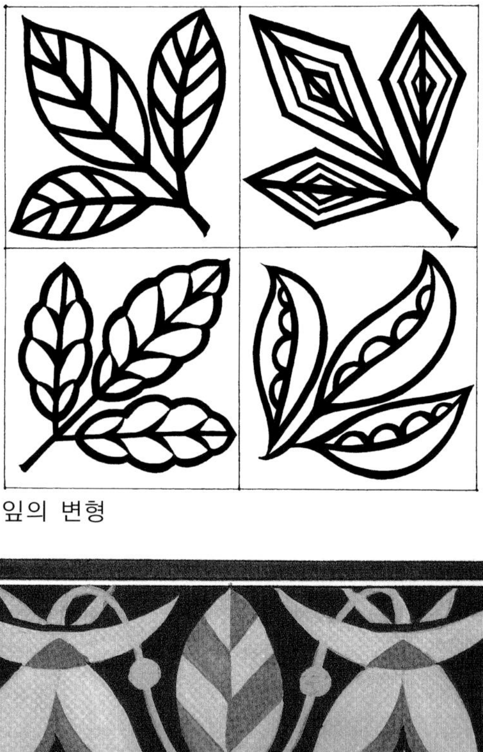
잎의 변형

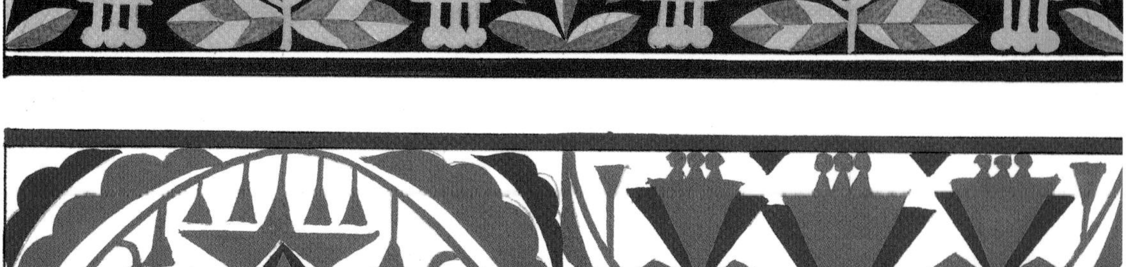

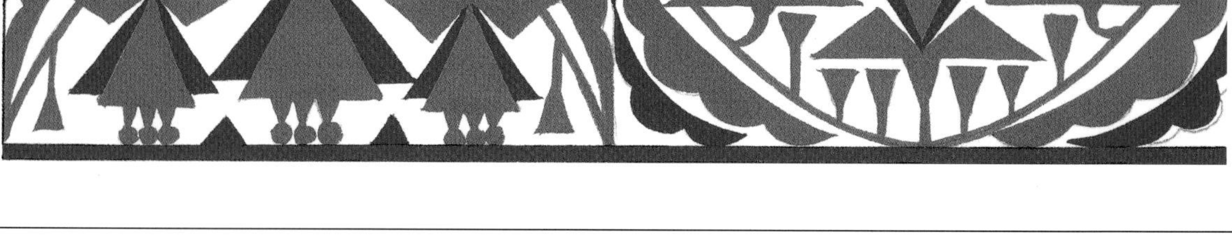

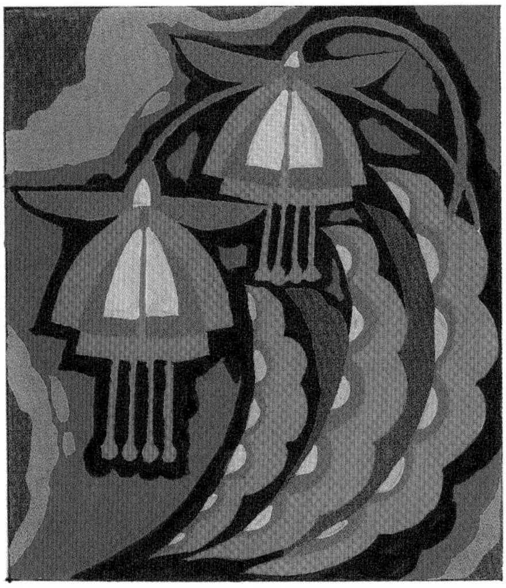
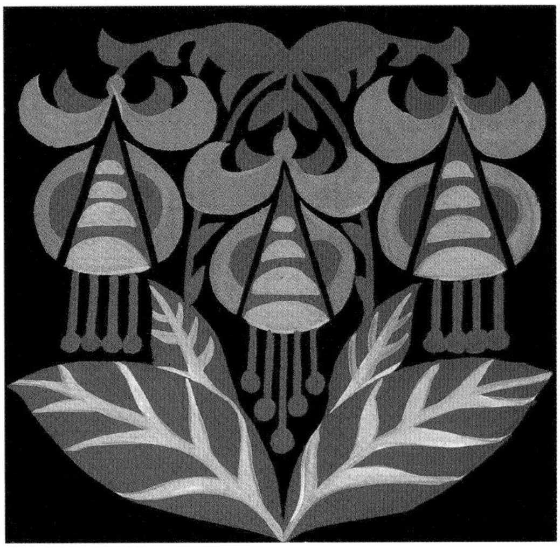
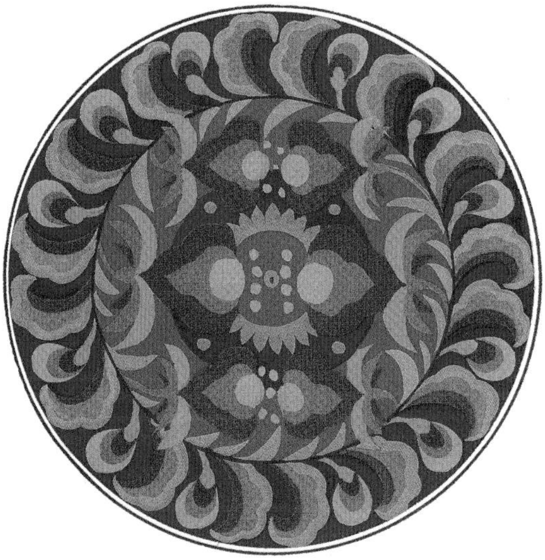
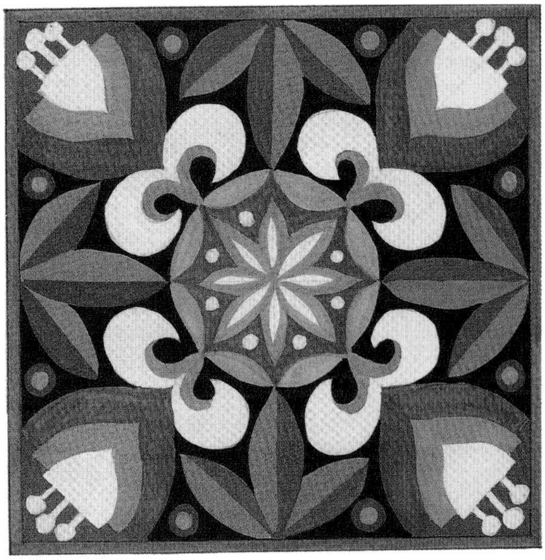
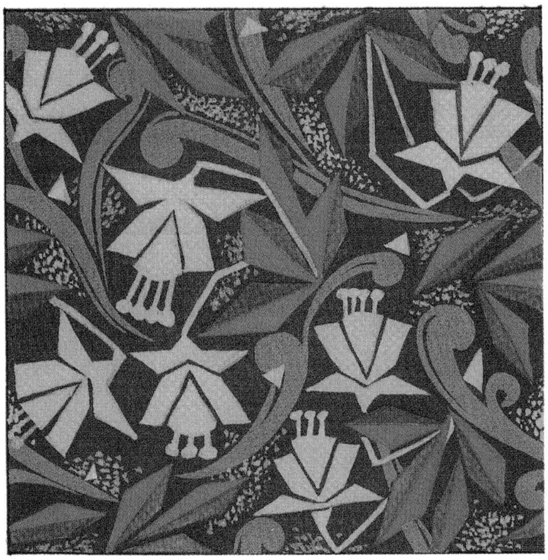
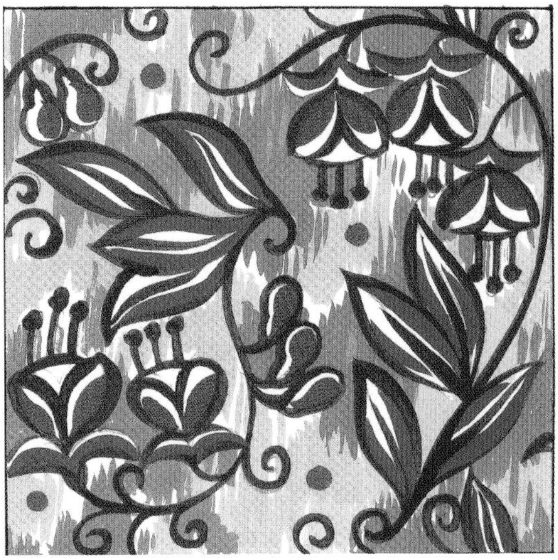

매 화

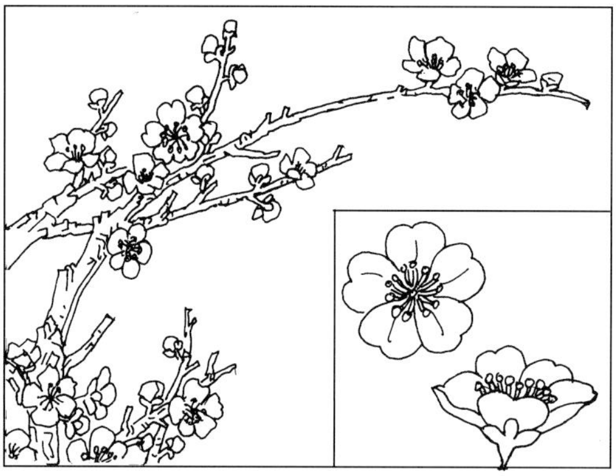

꽃과 잎의 원형

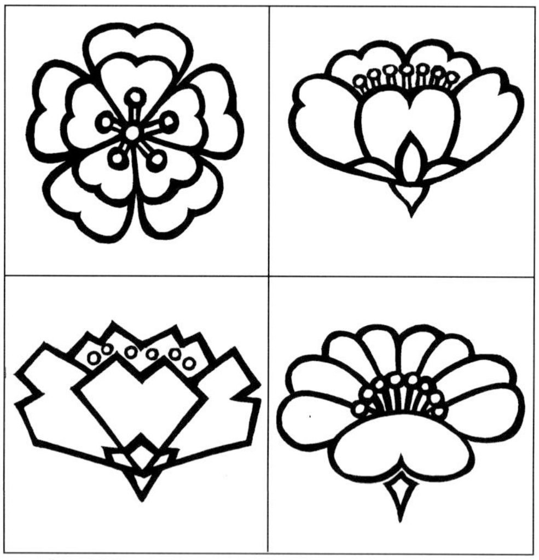

꽃의 변형

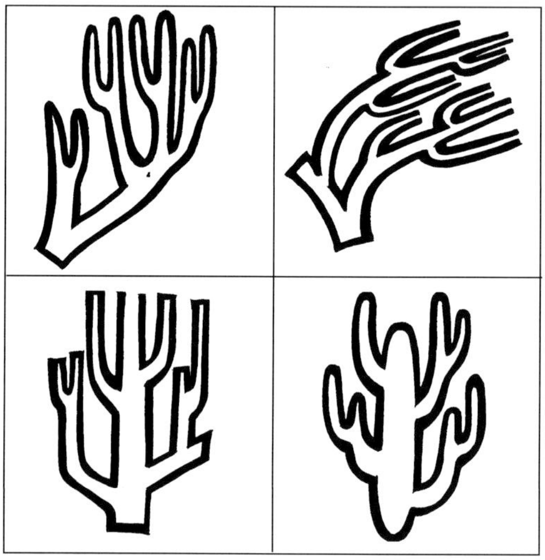

잎의 변형

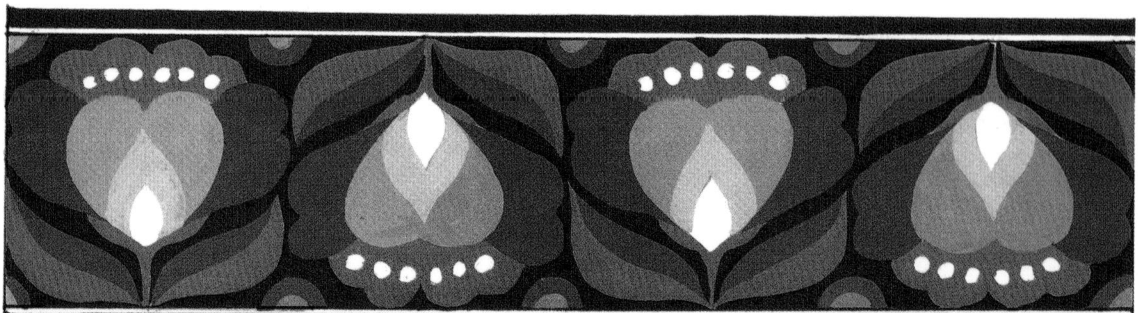

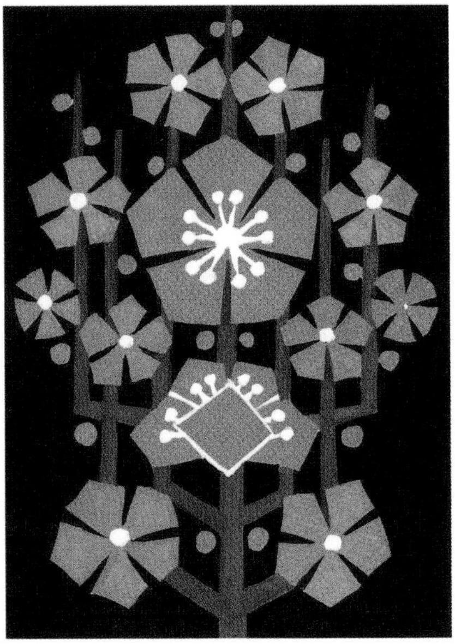

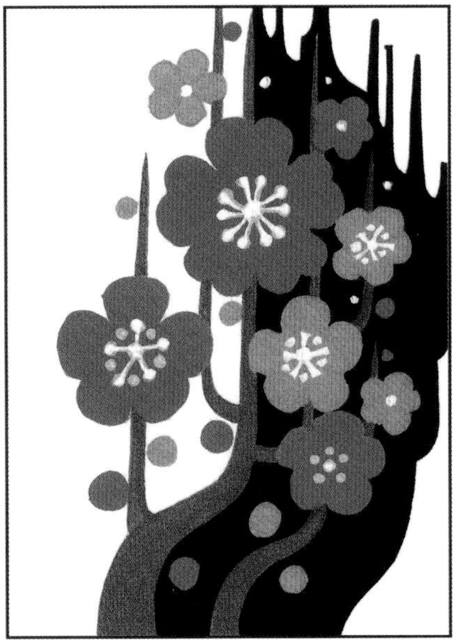

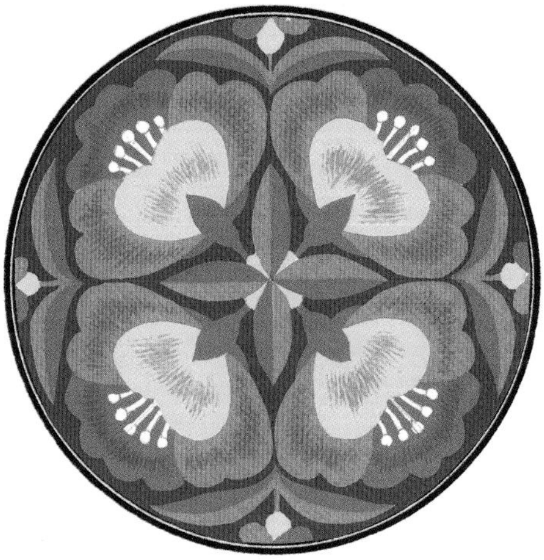

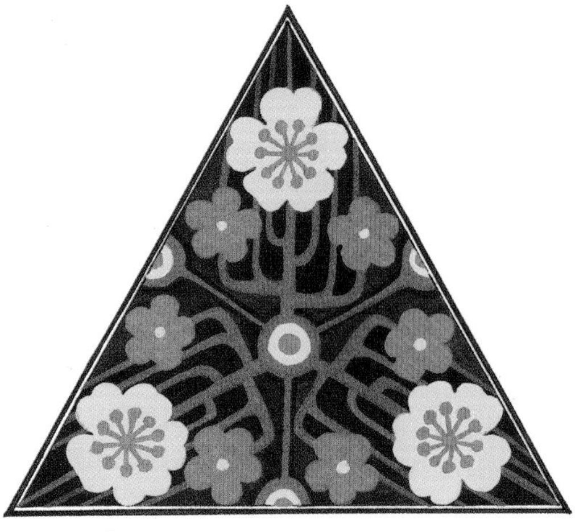

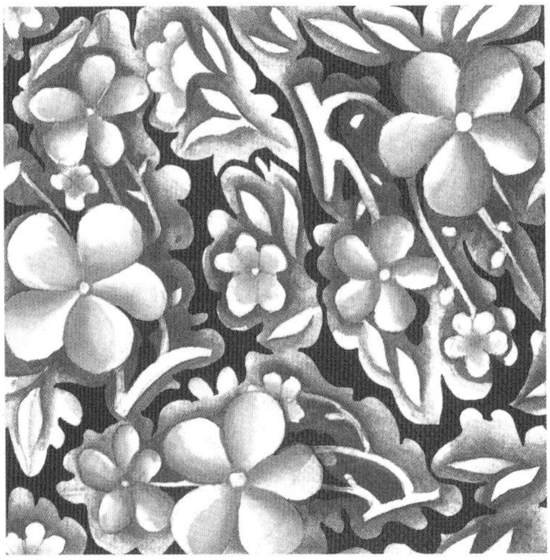

단독문양에서의 색체 변화

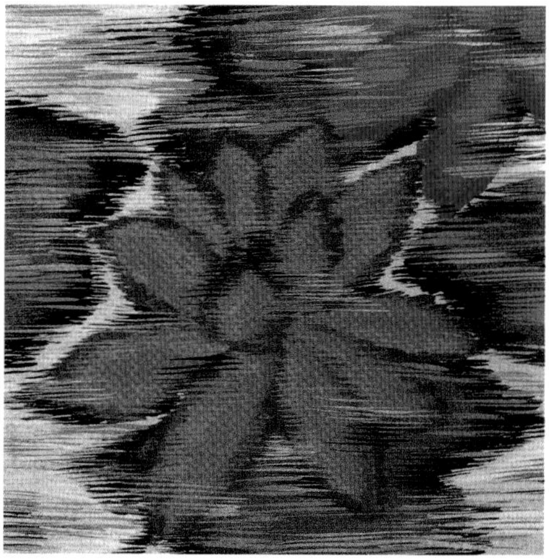

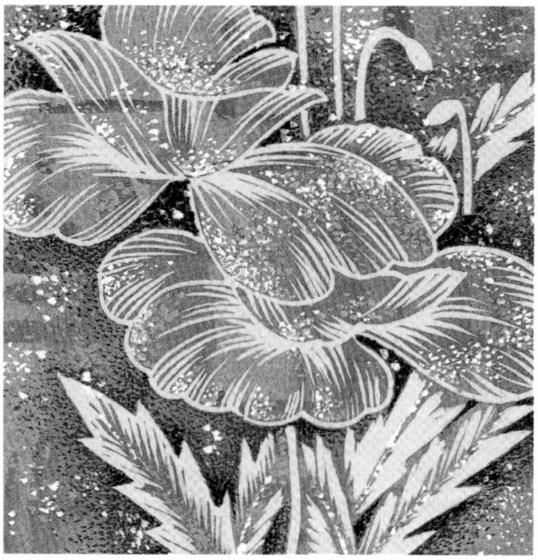

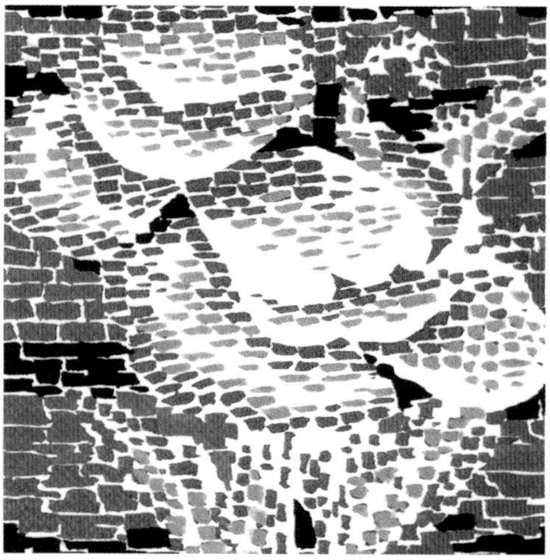

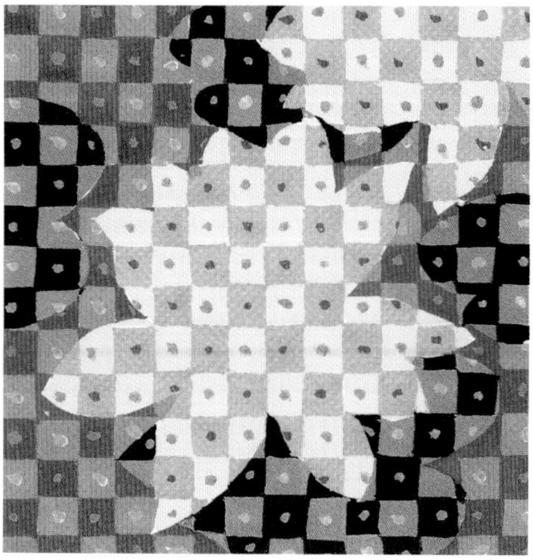

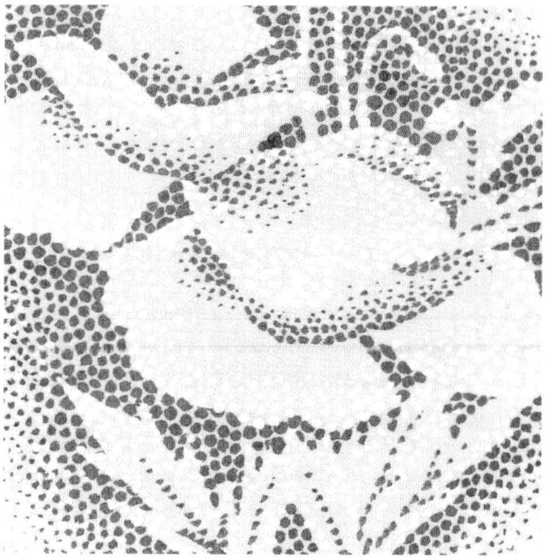

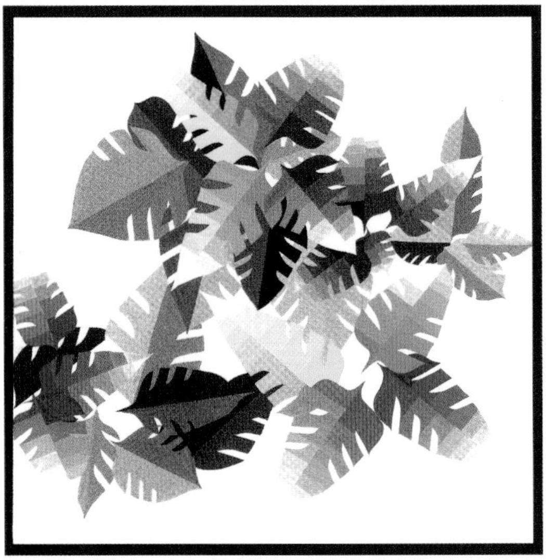

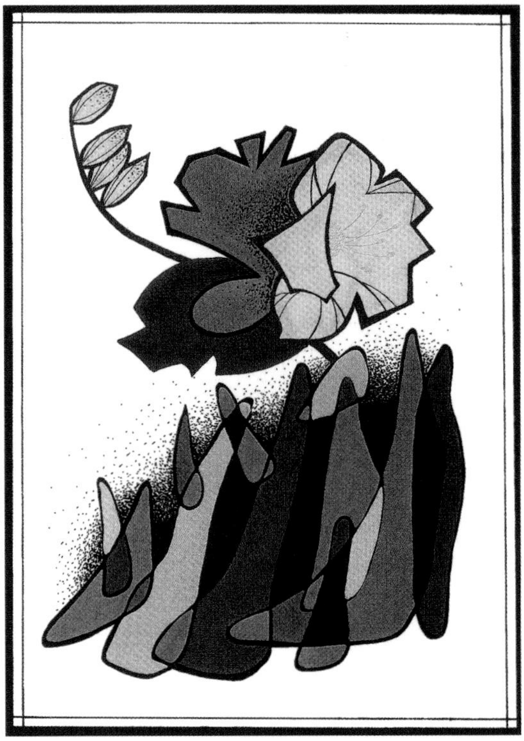

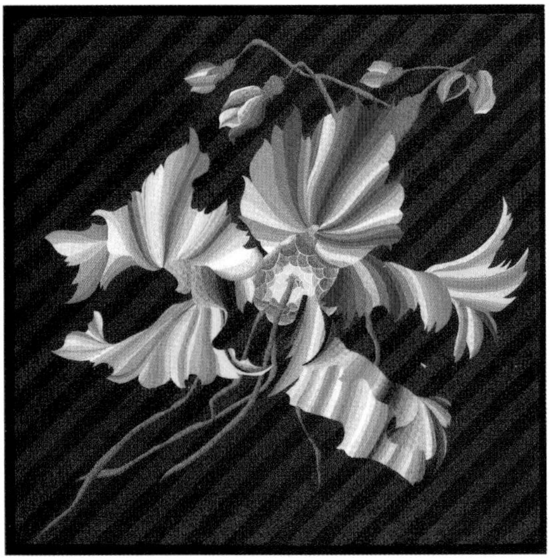

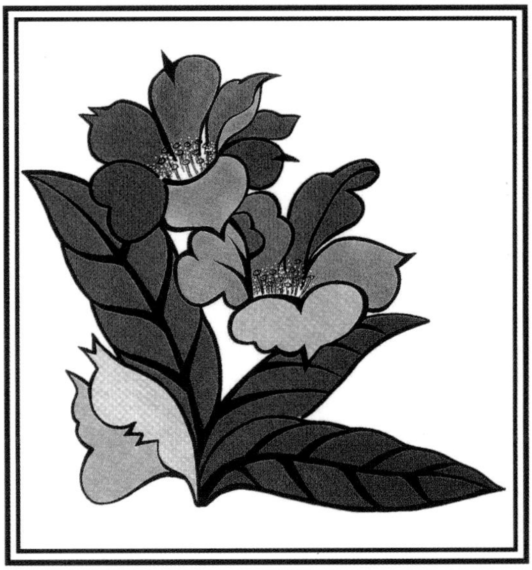

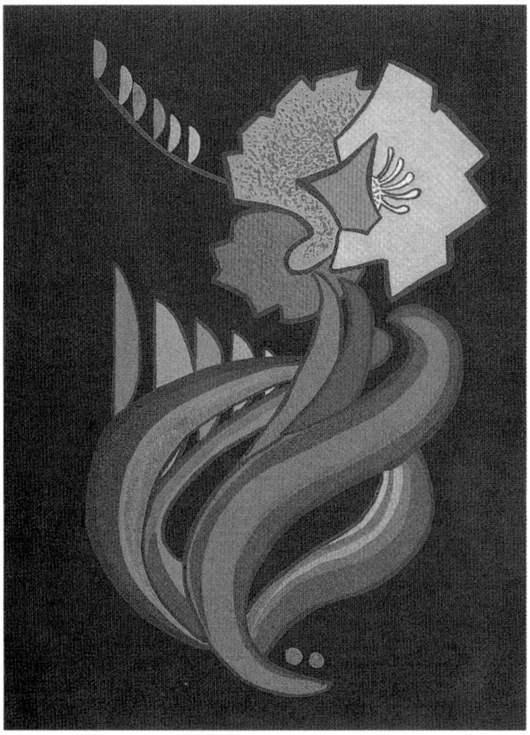
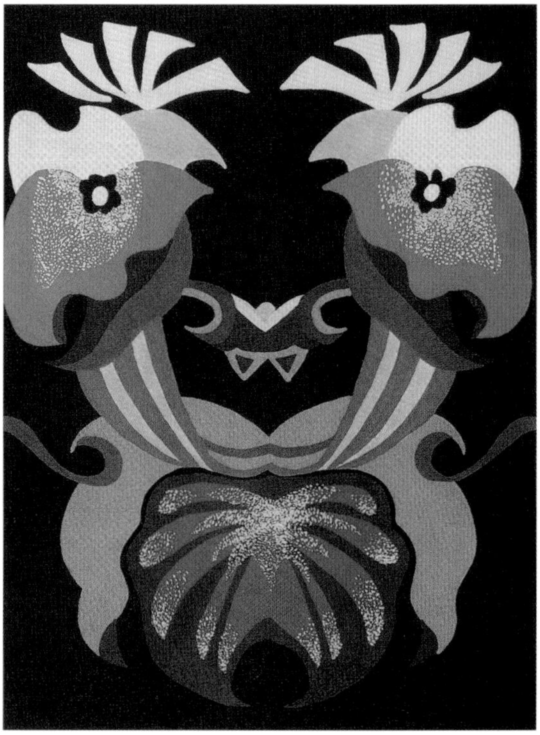
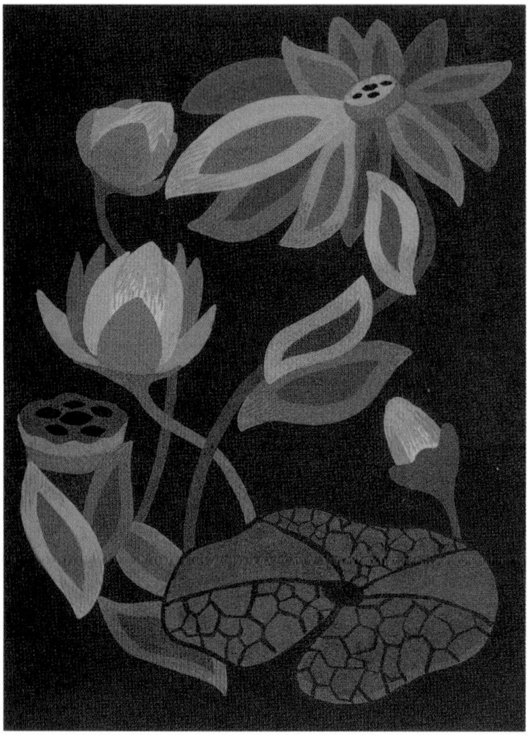

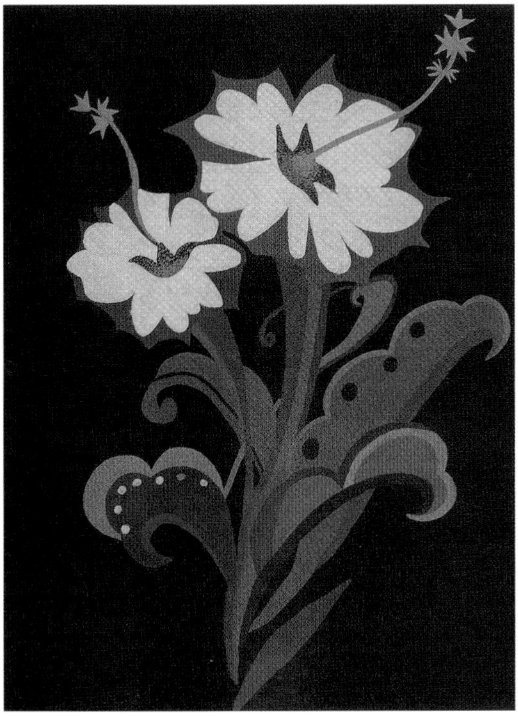
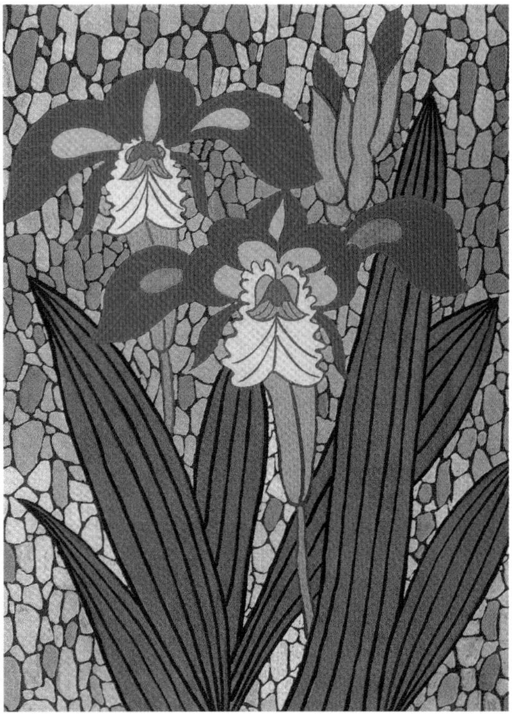
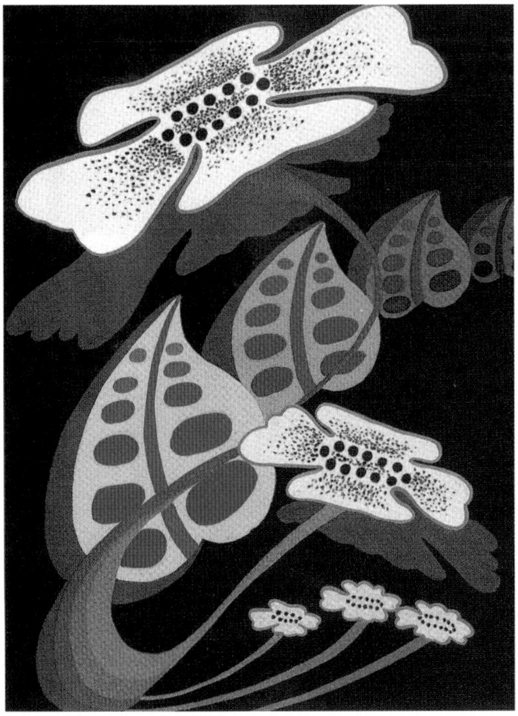
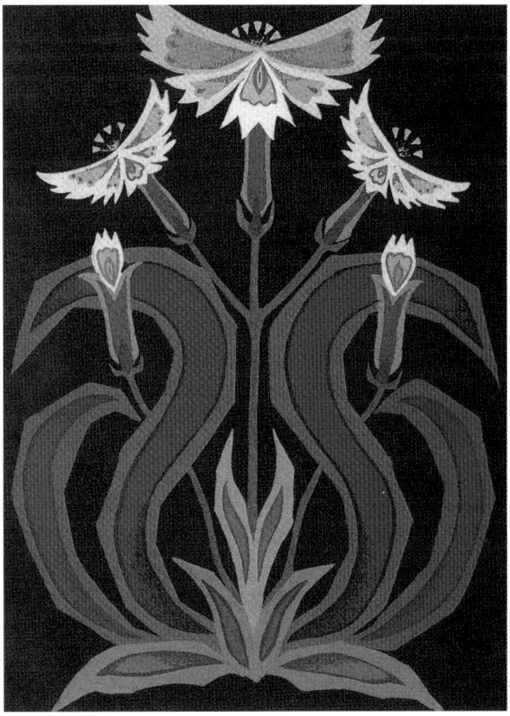

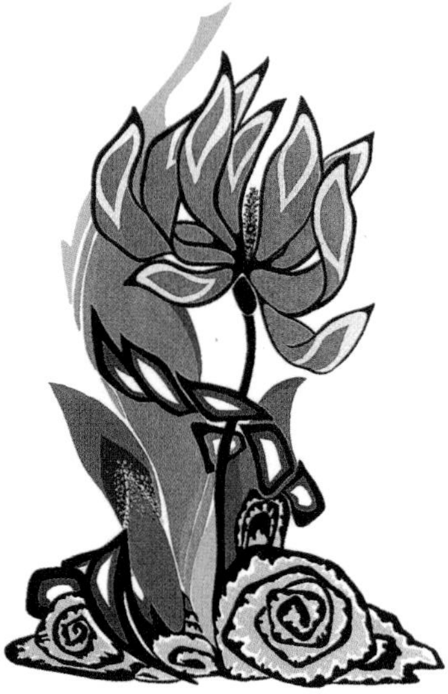

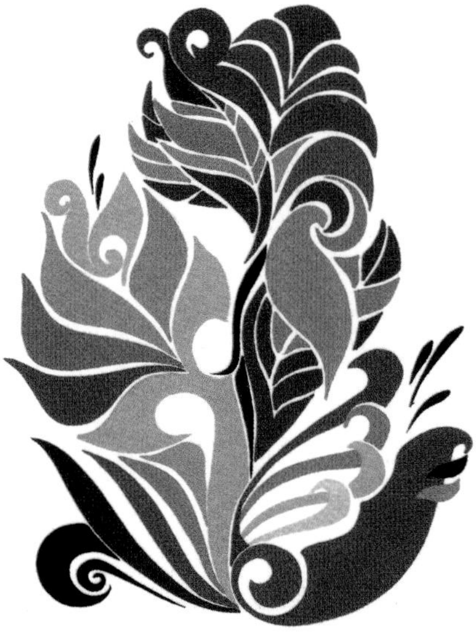

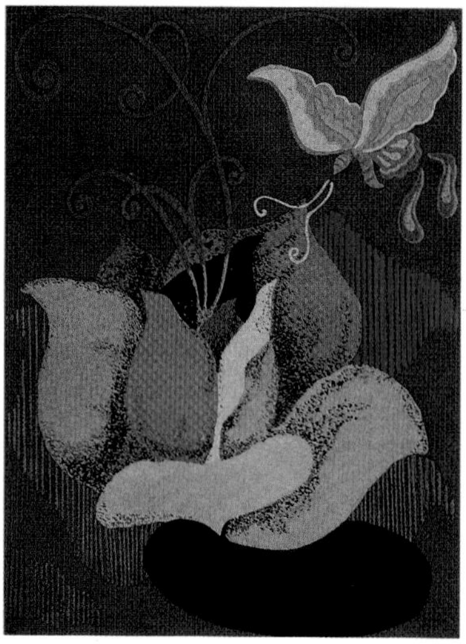

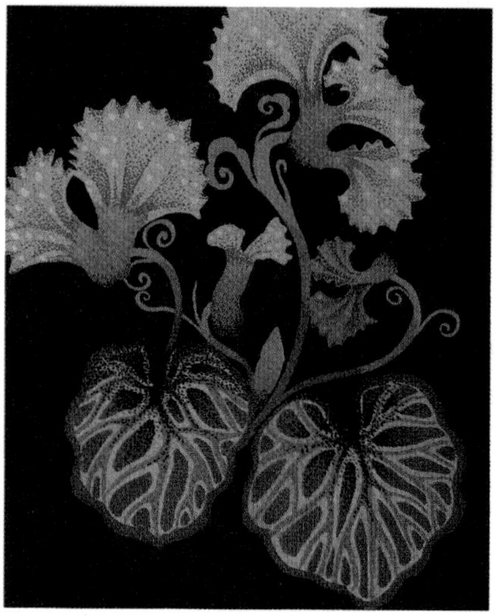

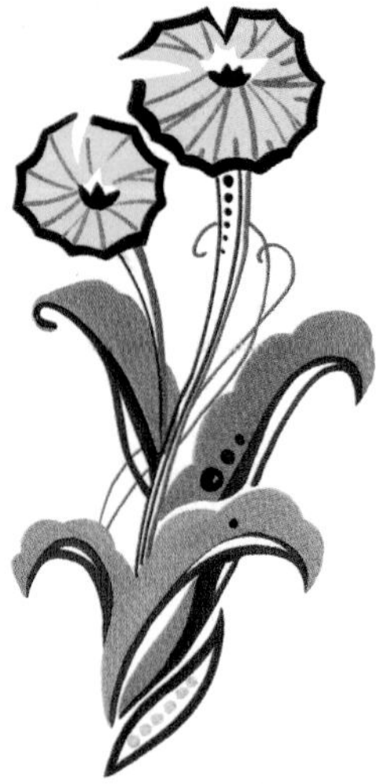

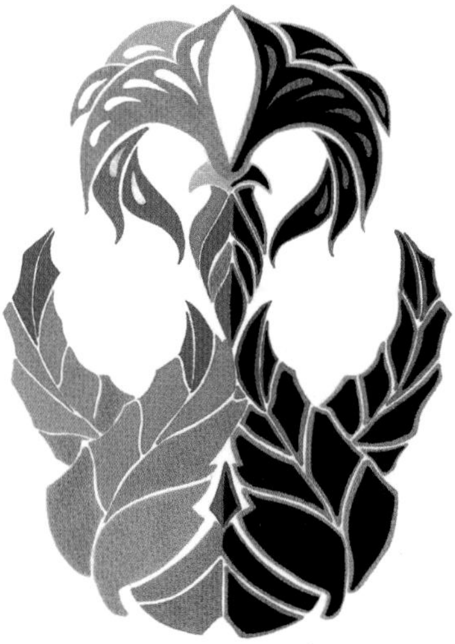

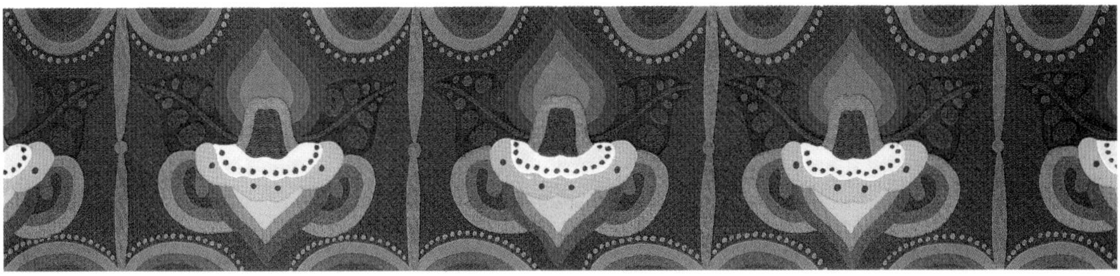

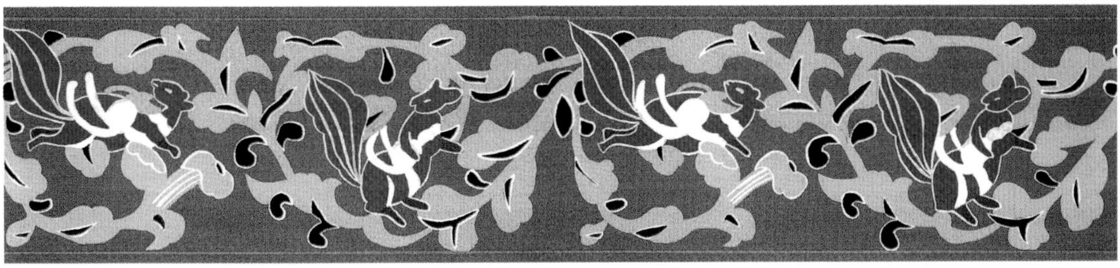
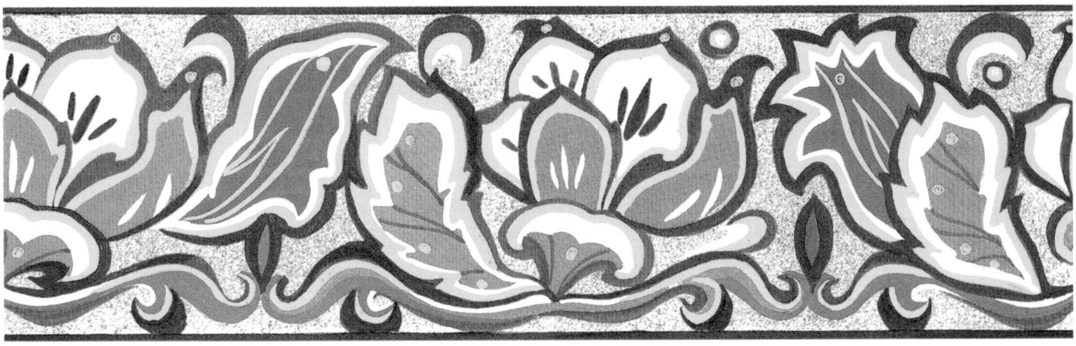

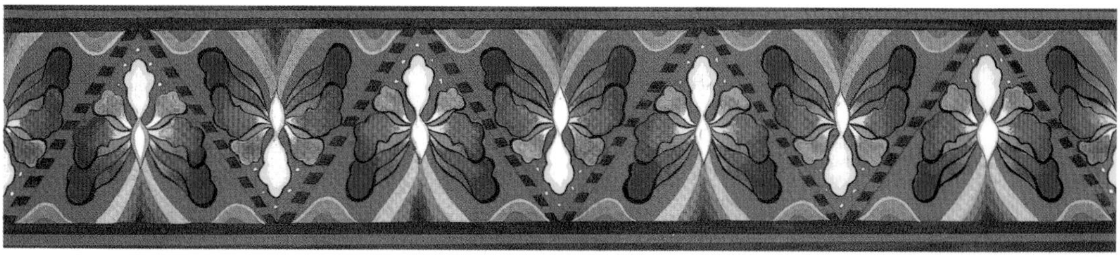

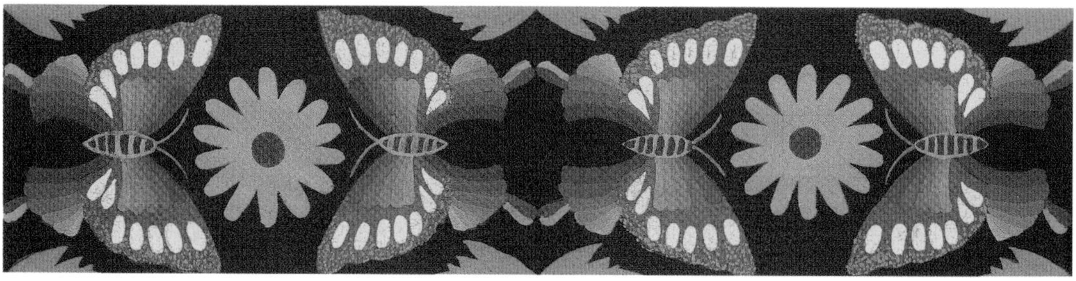

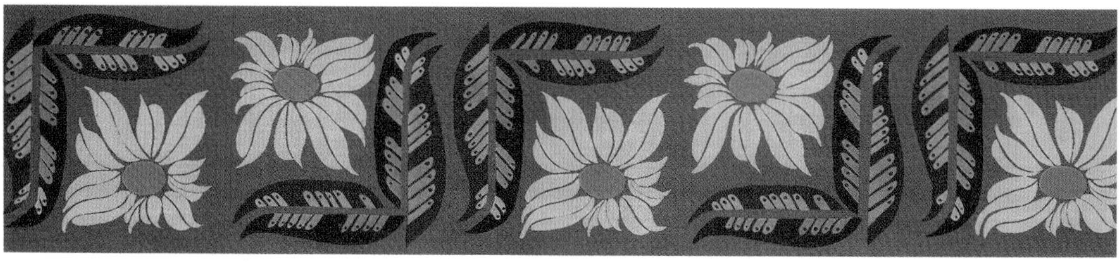

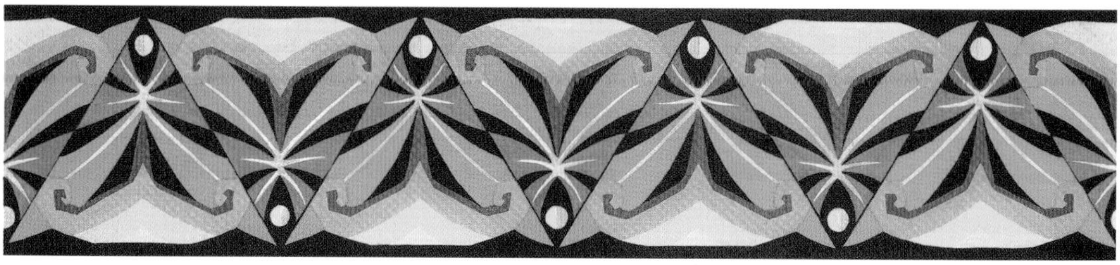

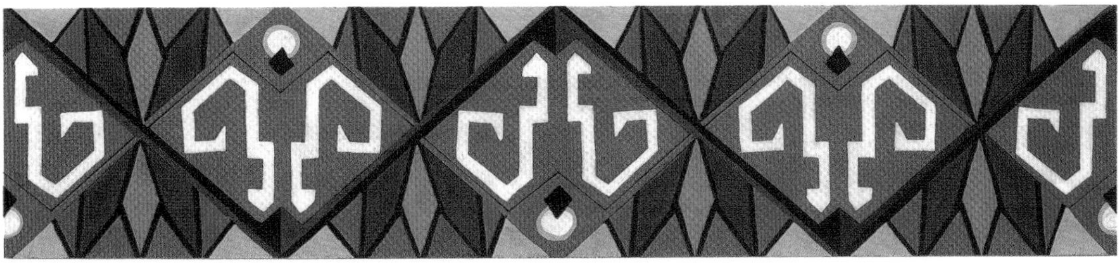

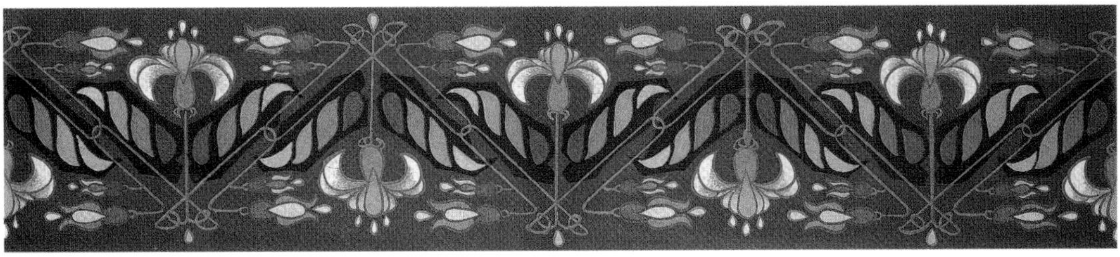

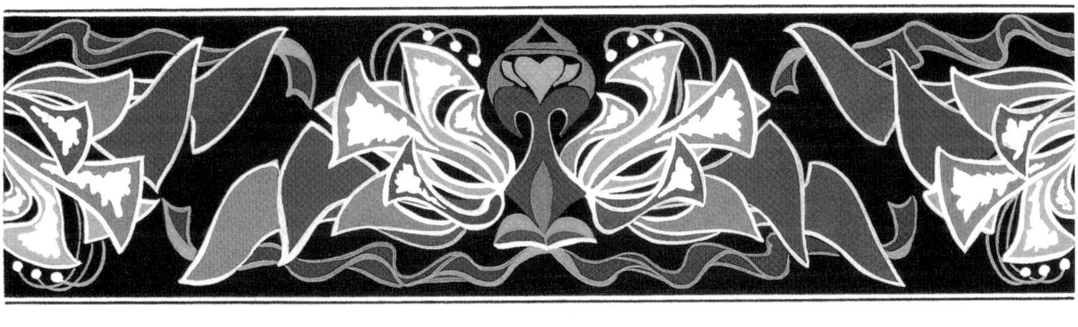

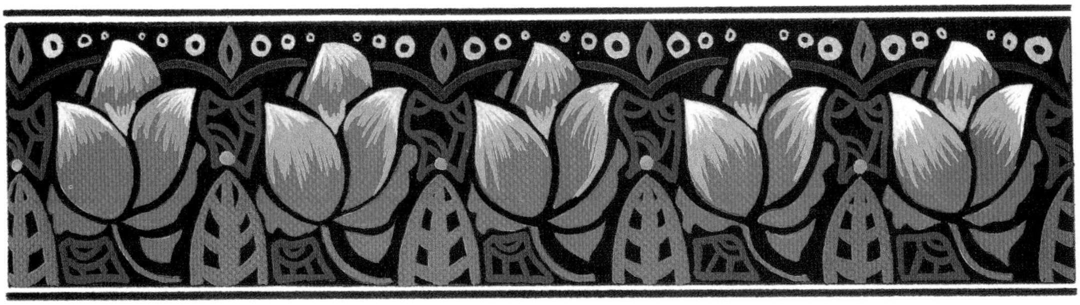

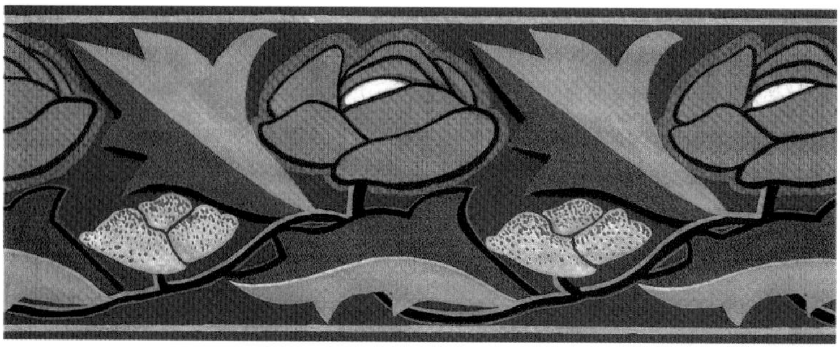

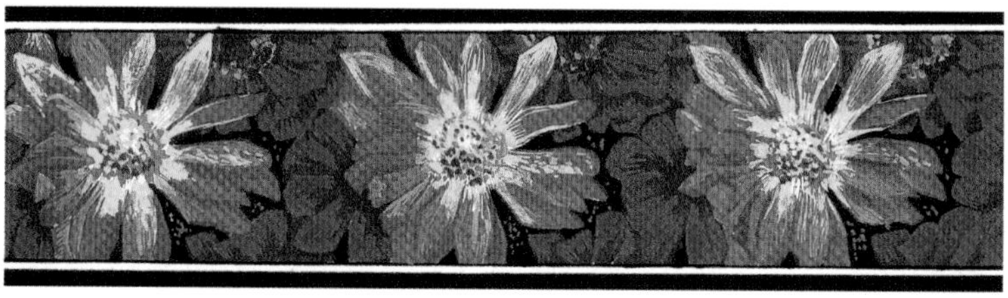

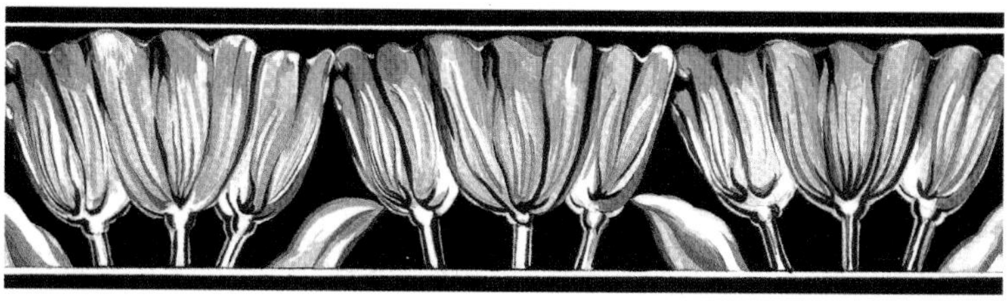

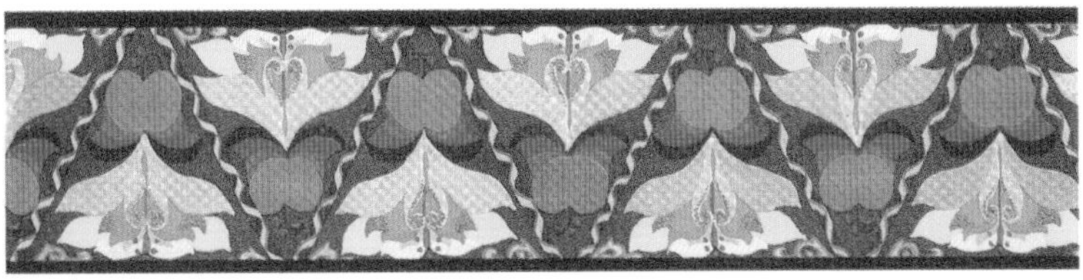

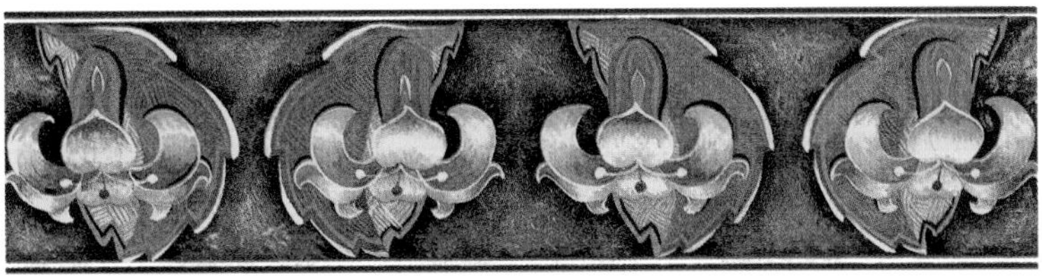

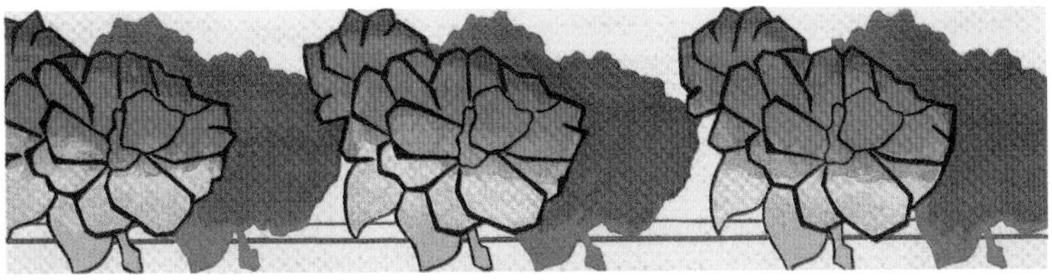

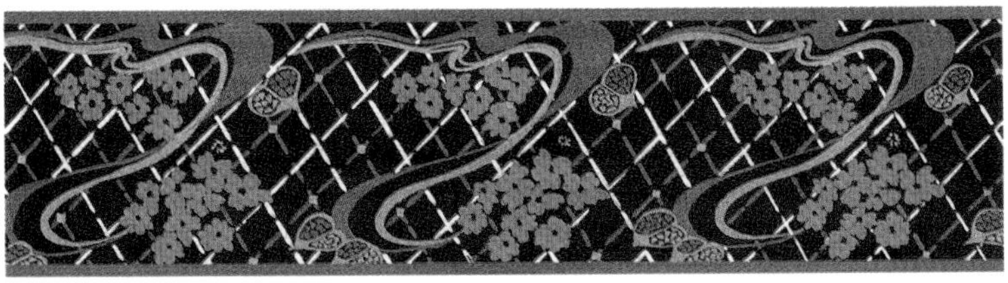

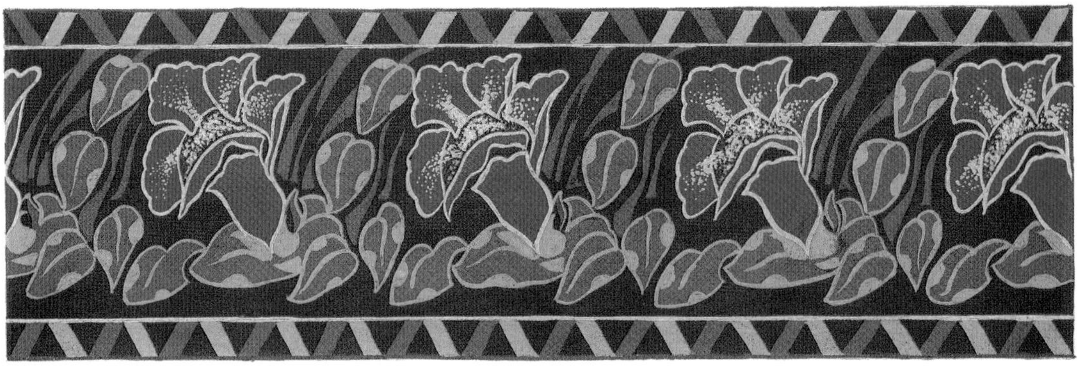

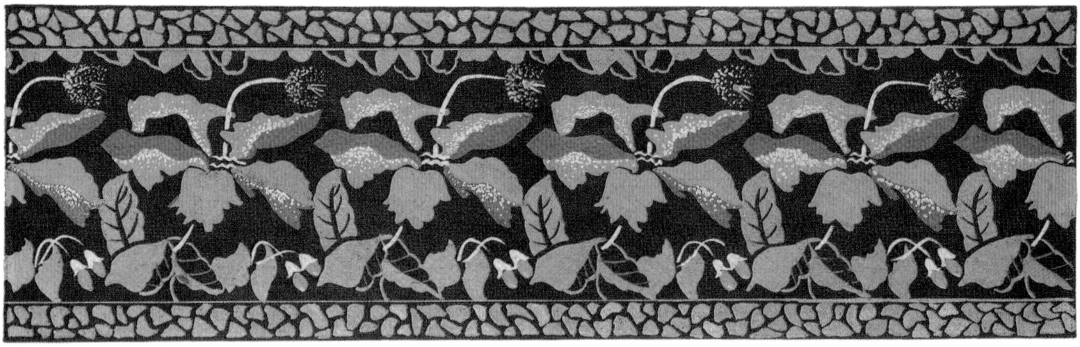

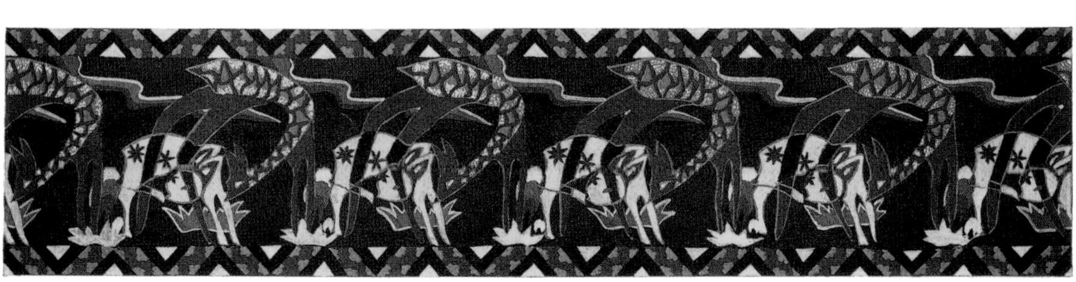

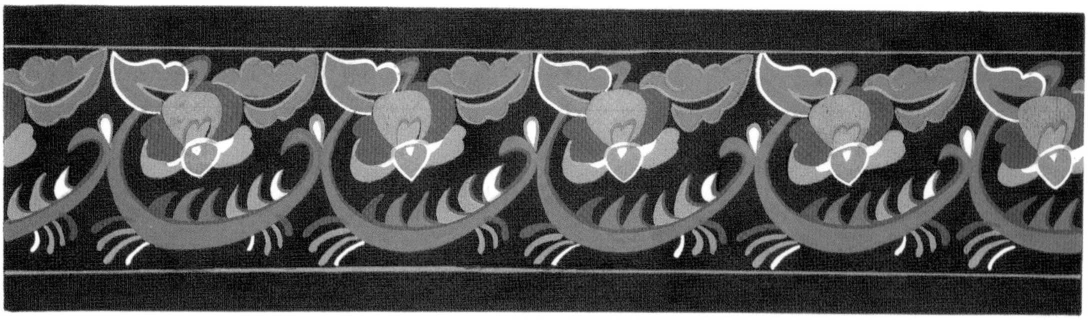

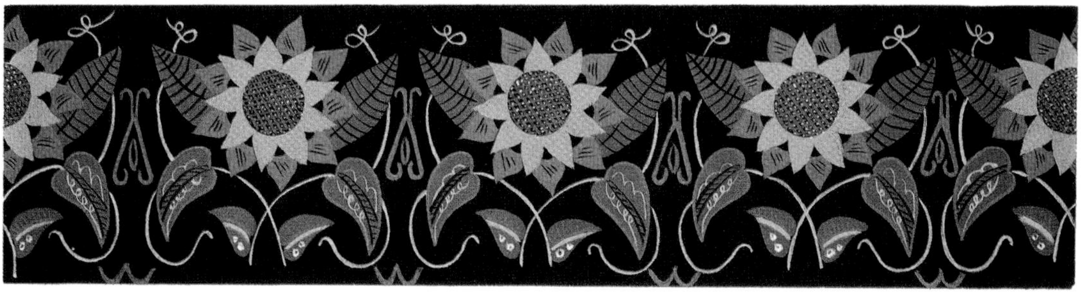

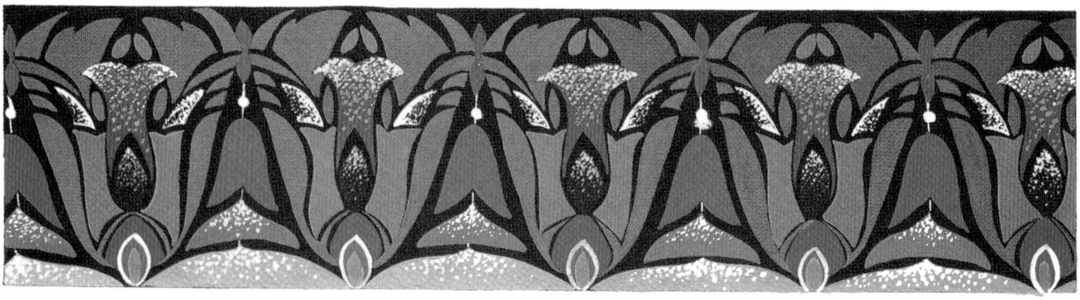

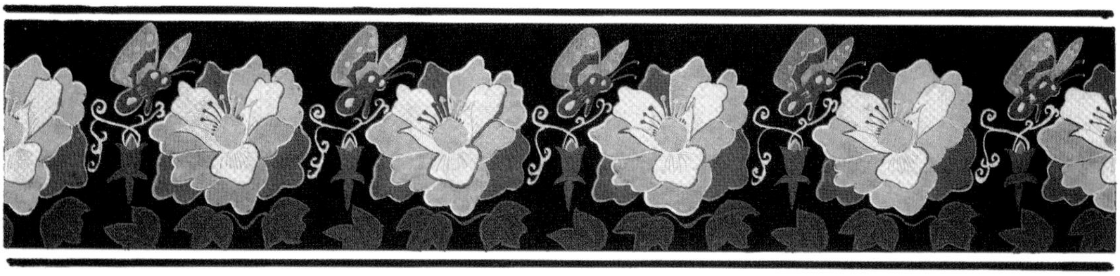

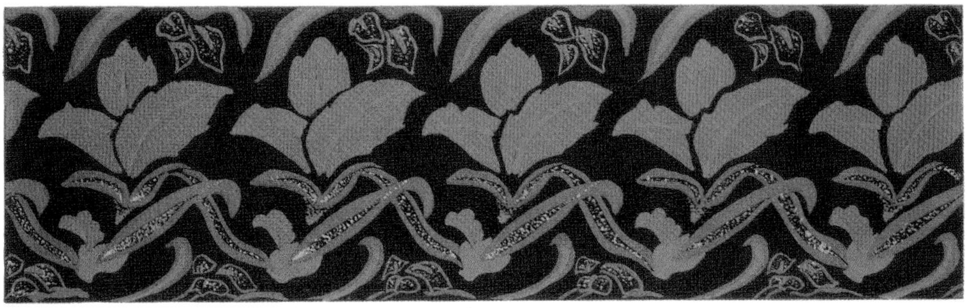
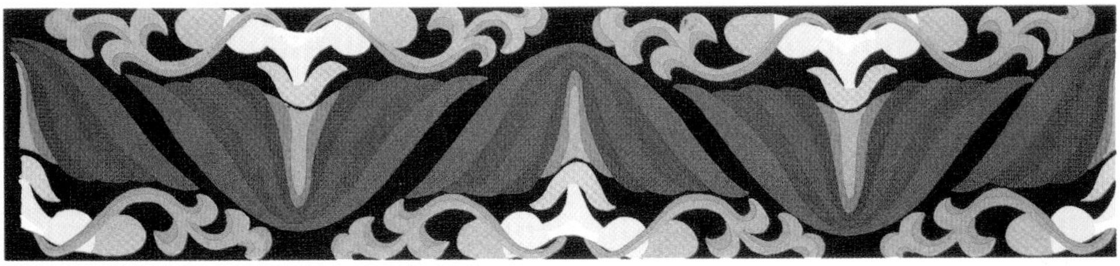
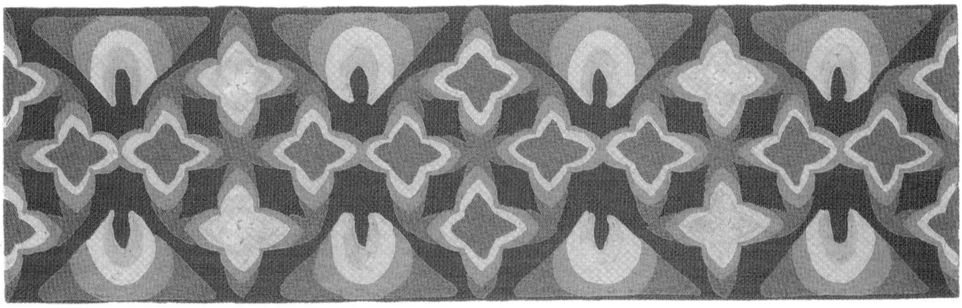

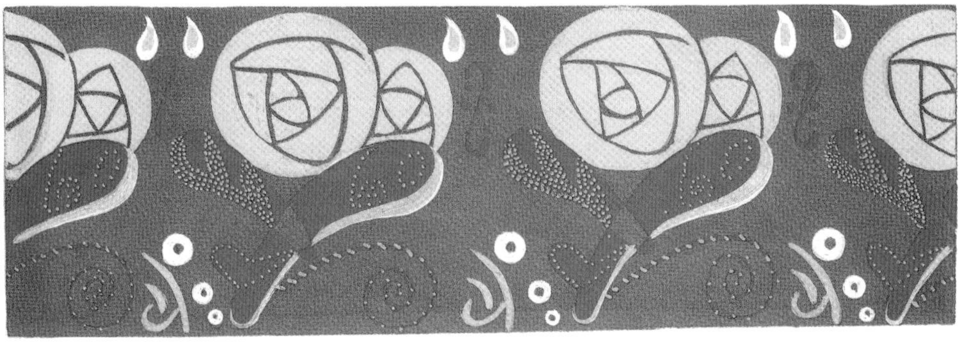

복합 문양에서의 색체 변화

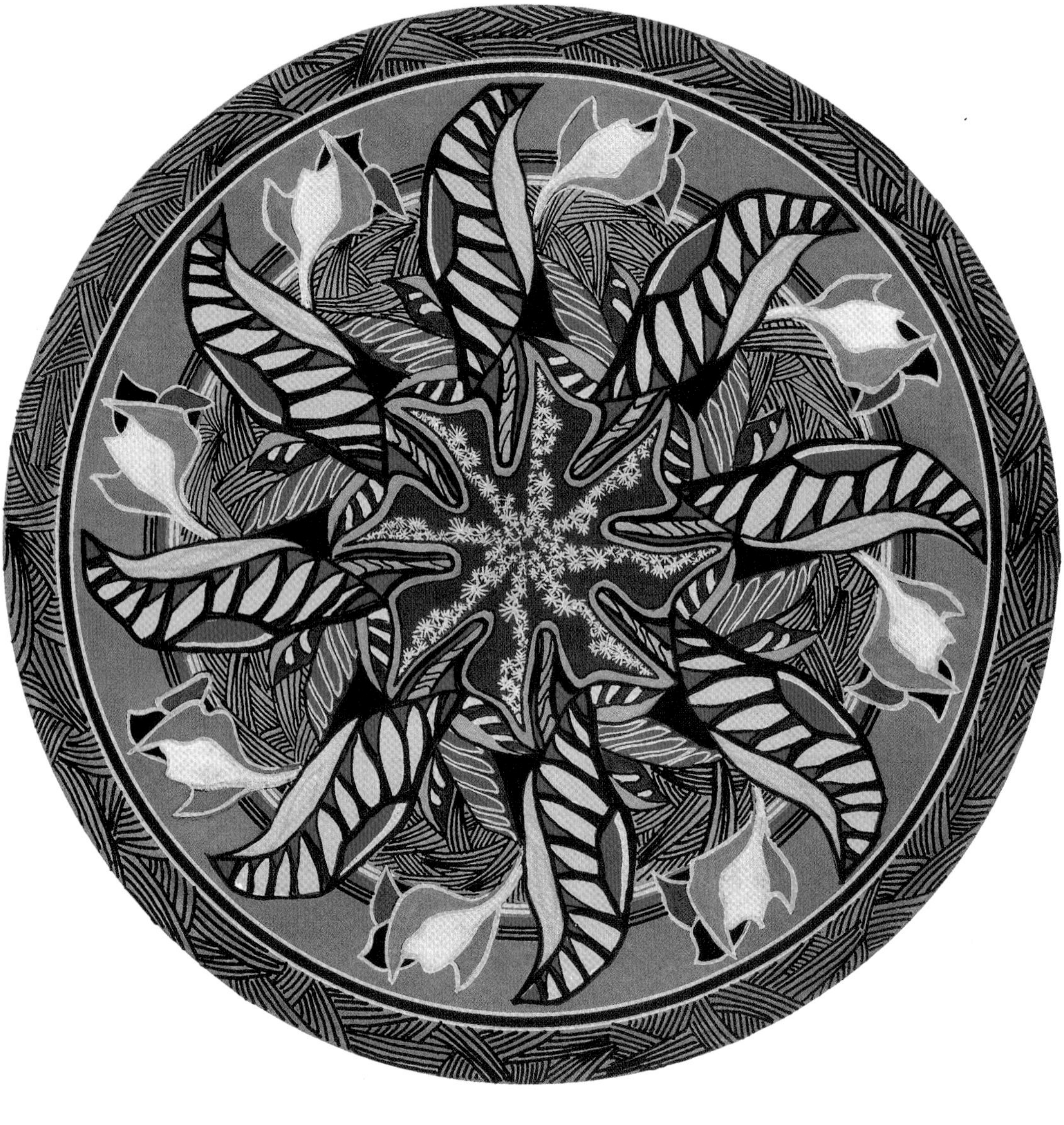

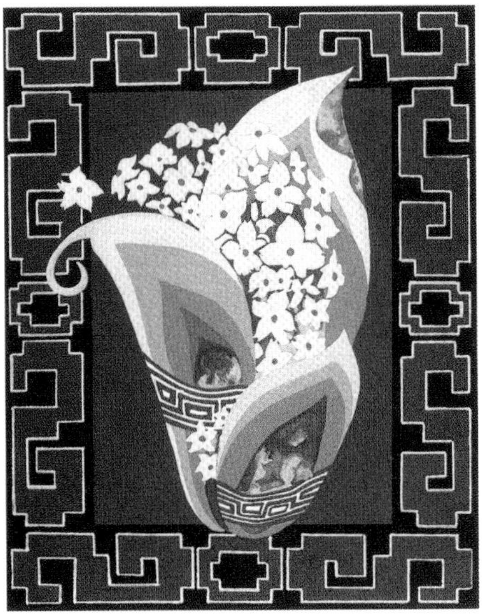
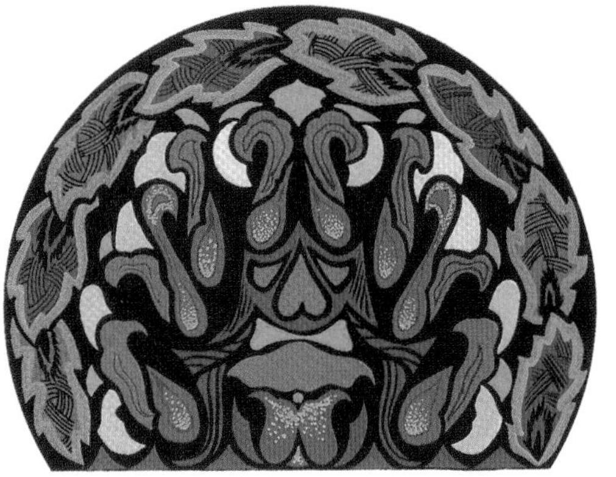
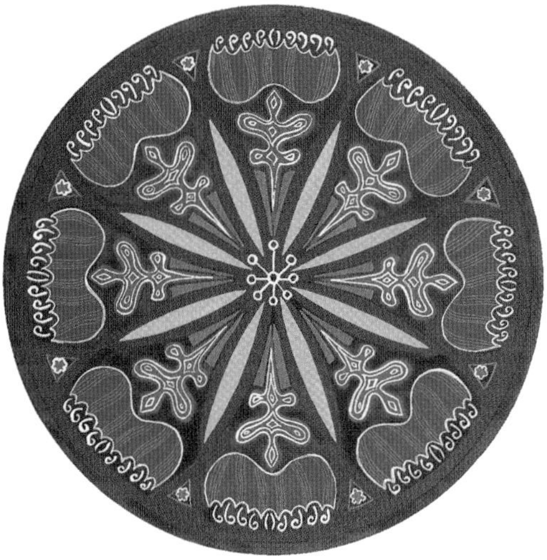
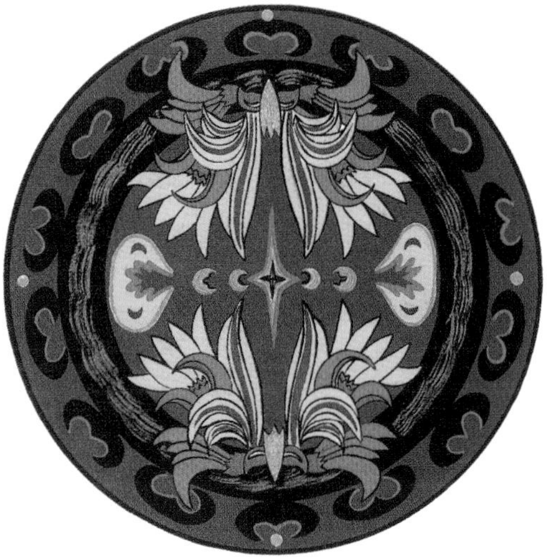
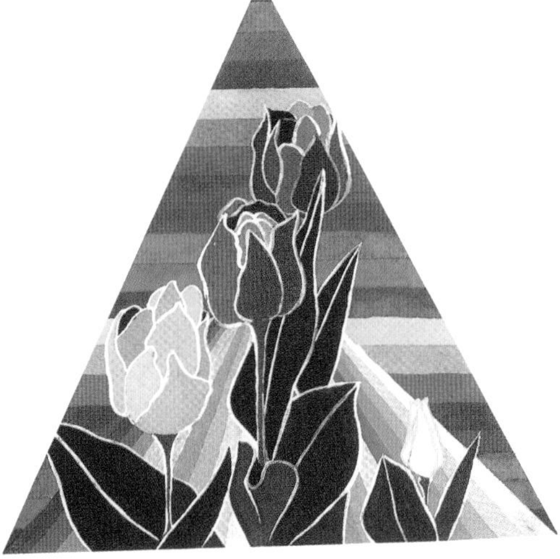
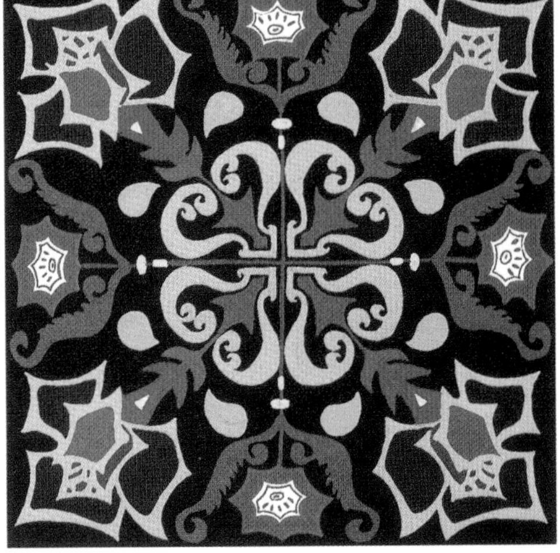

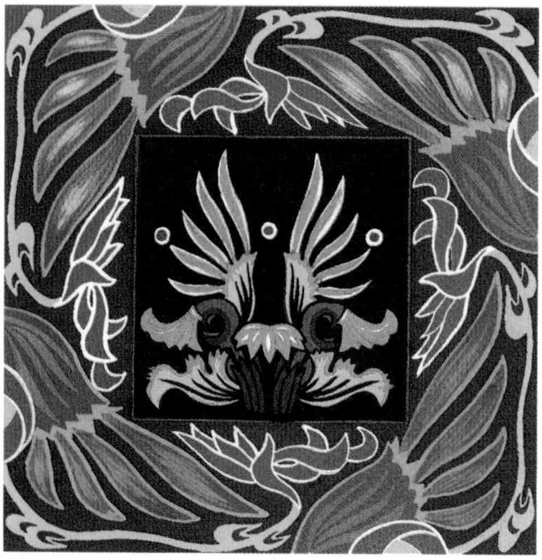
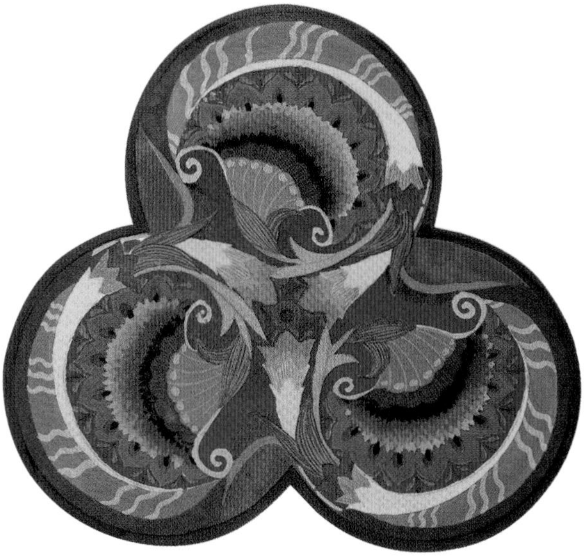
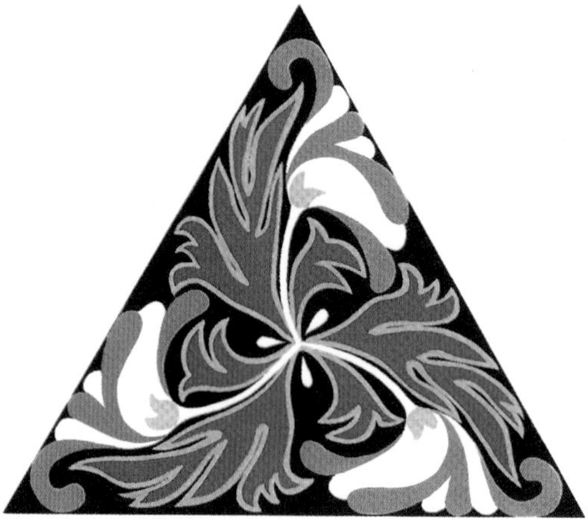
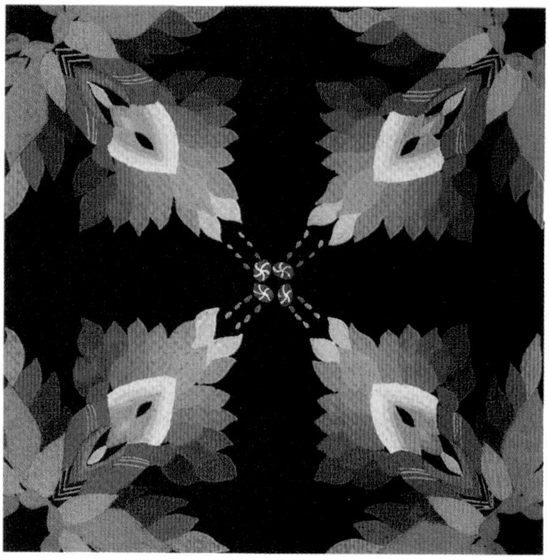
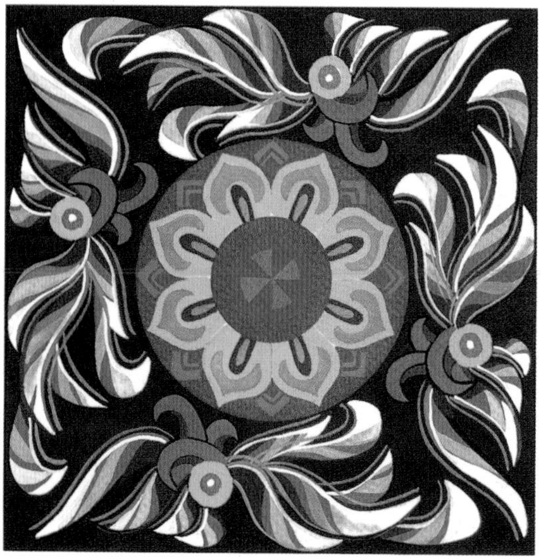
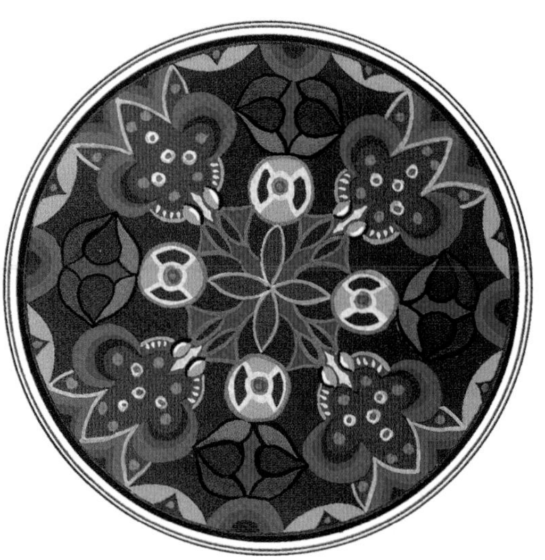

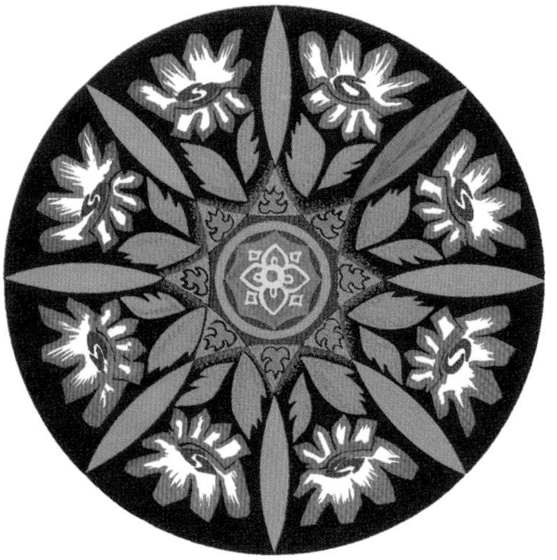
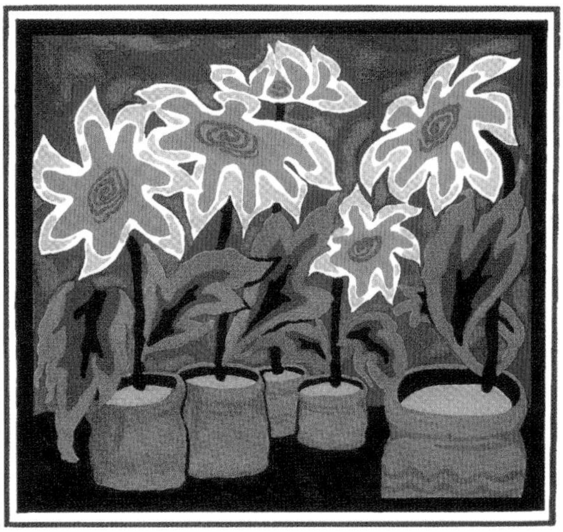
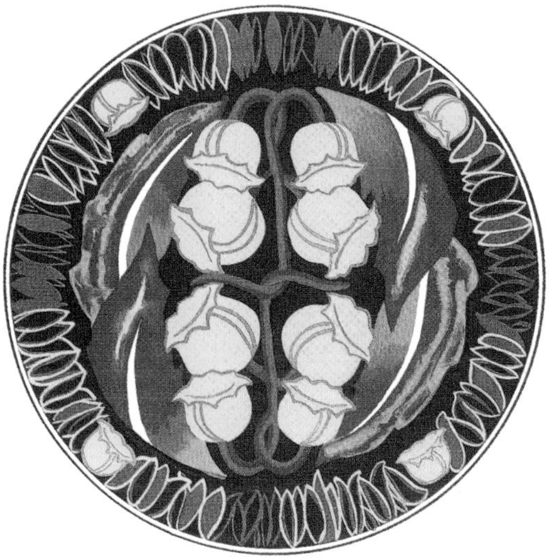
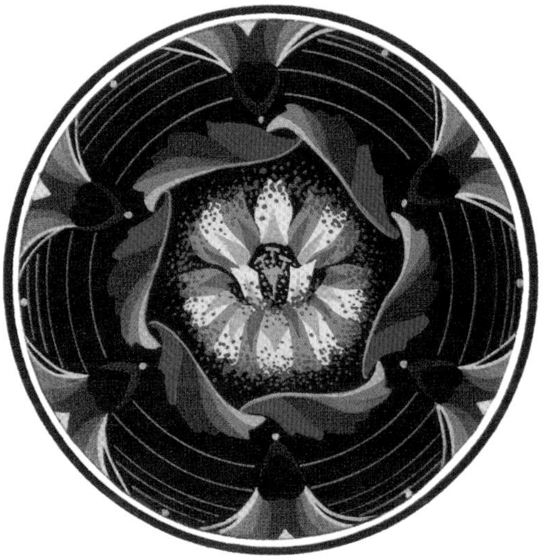
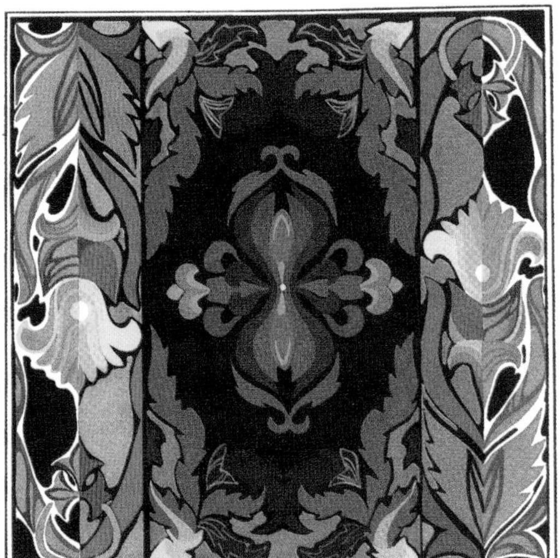
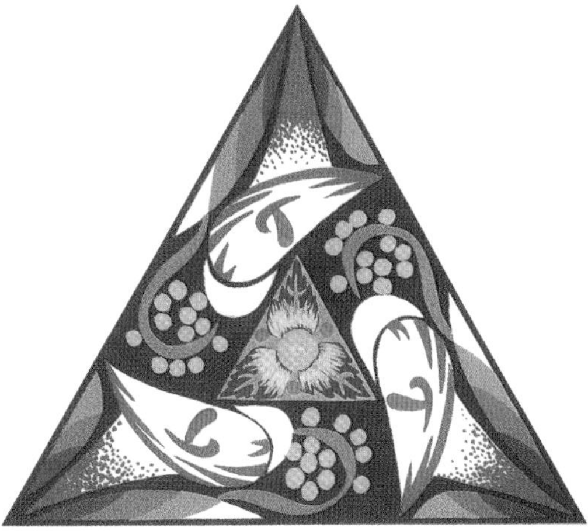

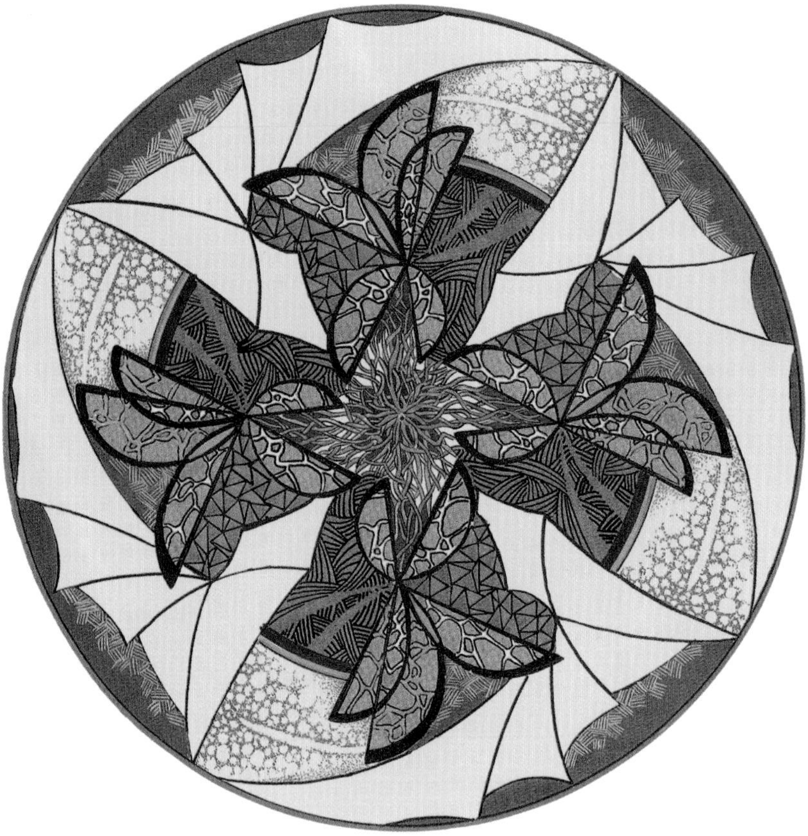

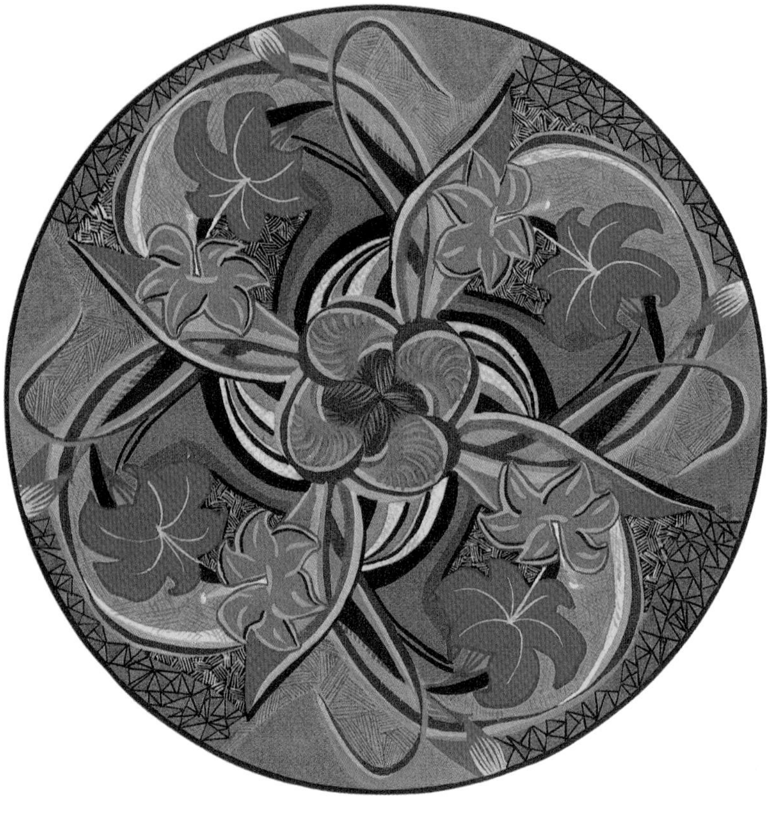

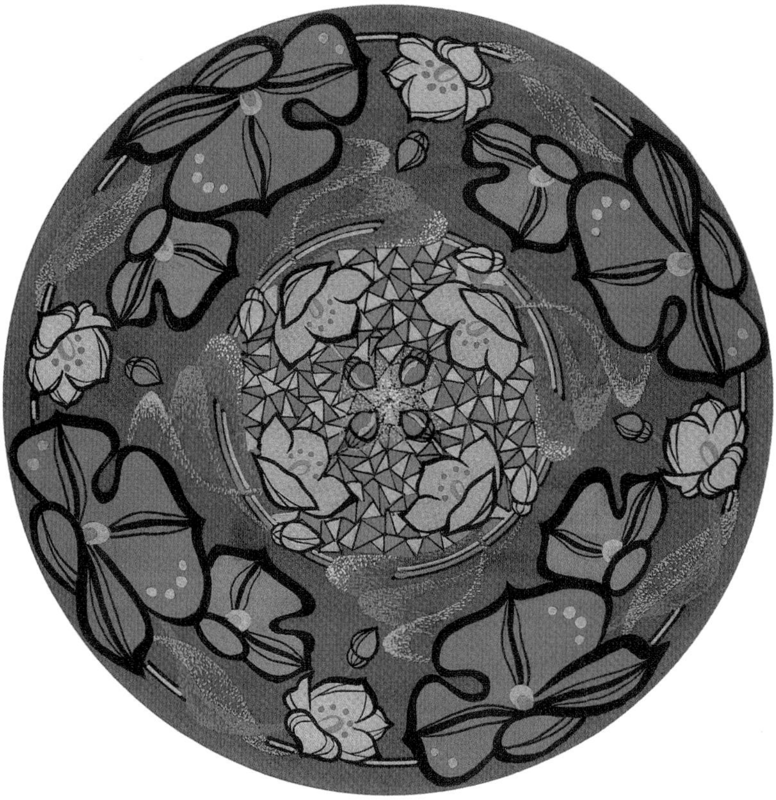

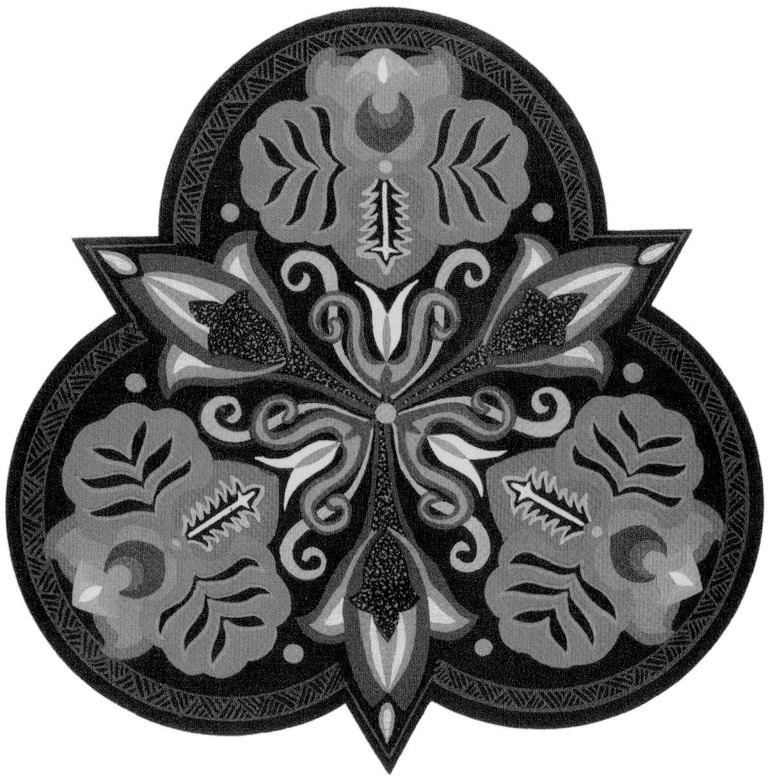

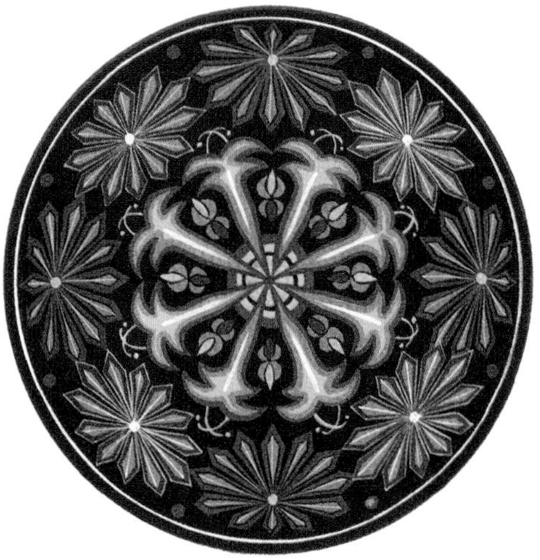
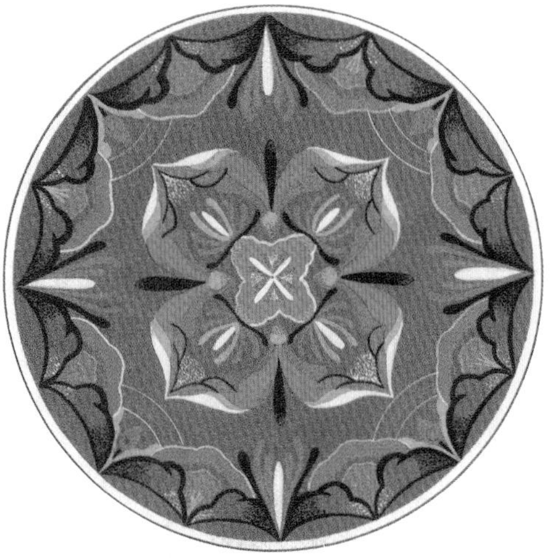
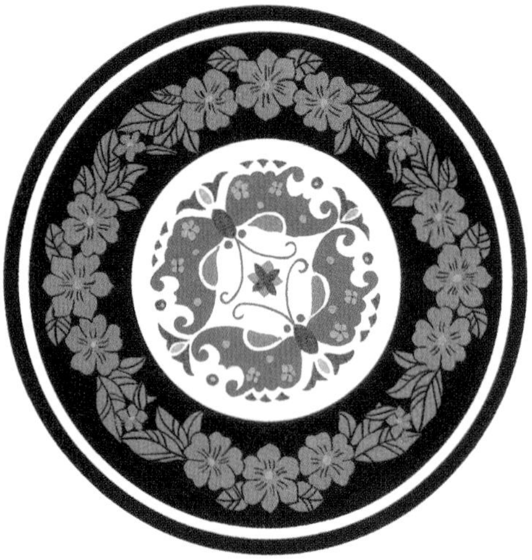
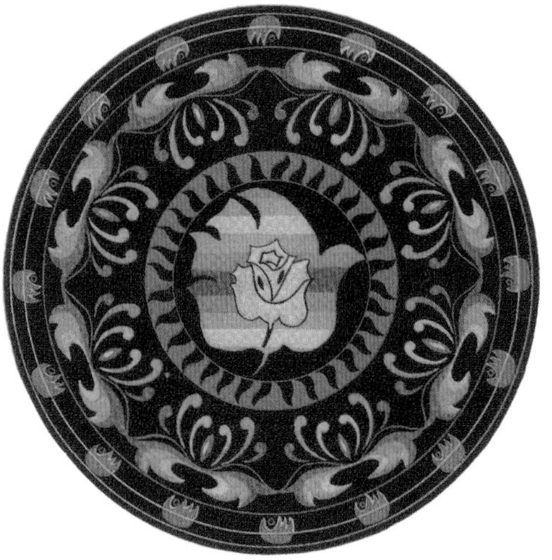
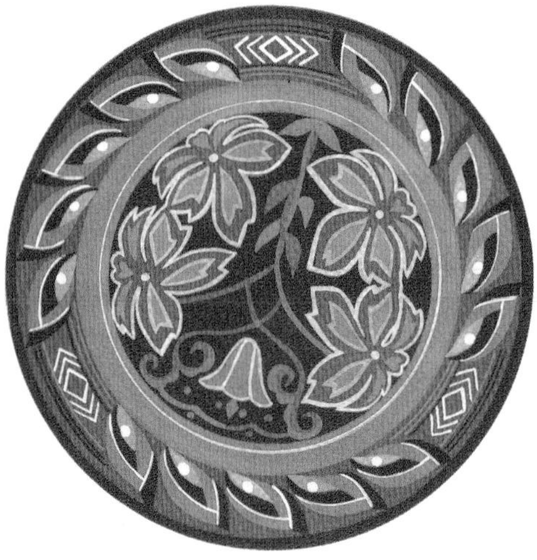
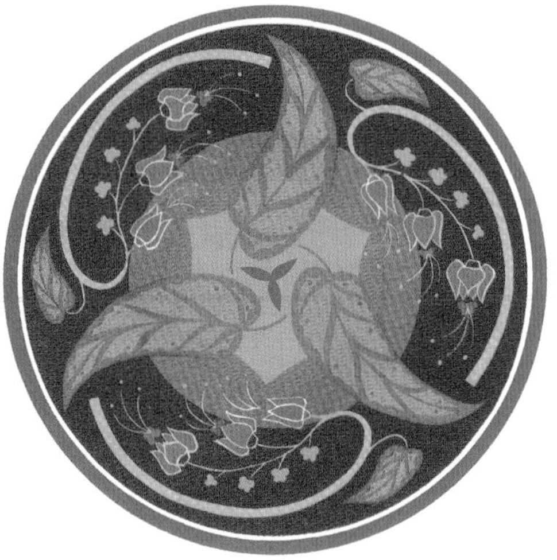

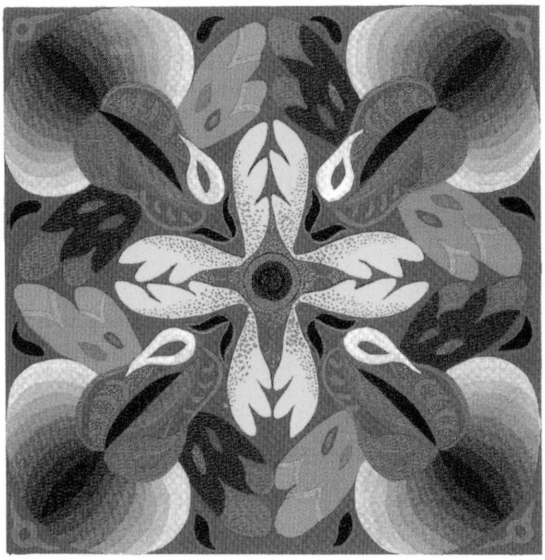

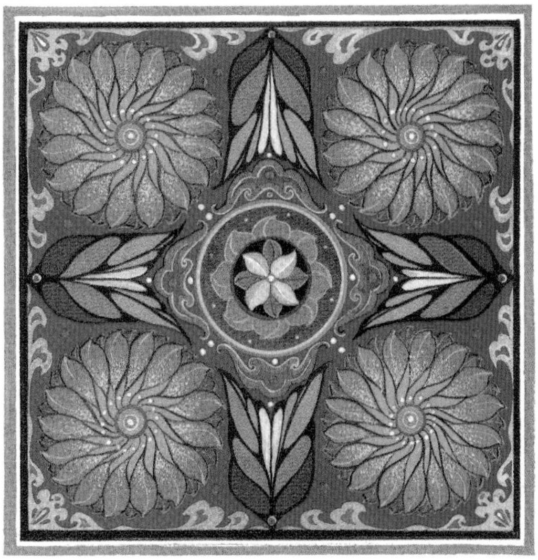

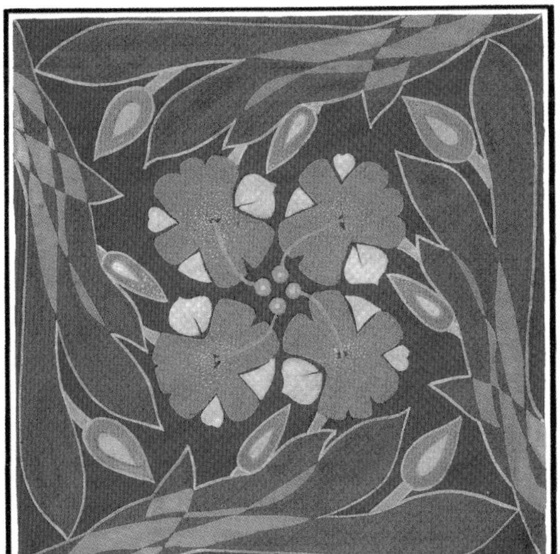

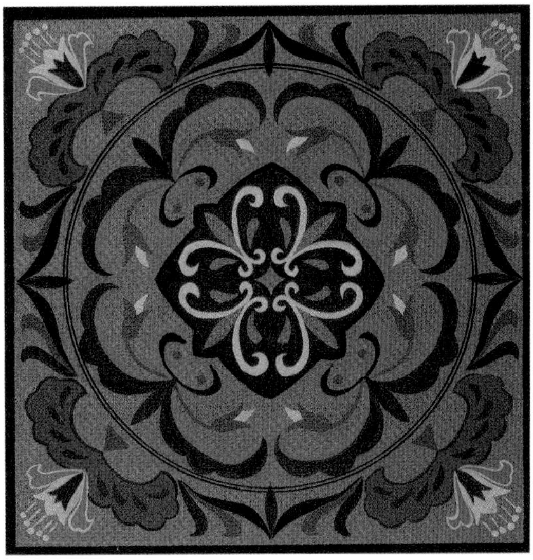

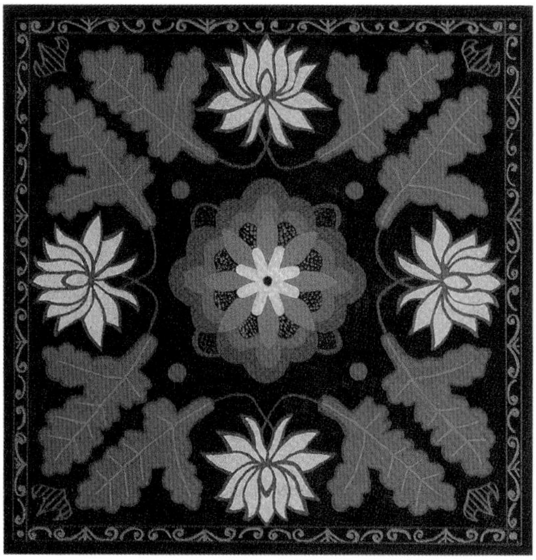
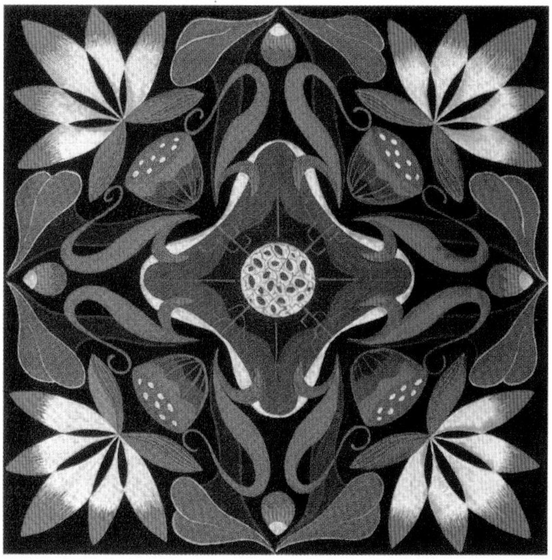
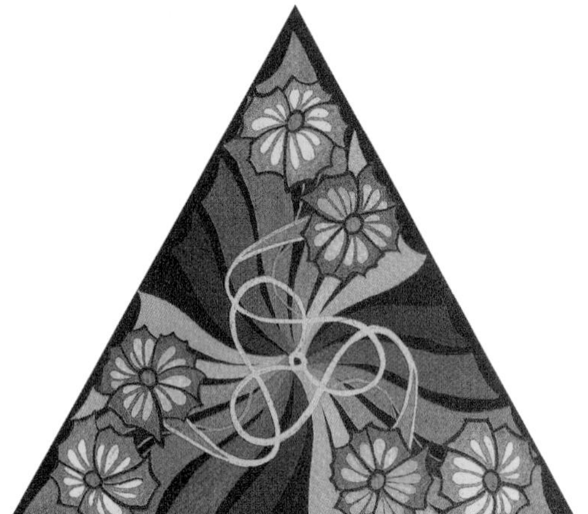
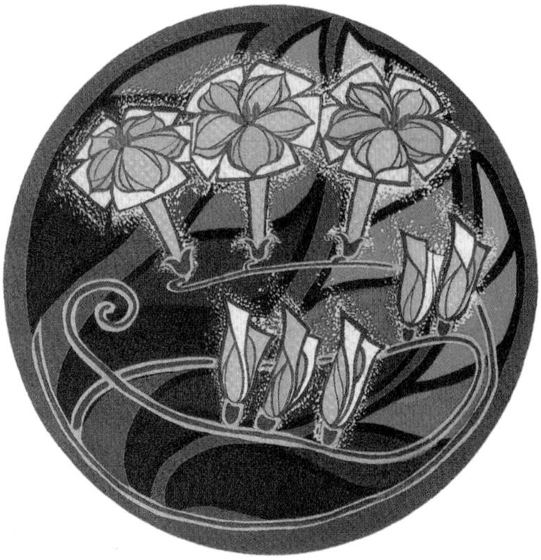
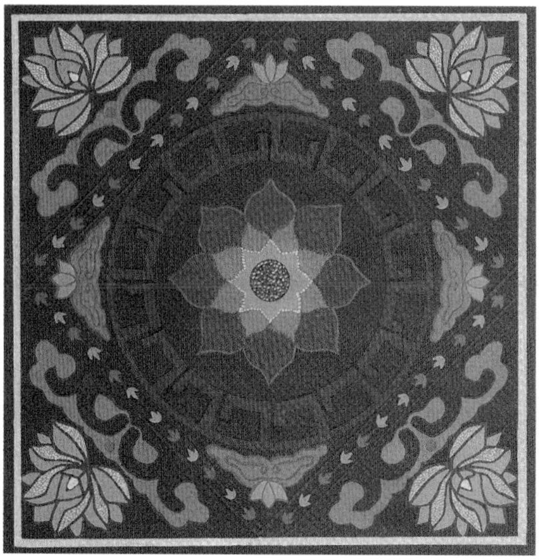
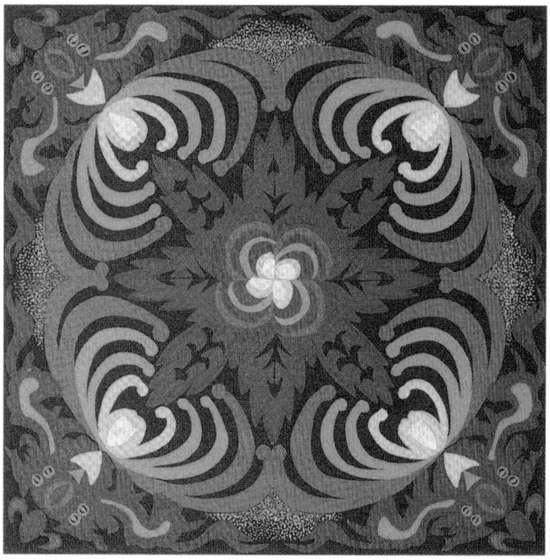

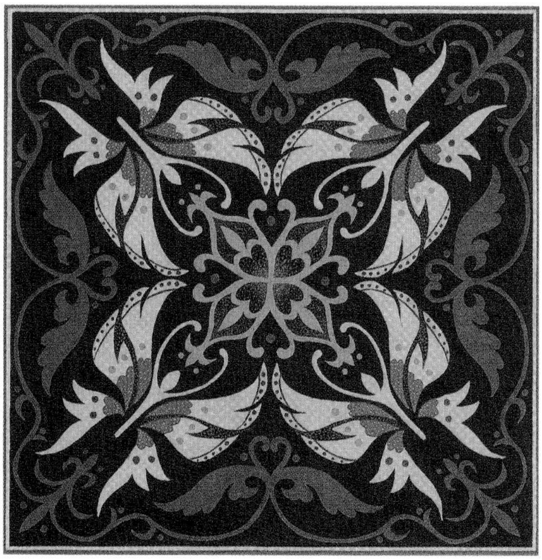
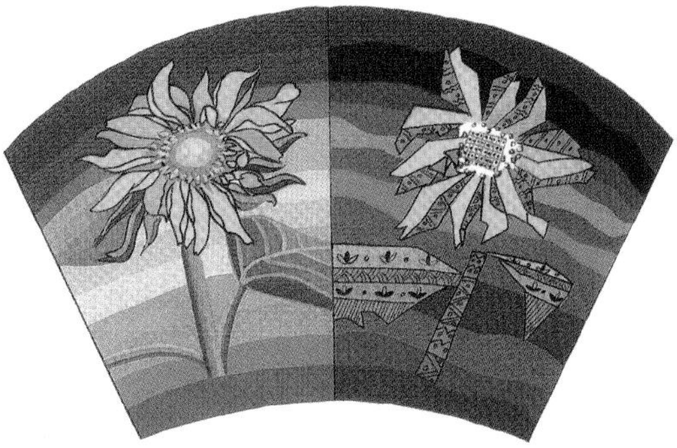
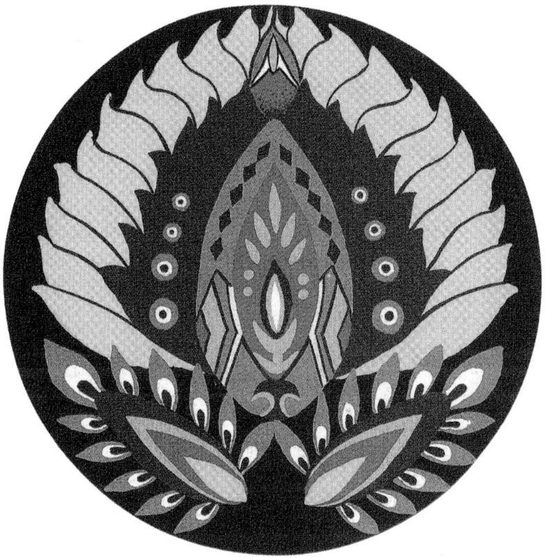
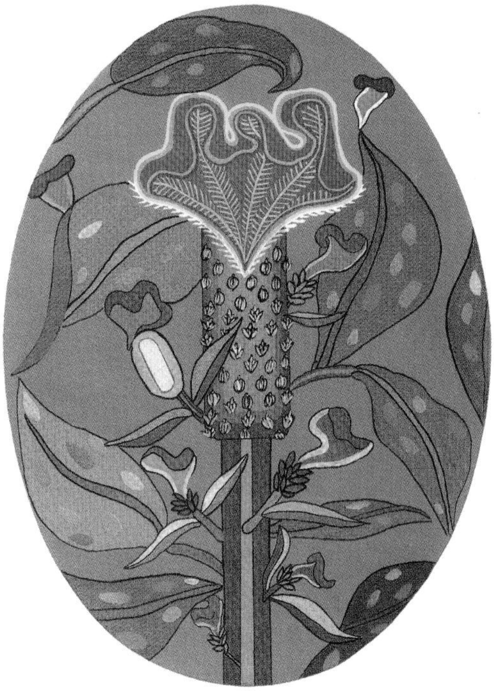
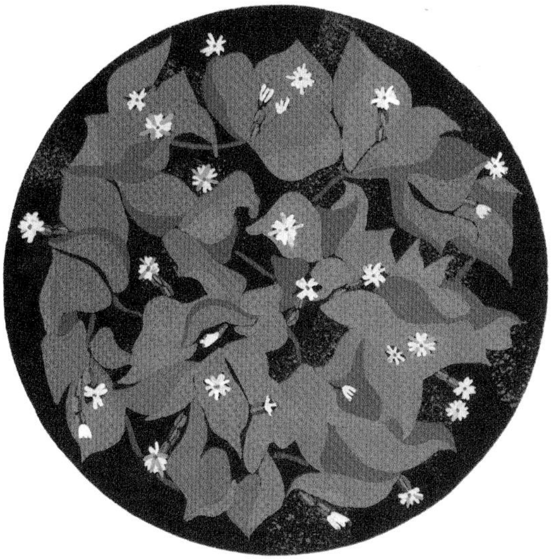
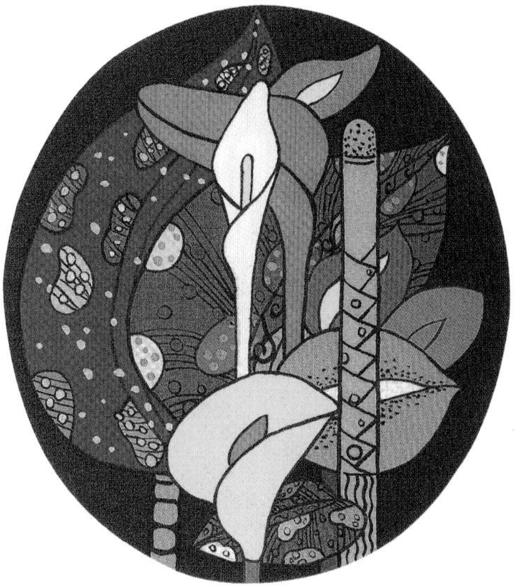

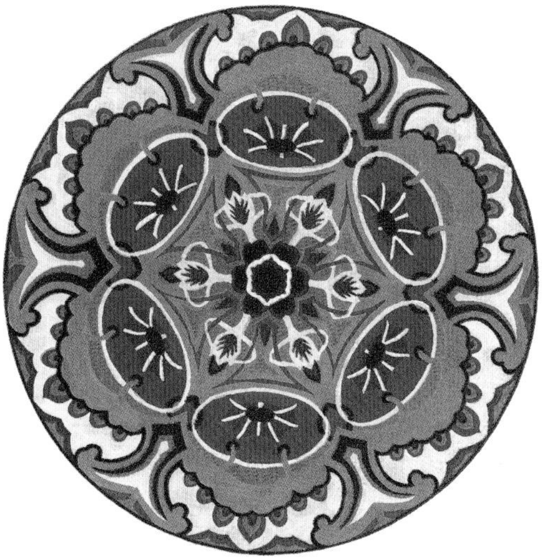
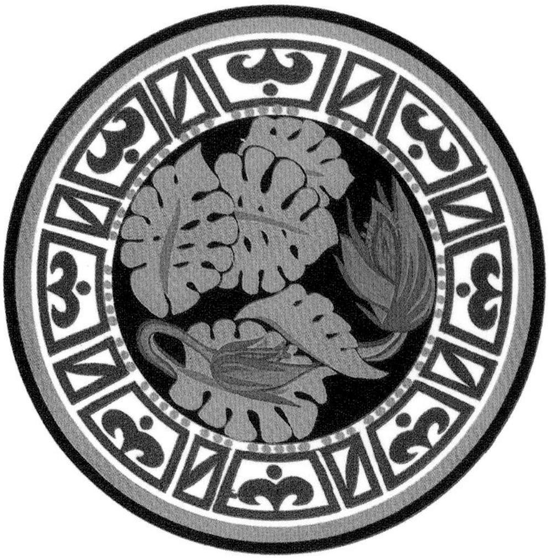
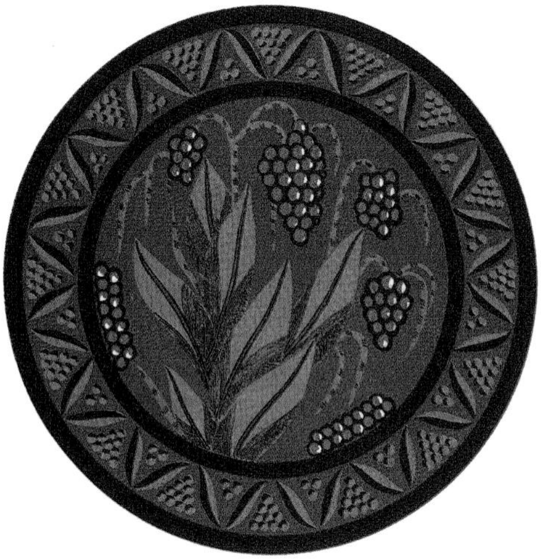
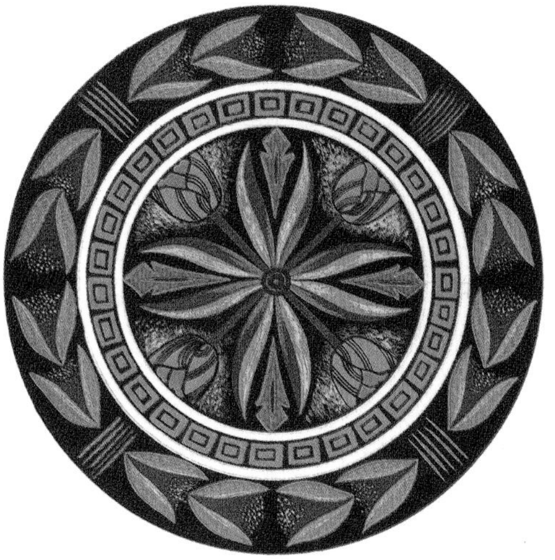
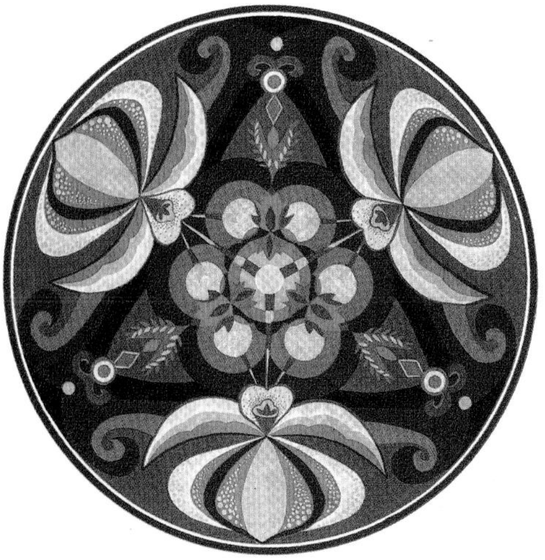
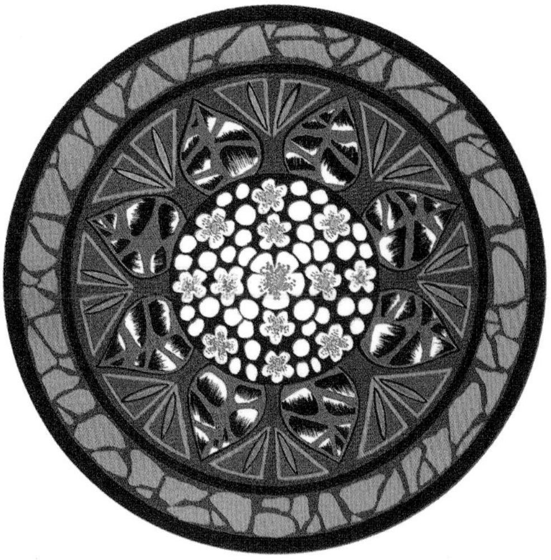

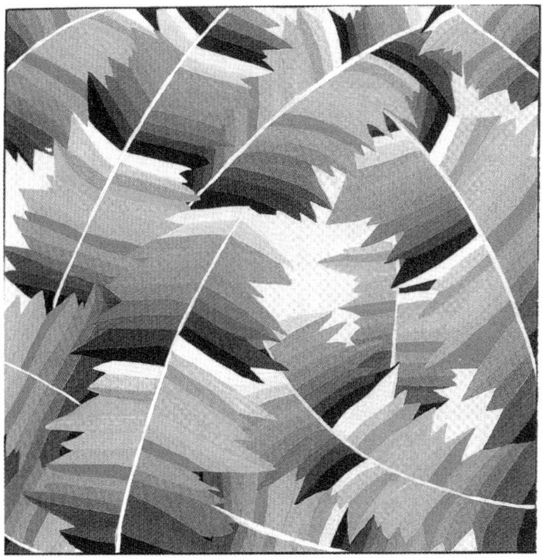
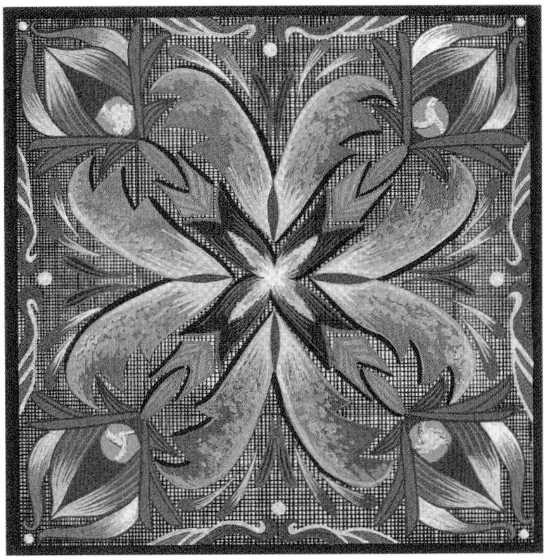
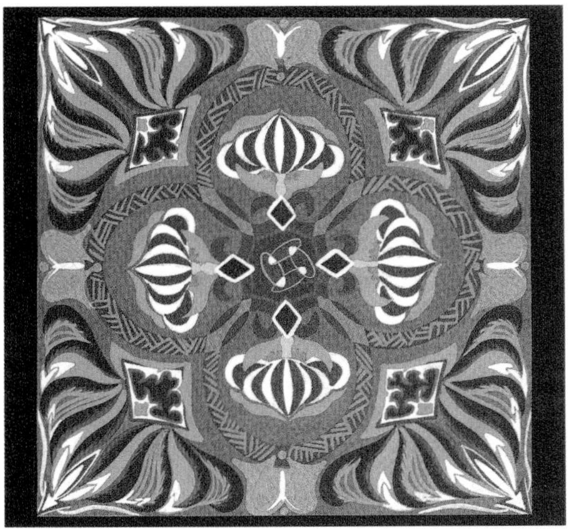
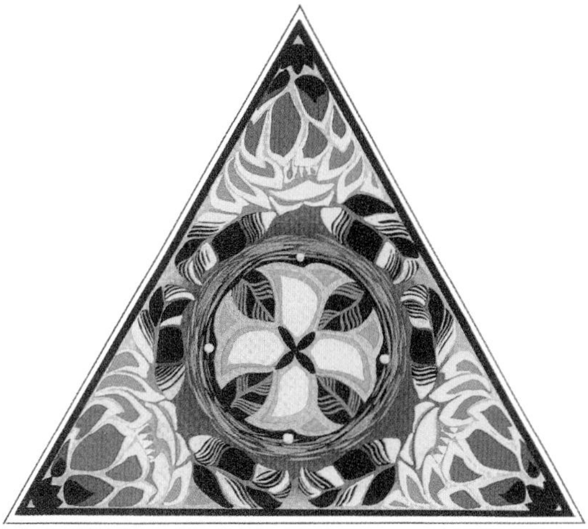
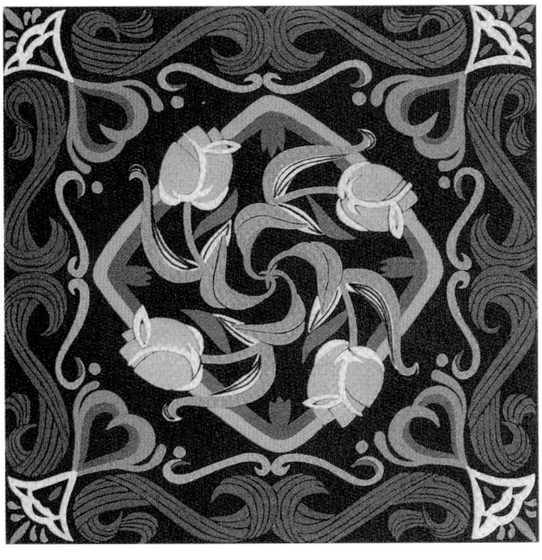
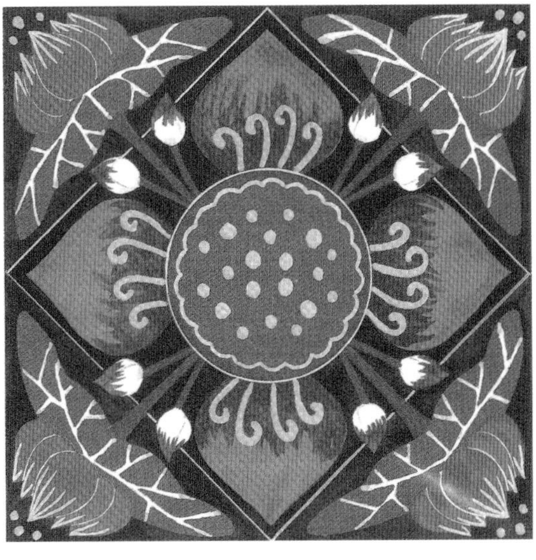

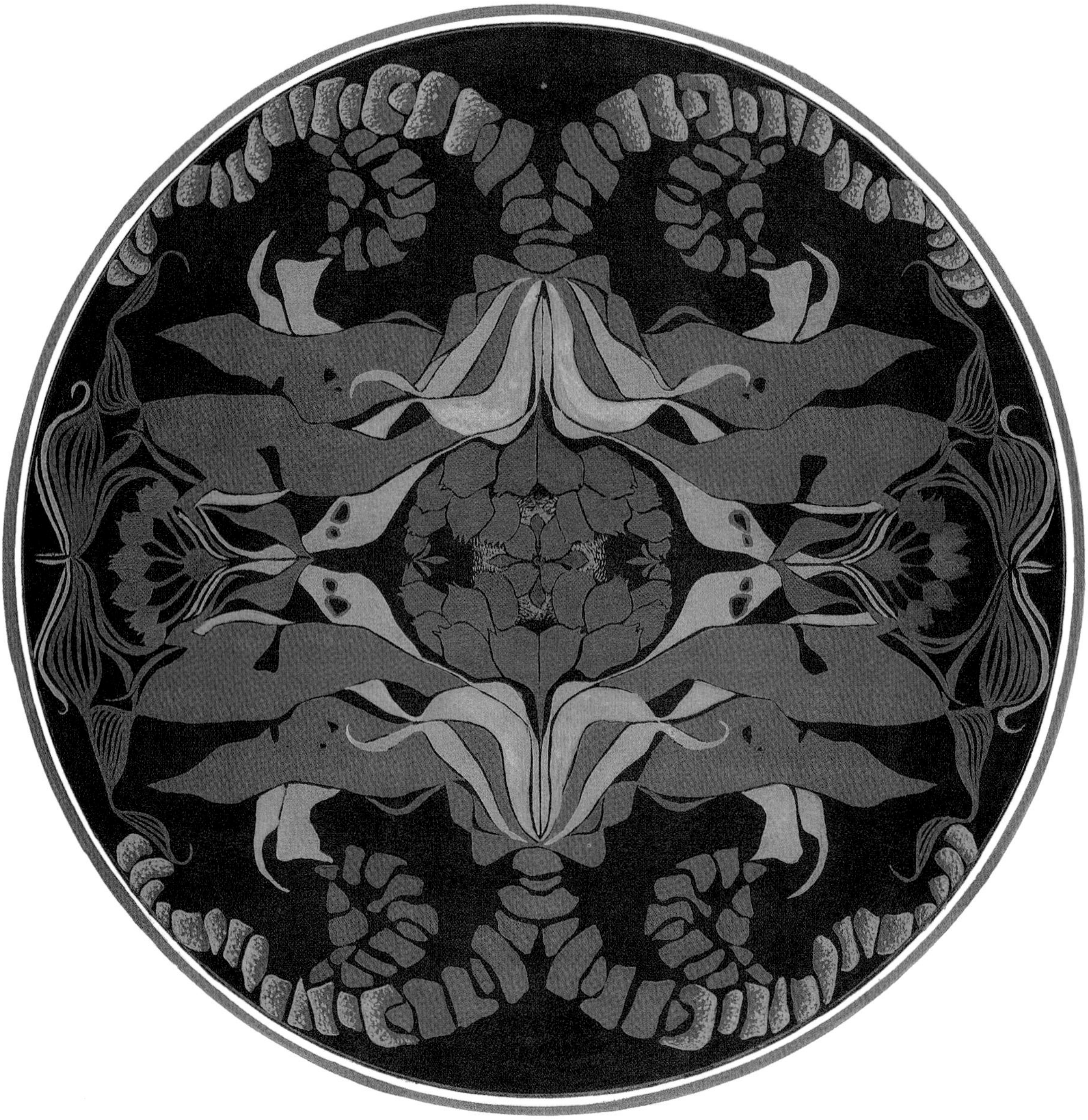

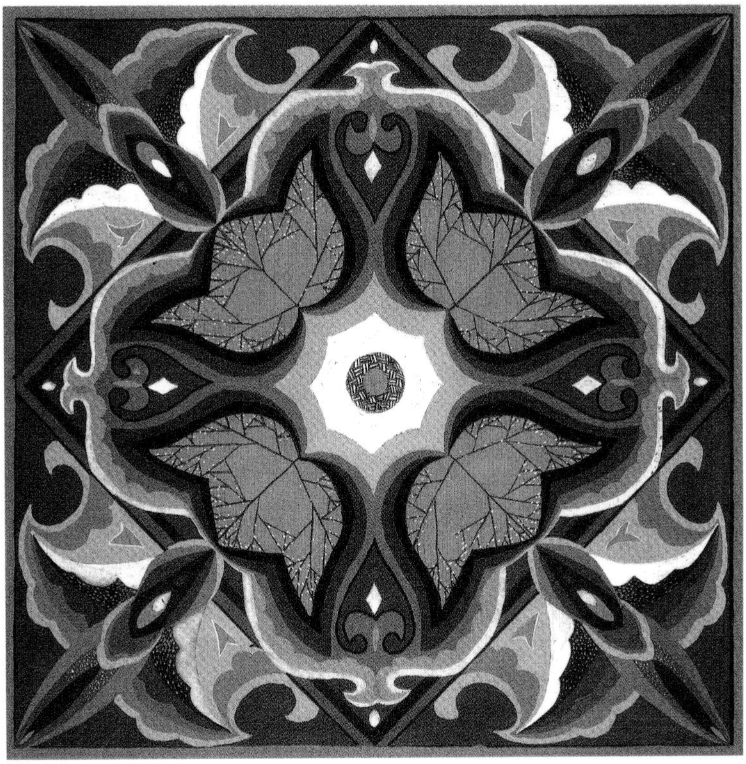

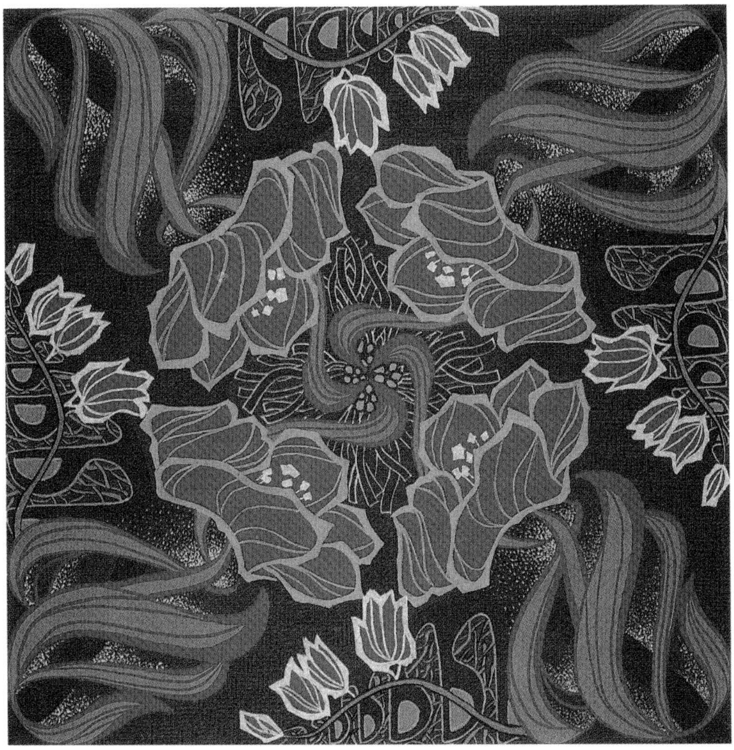

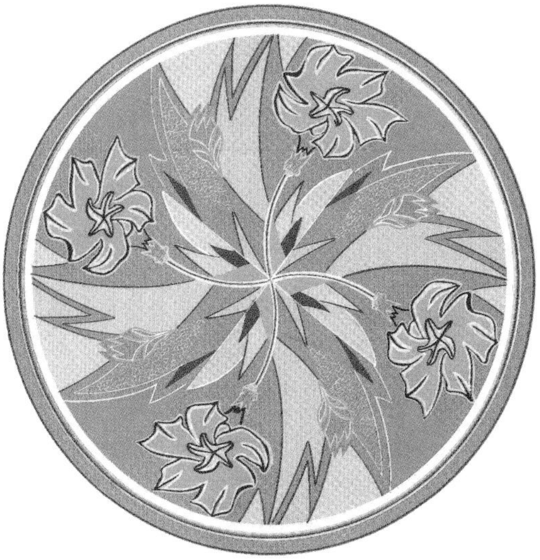

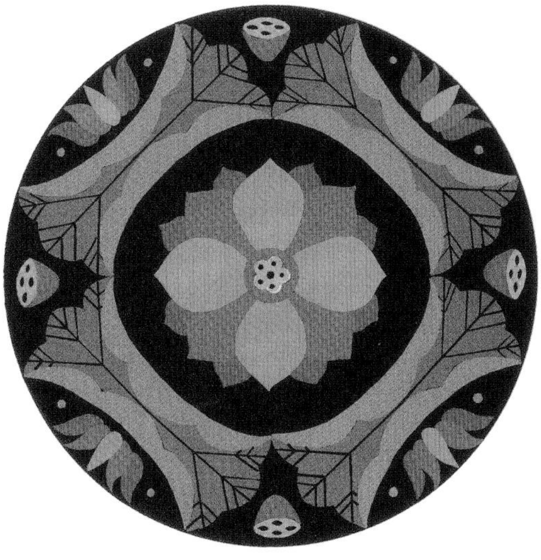

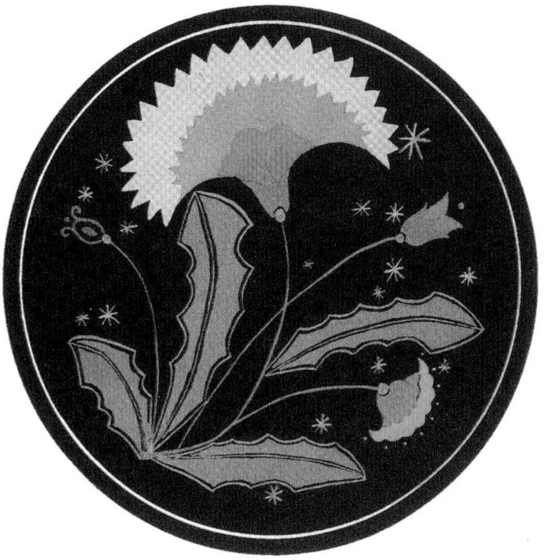

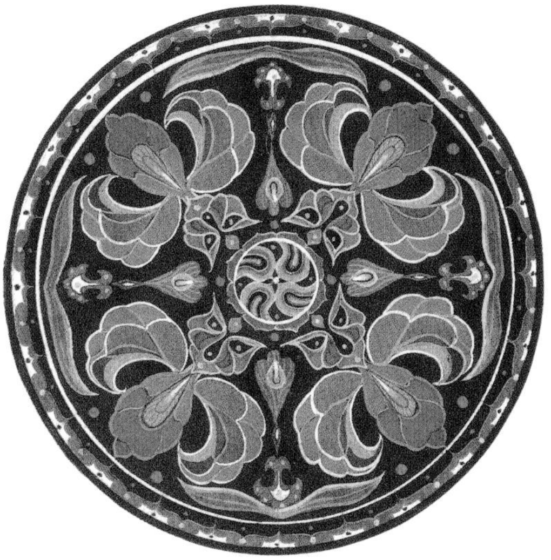

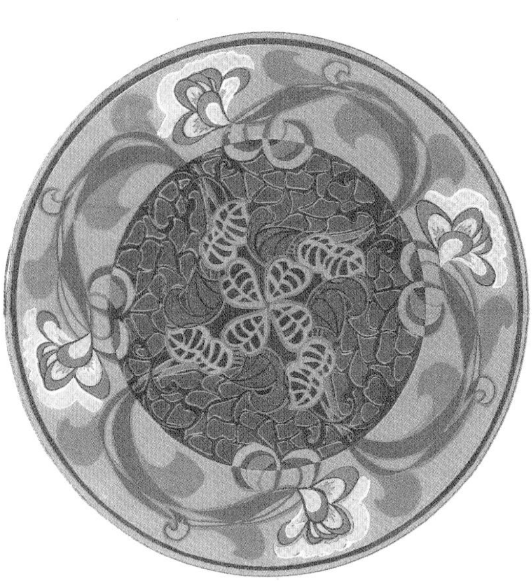

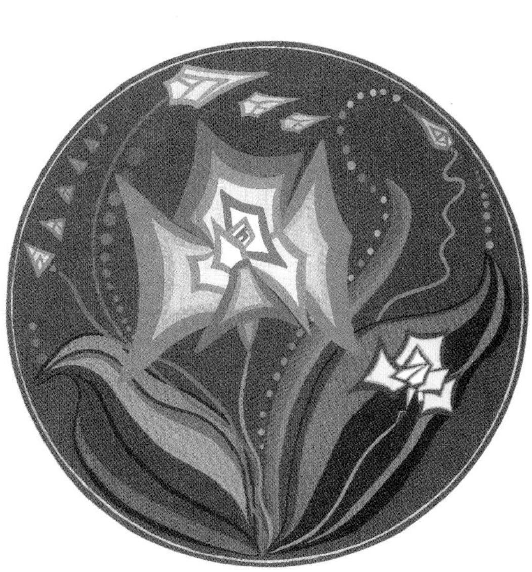

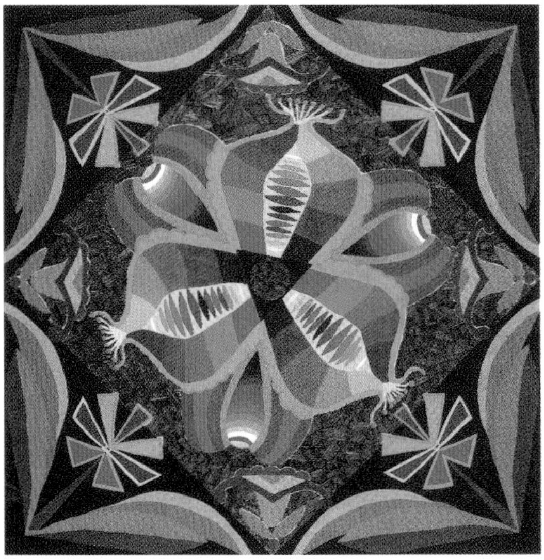
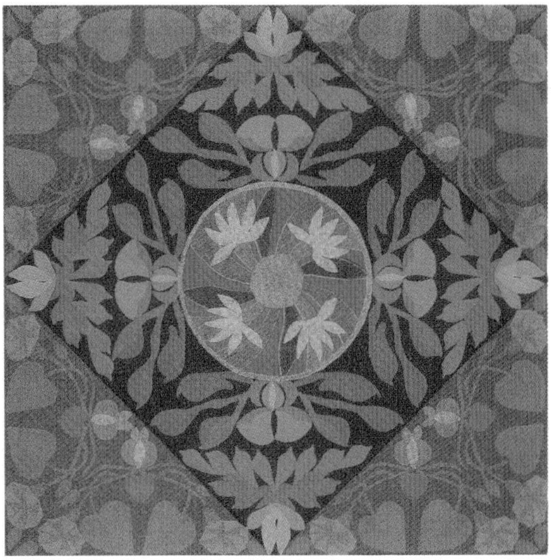
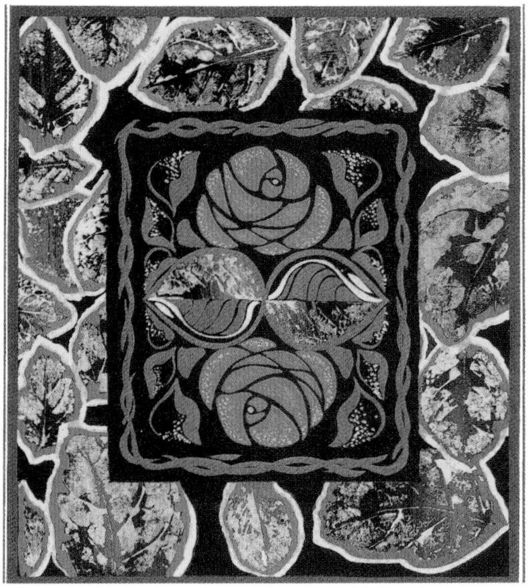
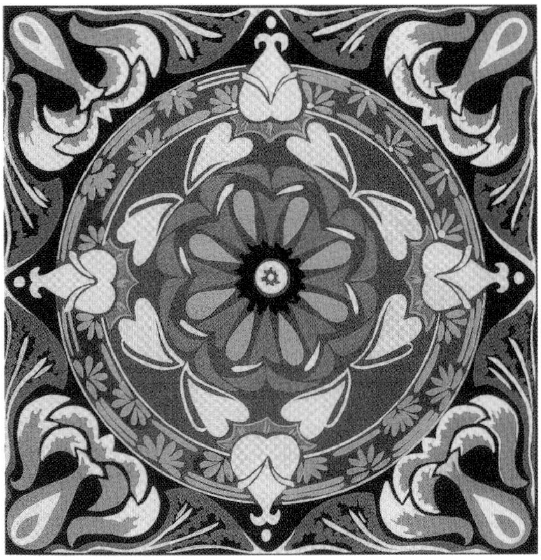
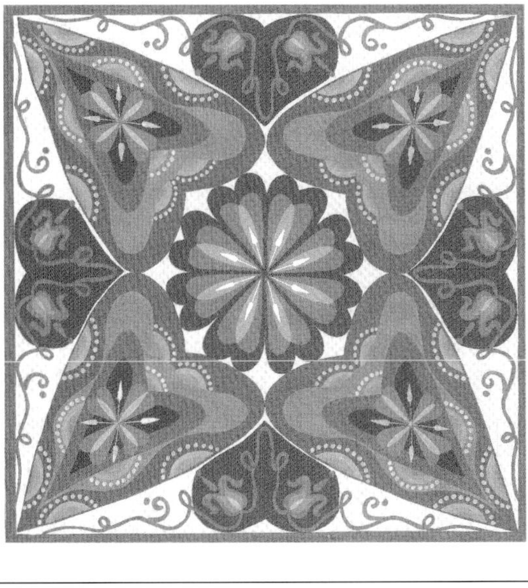
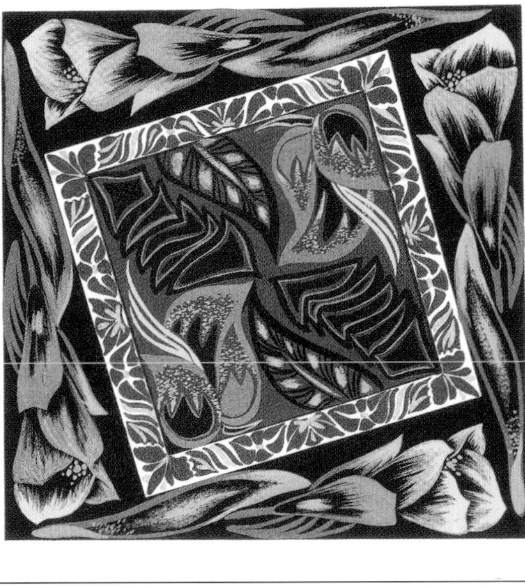

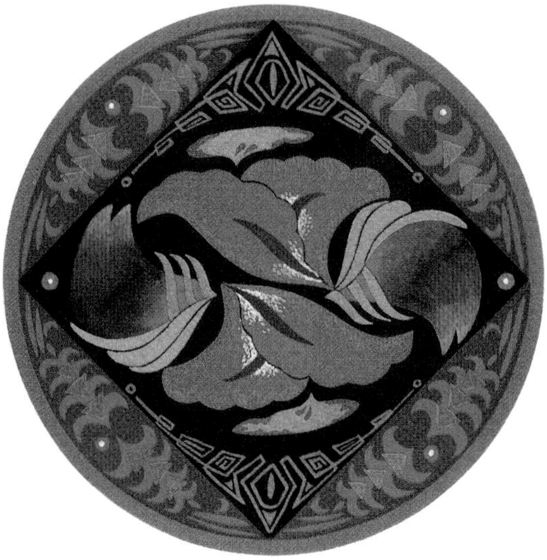

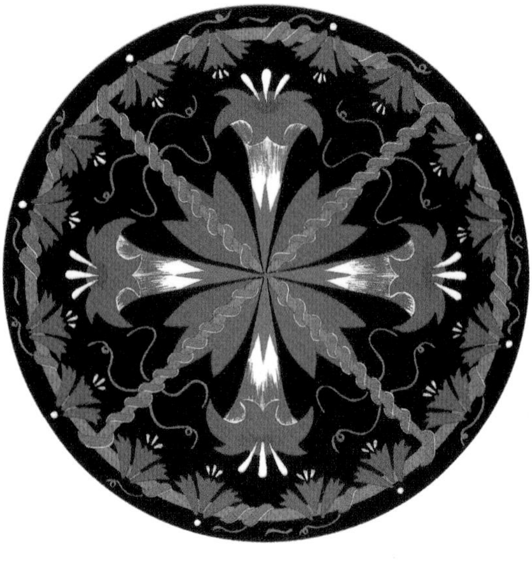

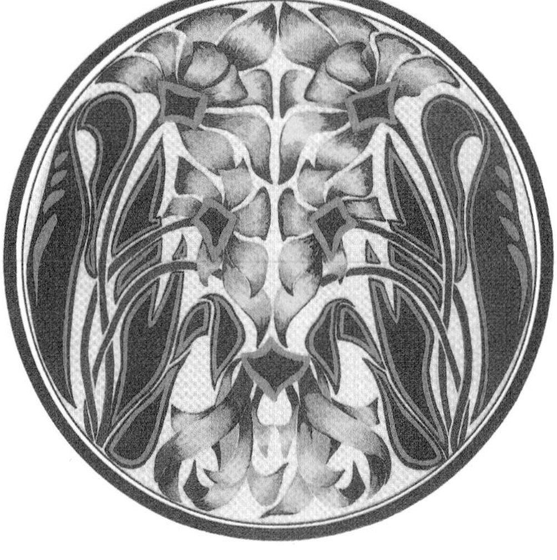

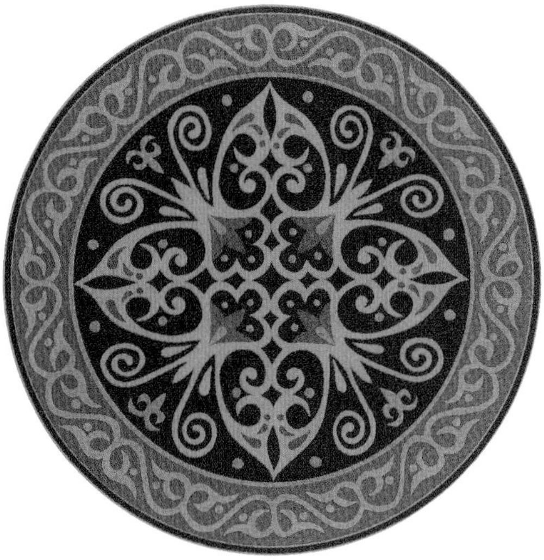

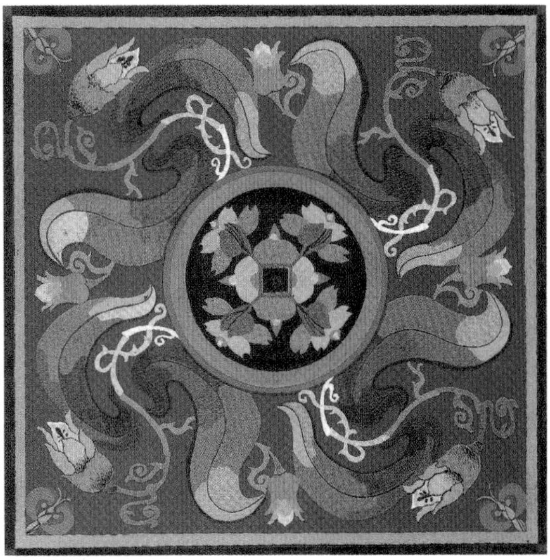

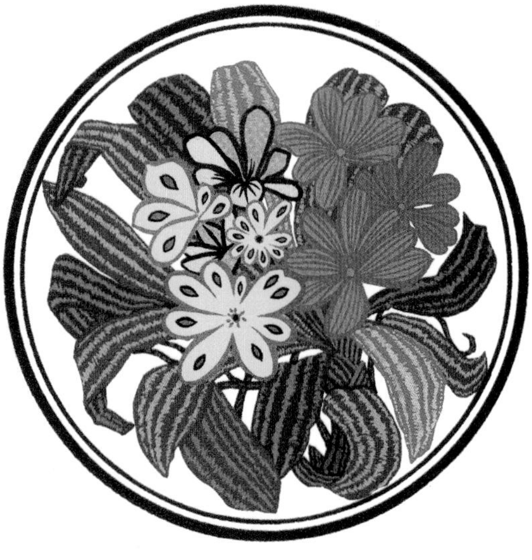

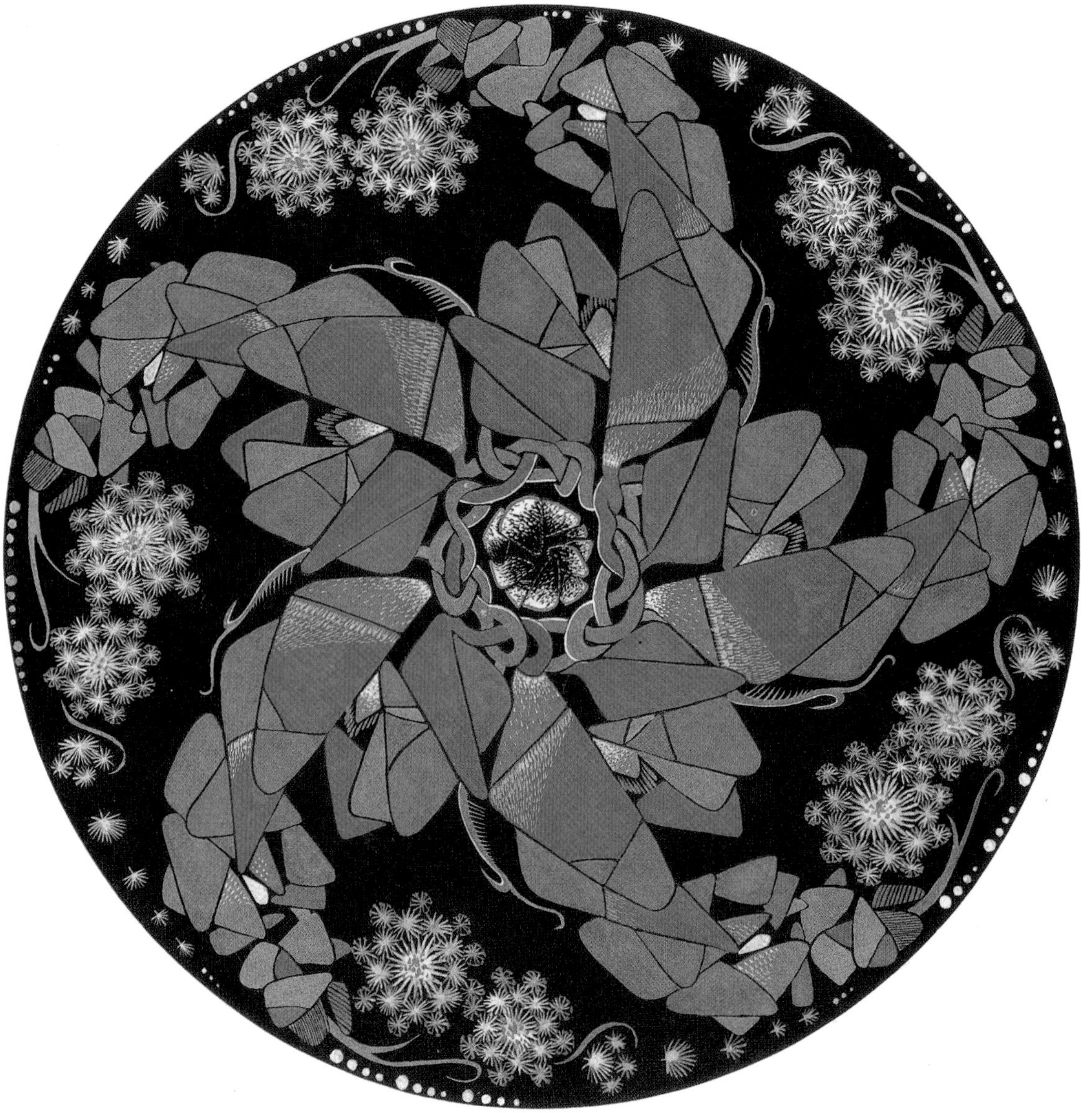

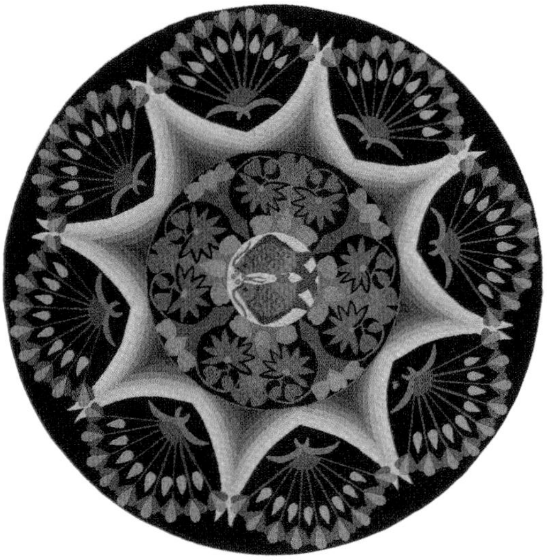

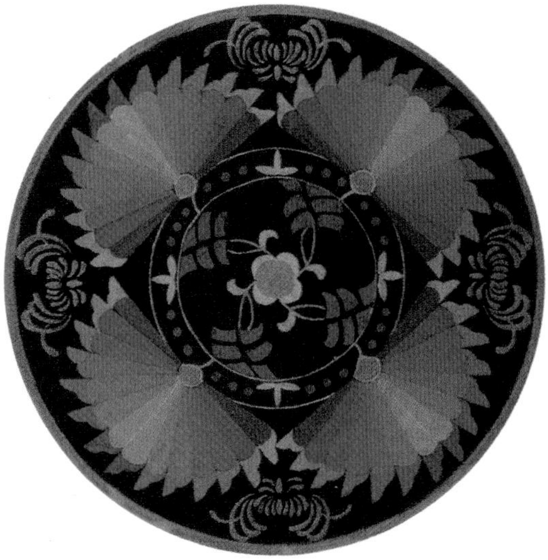

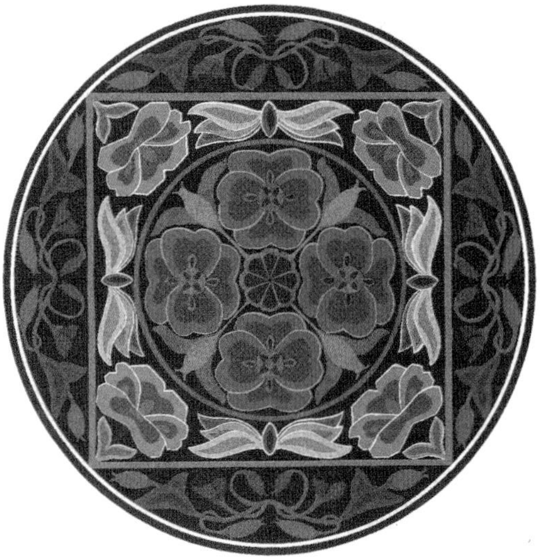

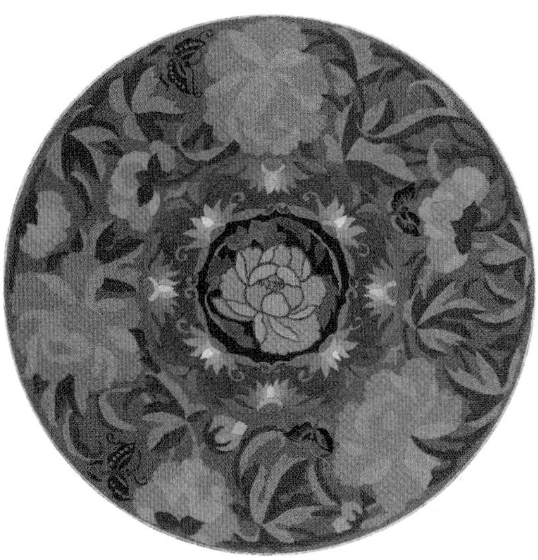

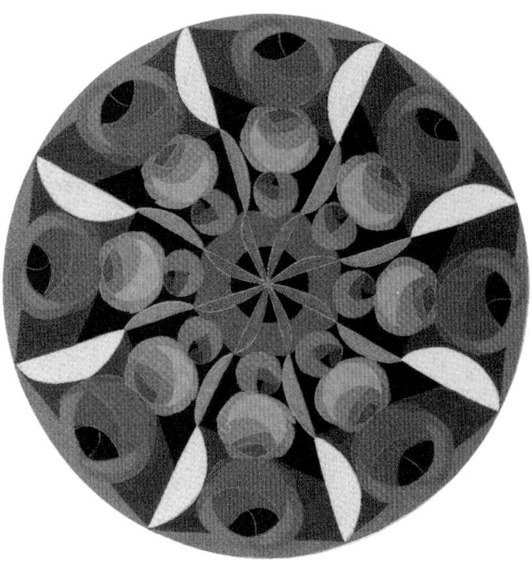

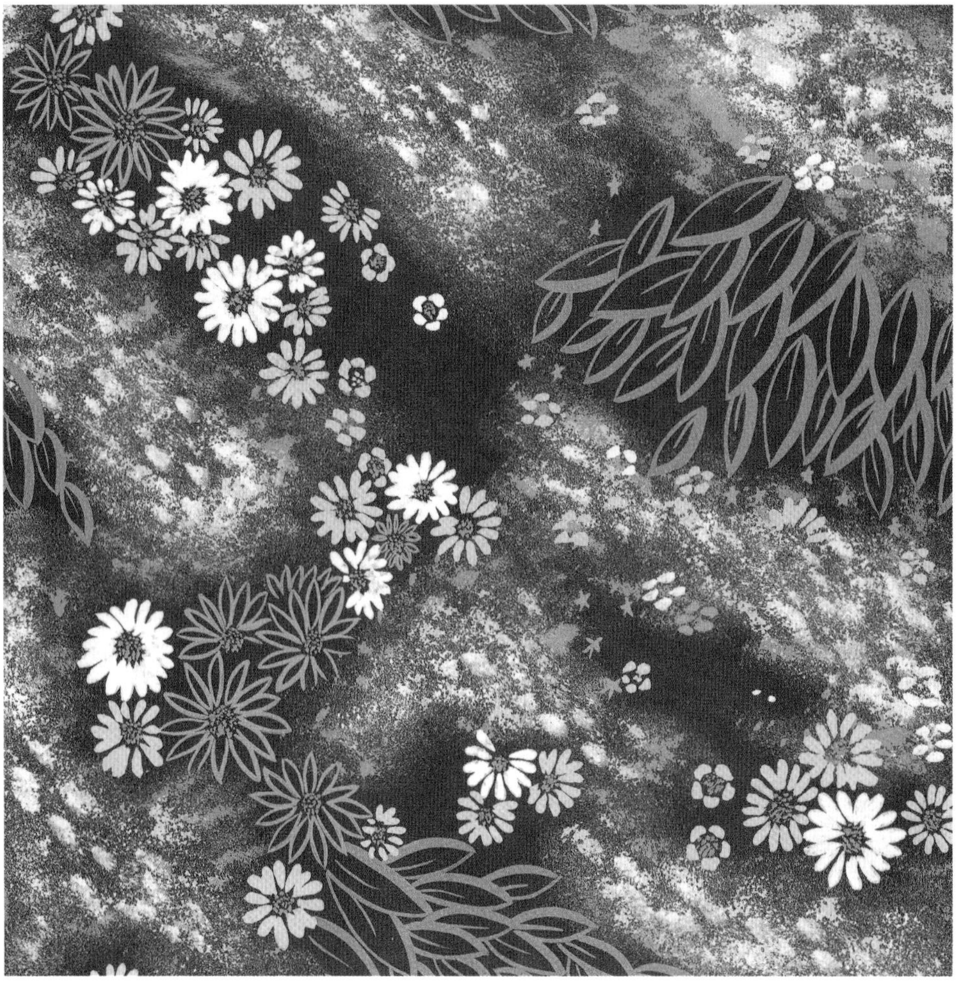

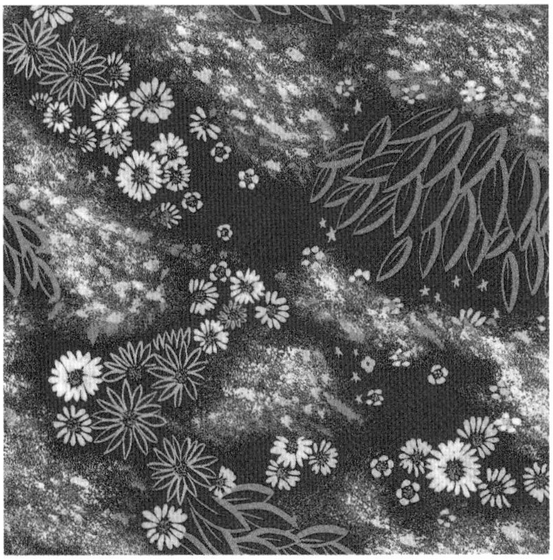

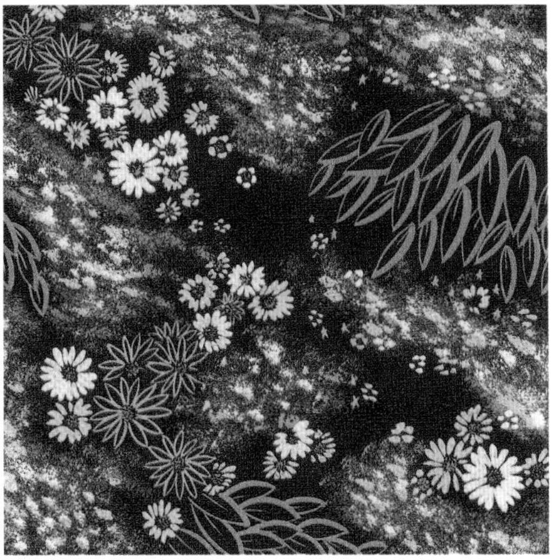

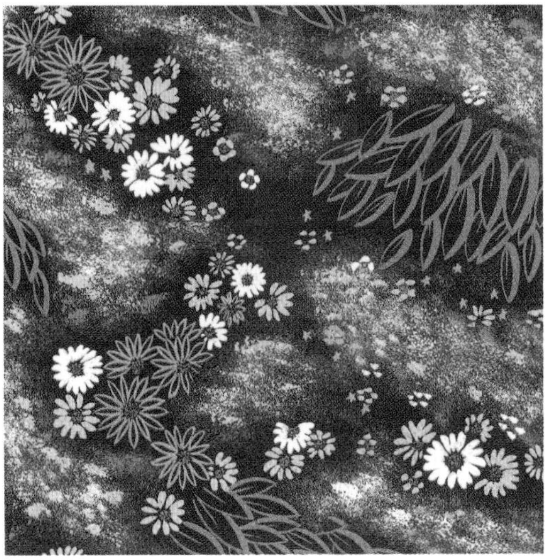

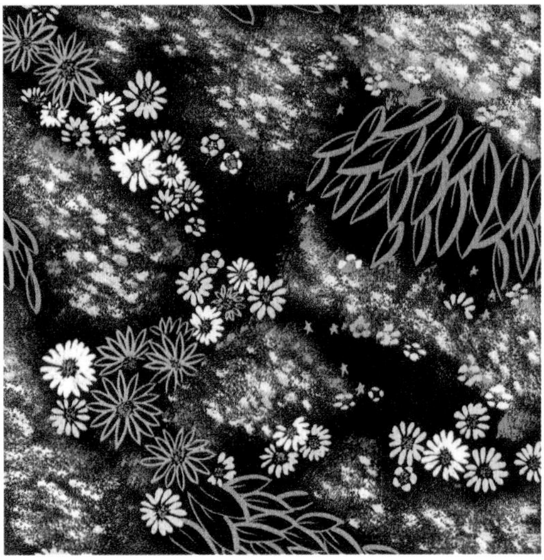

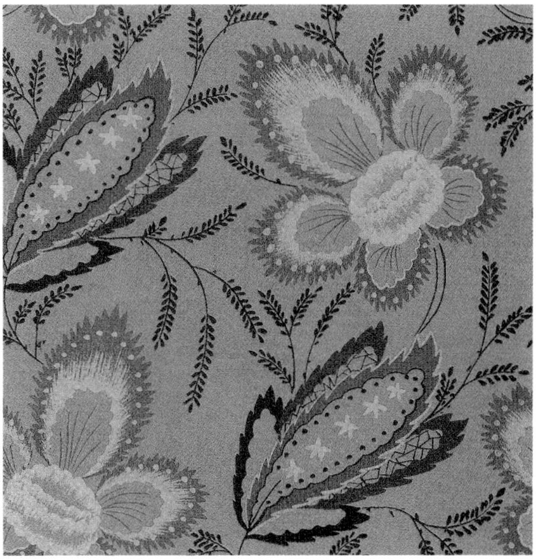

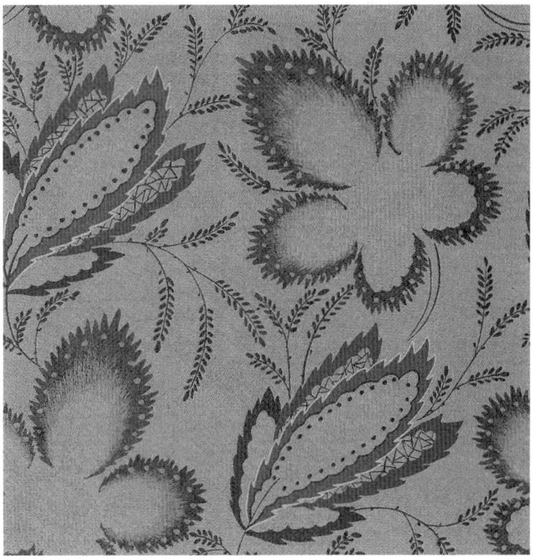

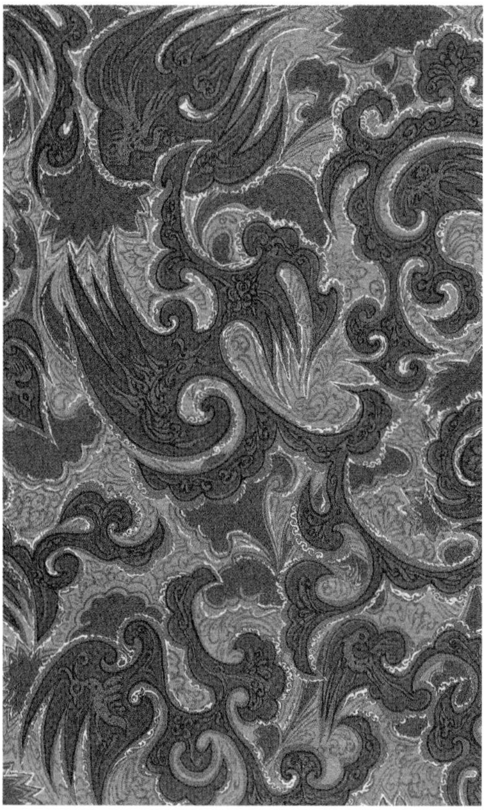
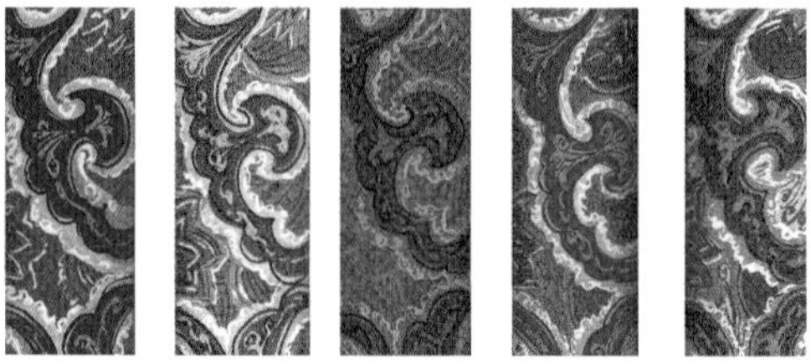
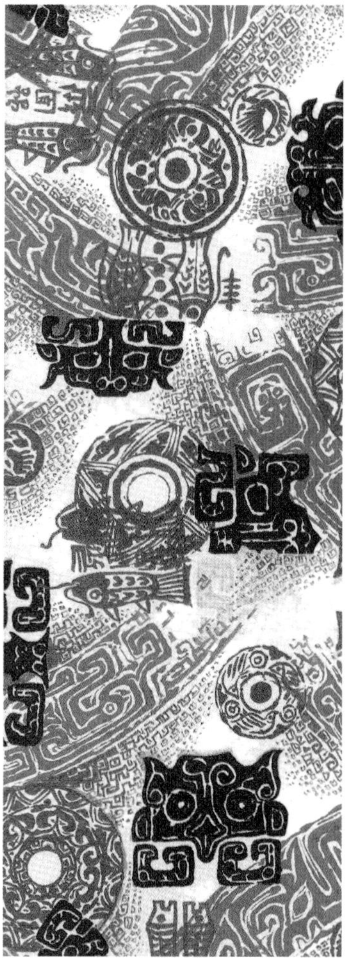
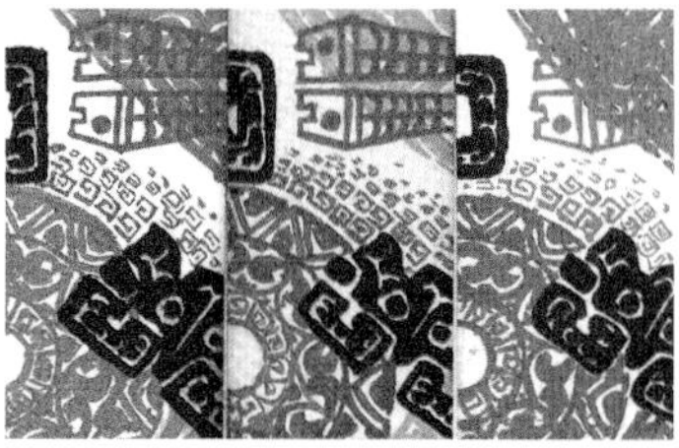
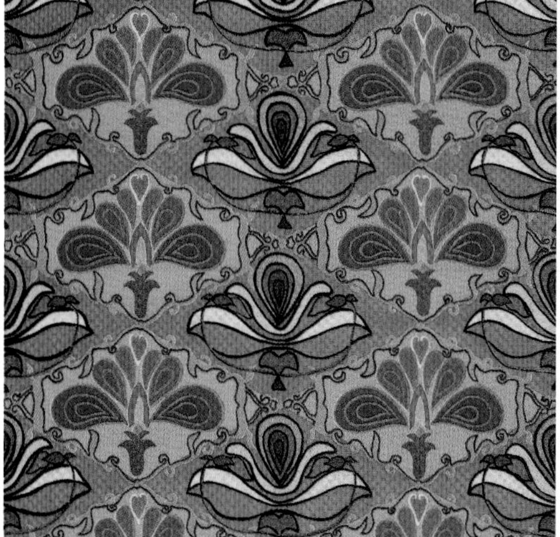
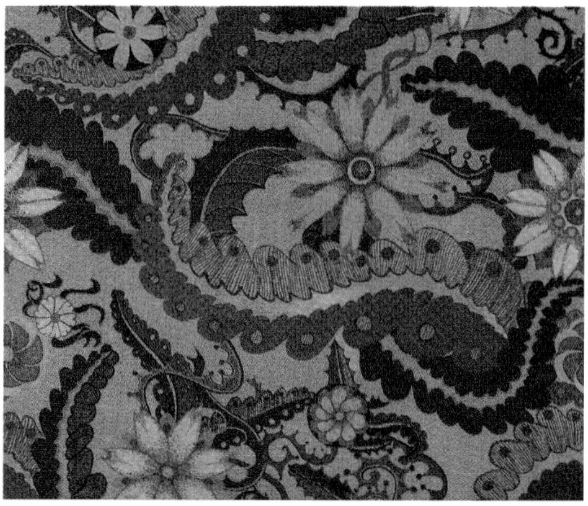

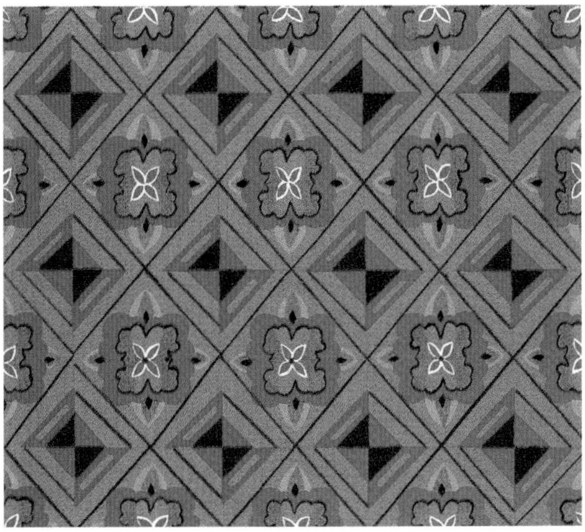
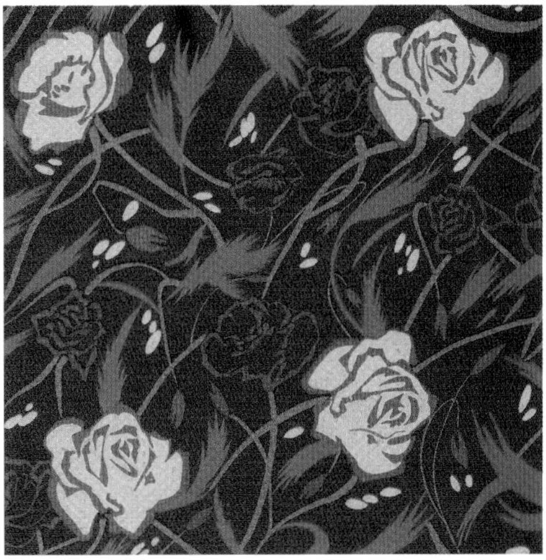

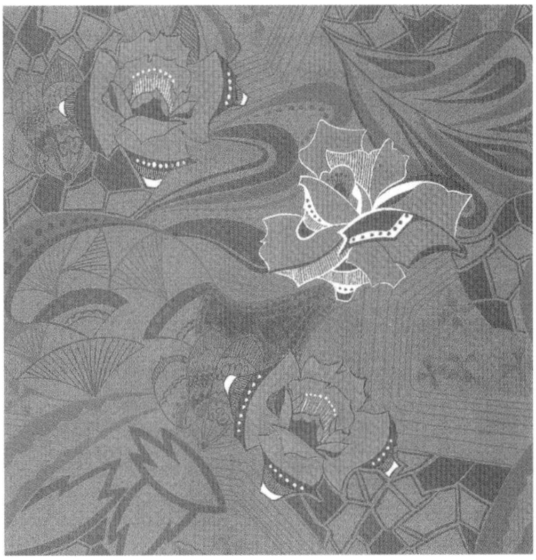
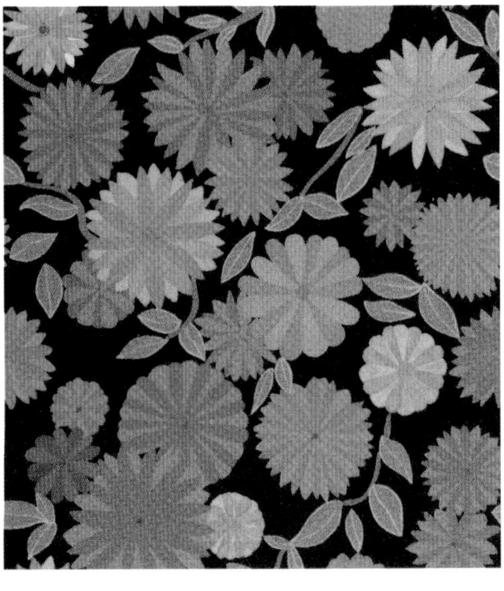
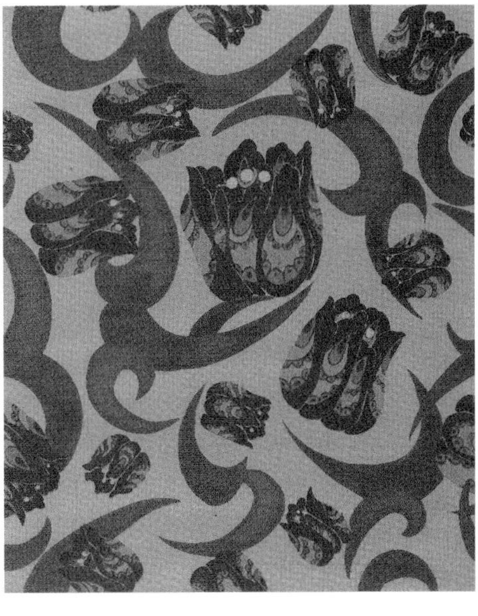

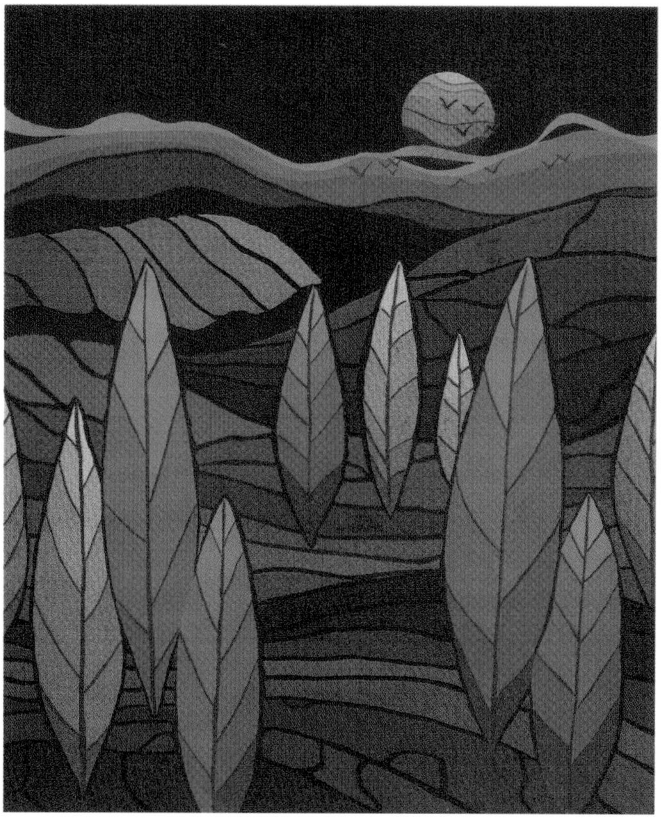

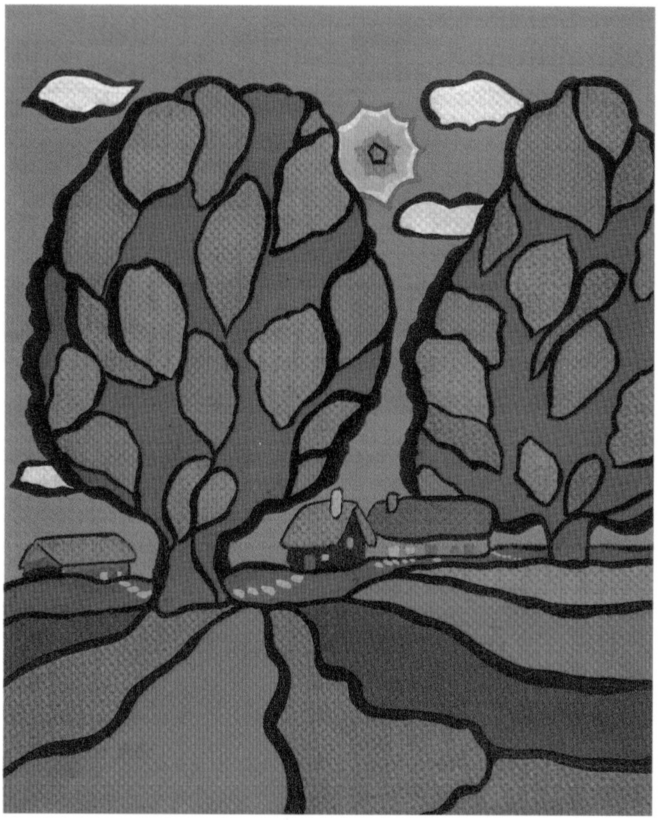

꽃과 나무의 세계 전통문양

중국편 · 영국편 · 이집트편
이슬람편 · 19세기 유럽편

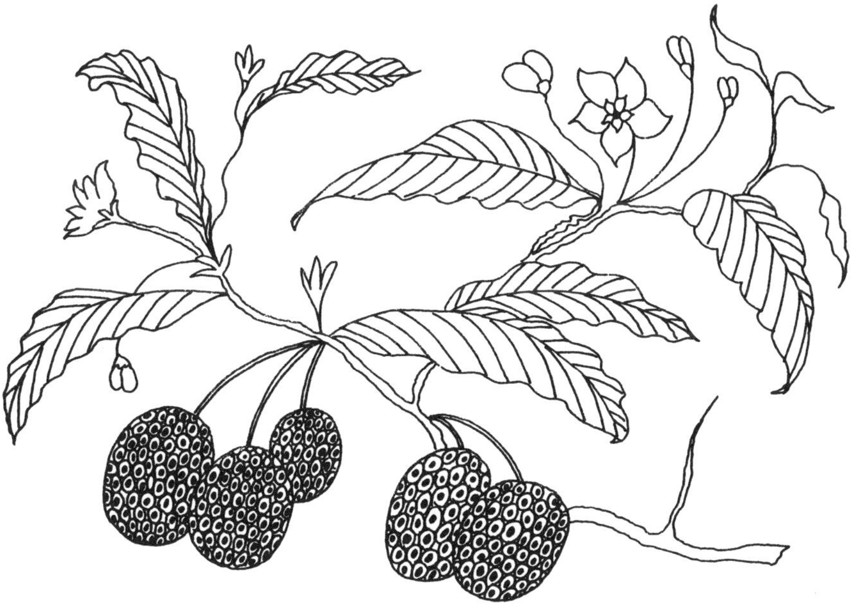

중국편

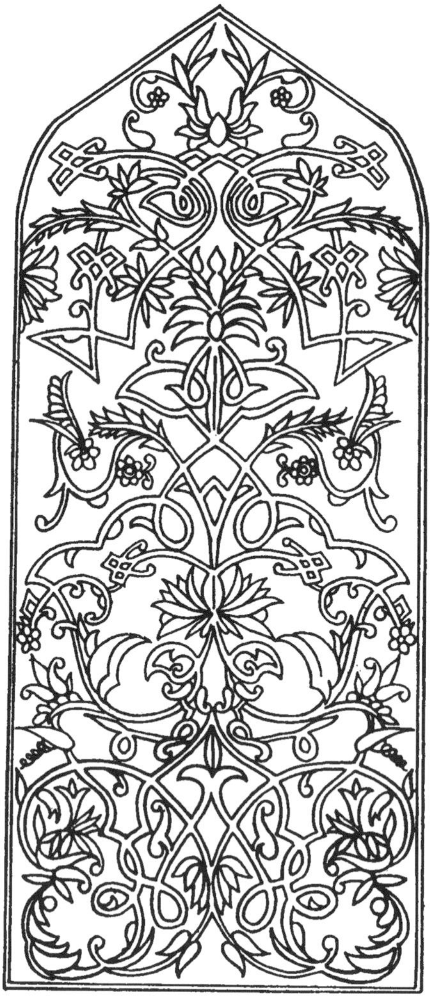
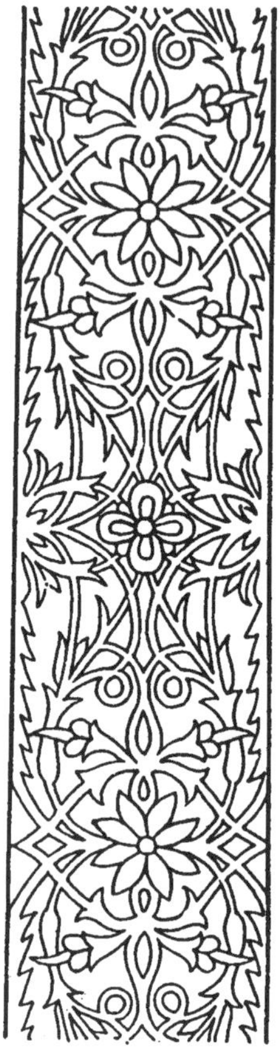
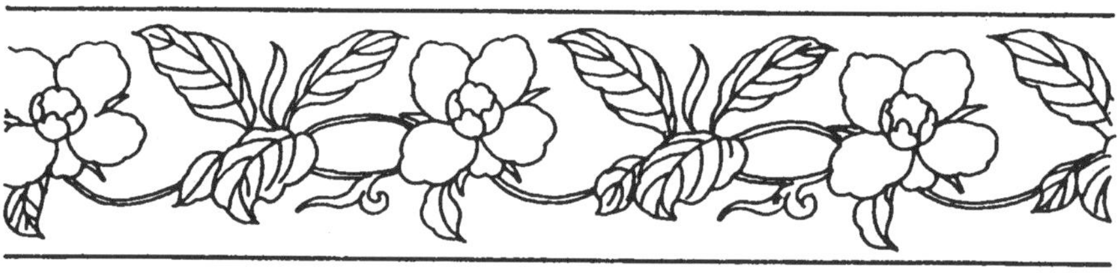
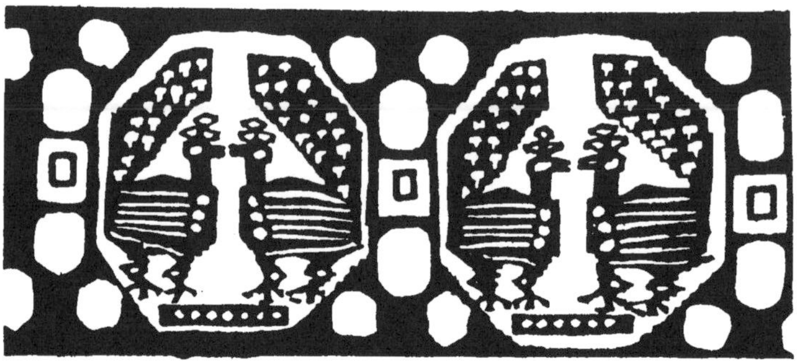

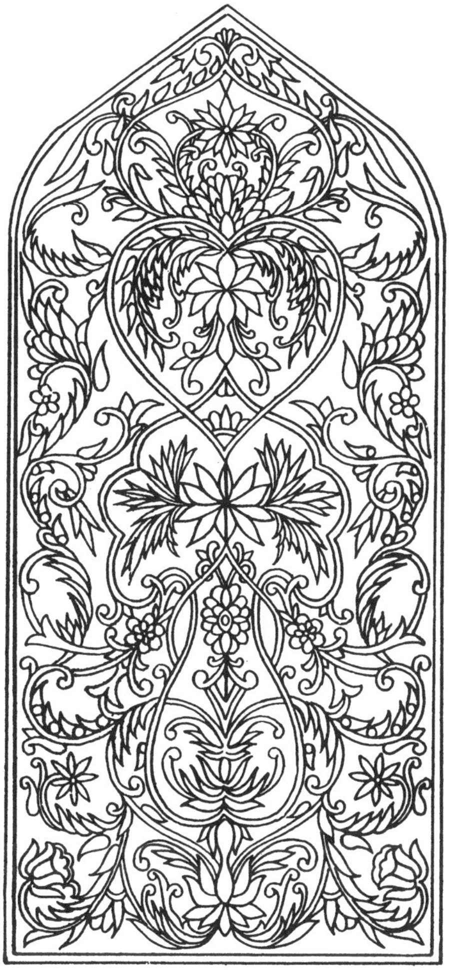

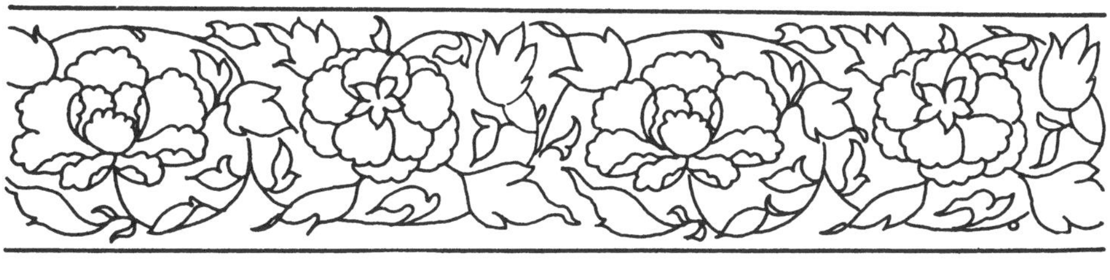

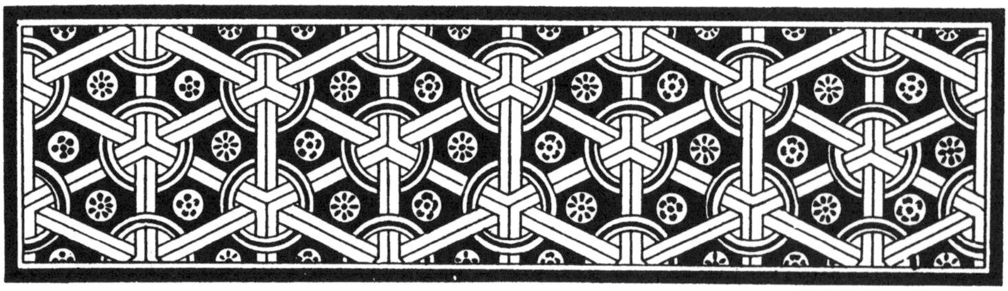

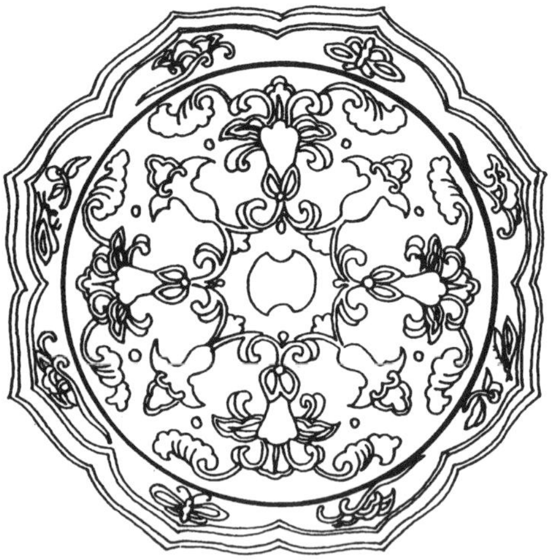

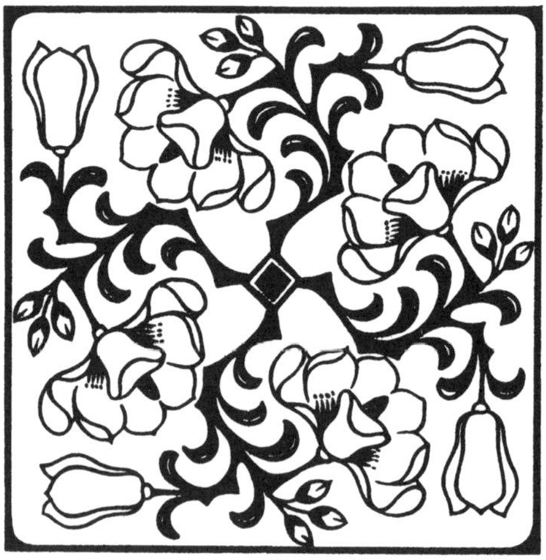

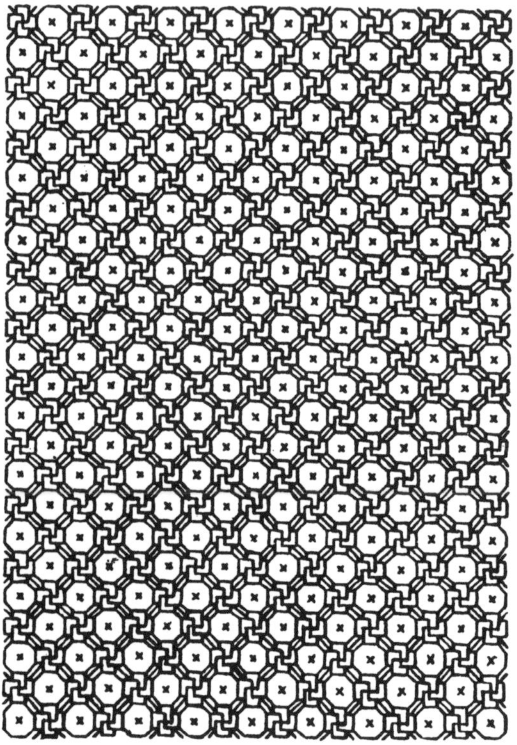

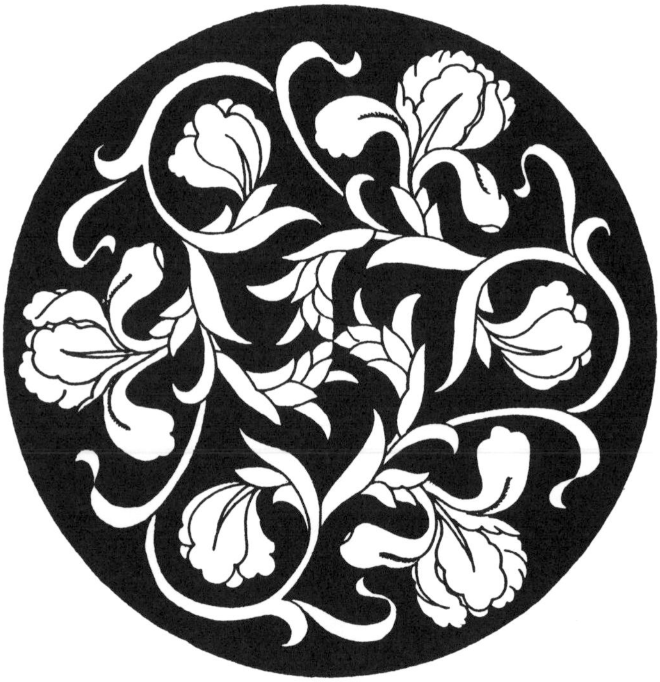

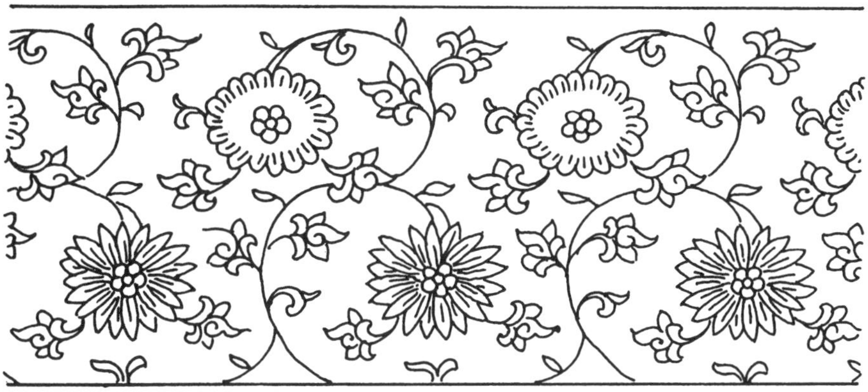

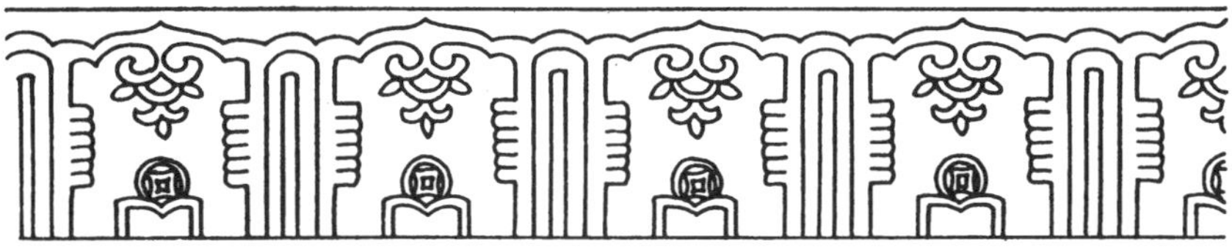

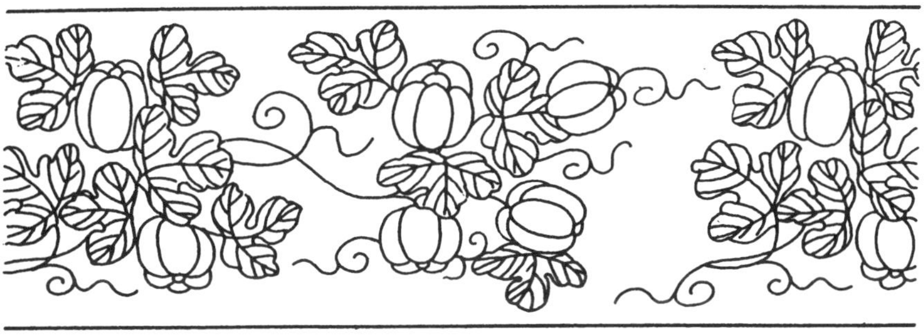

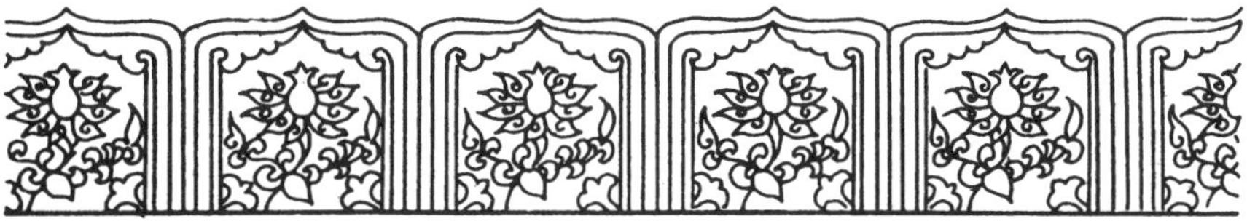

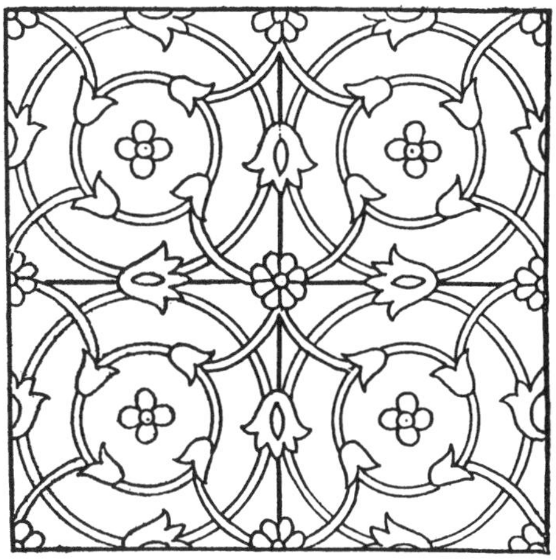

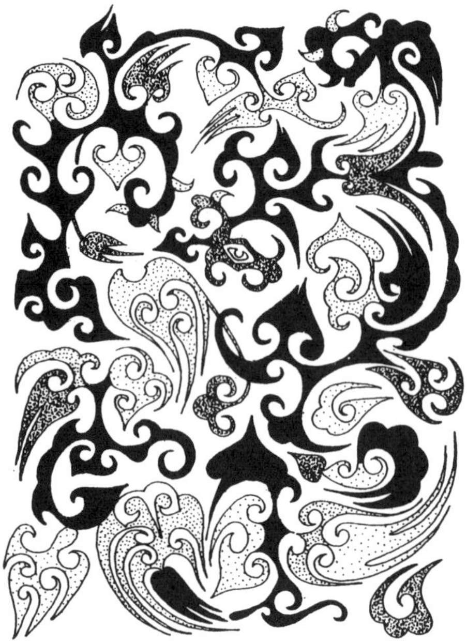

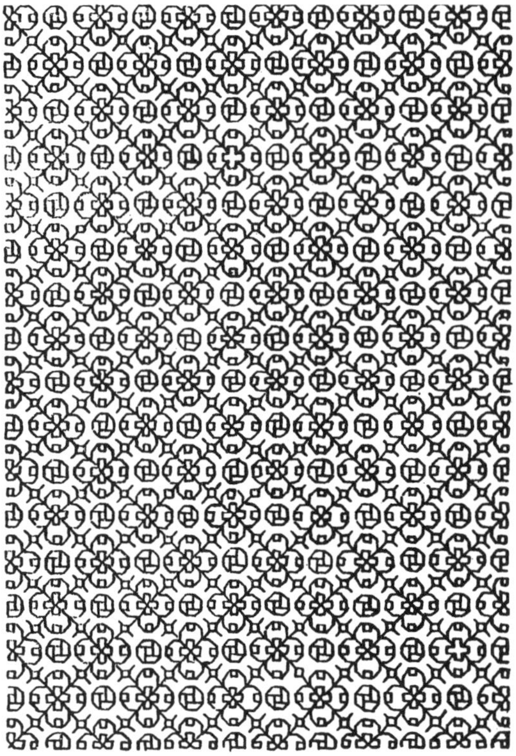

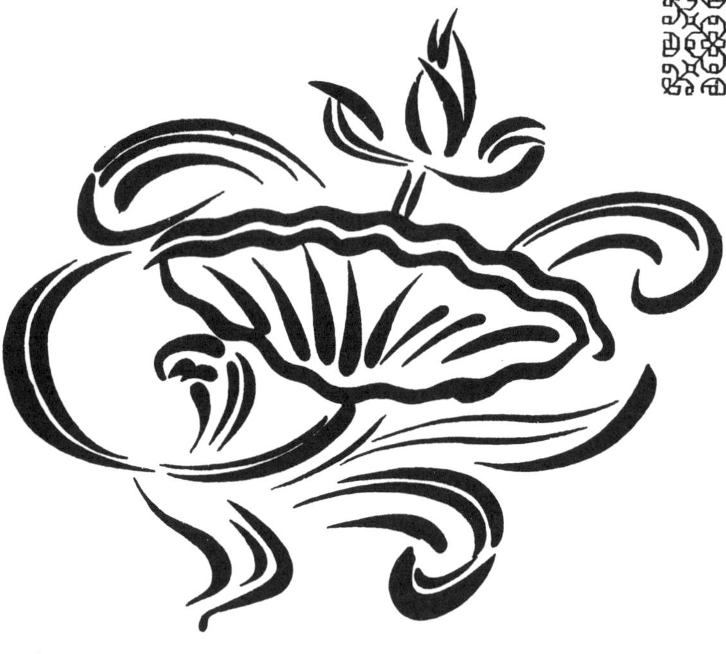

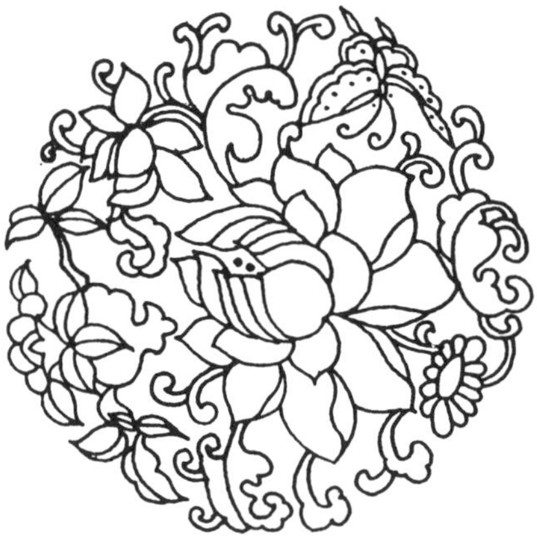

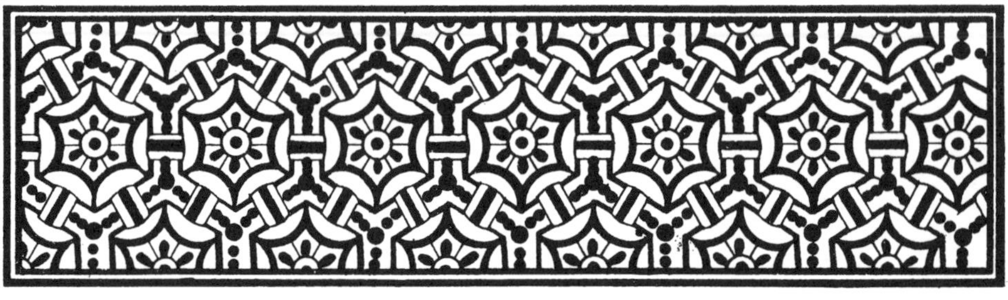

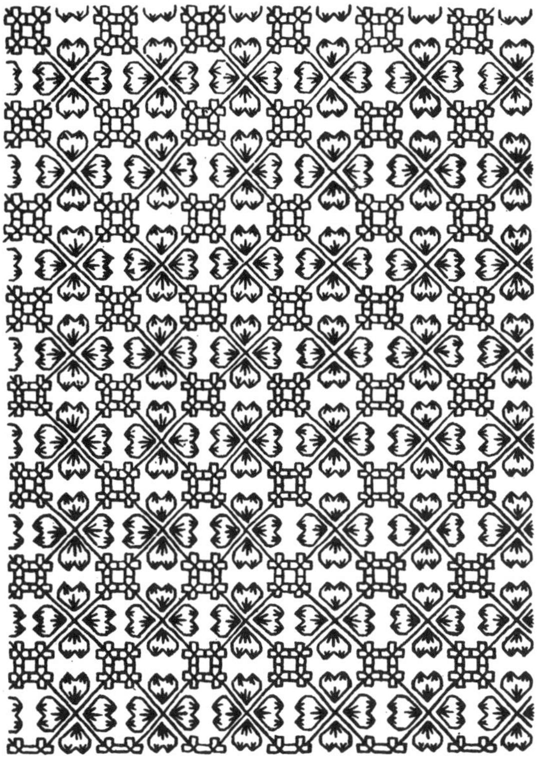

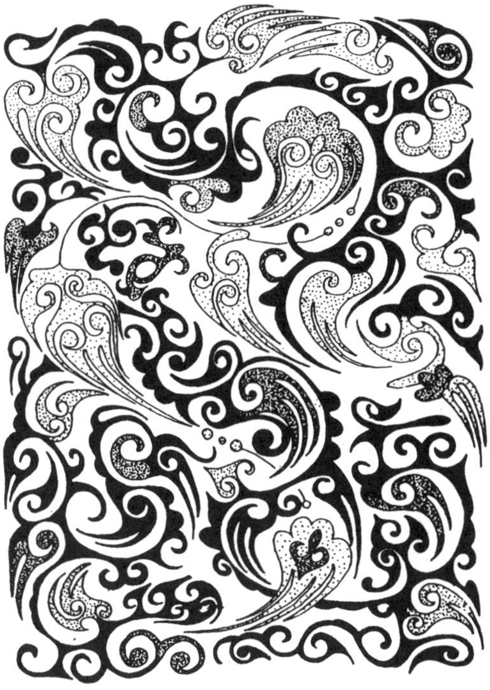

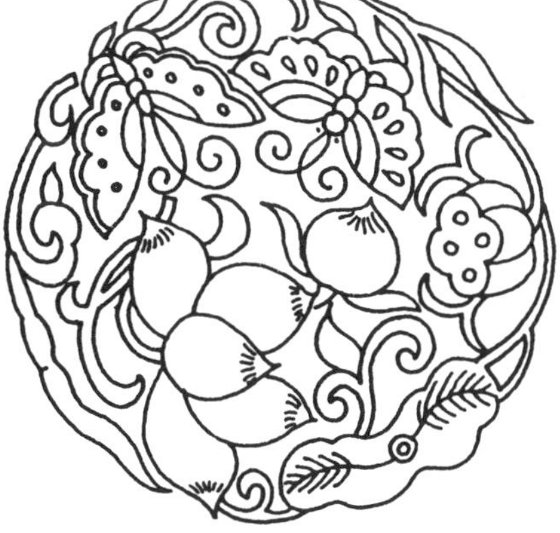

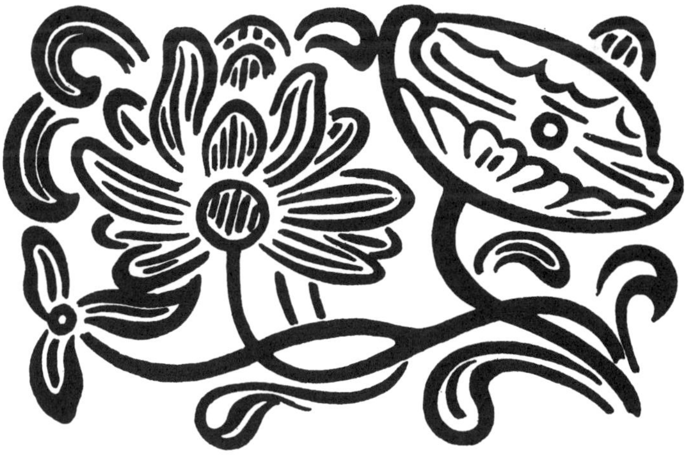

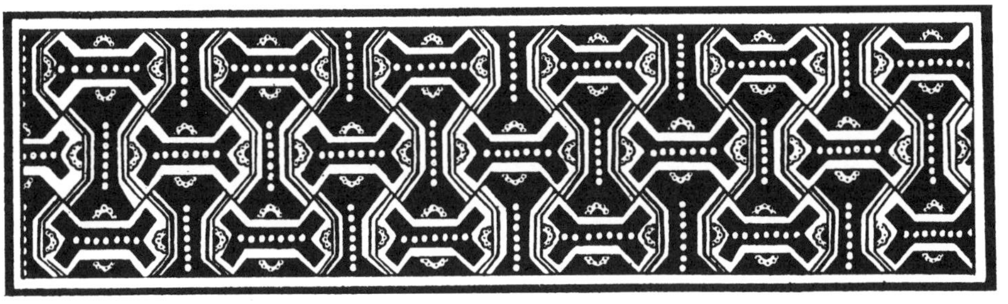

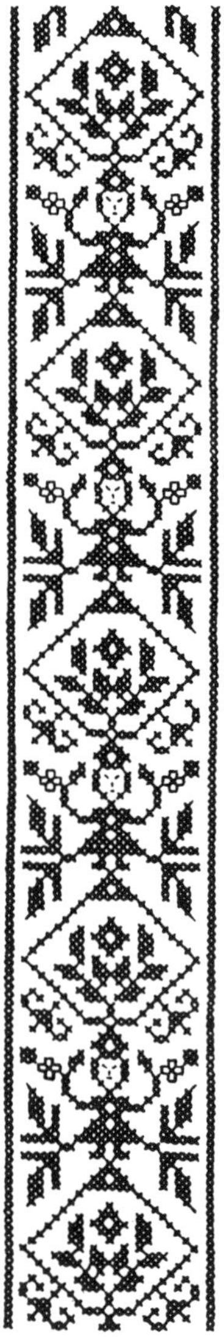

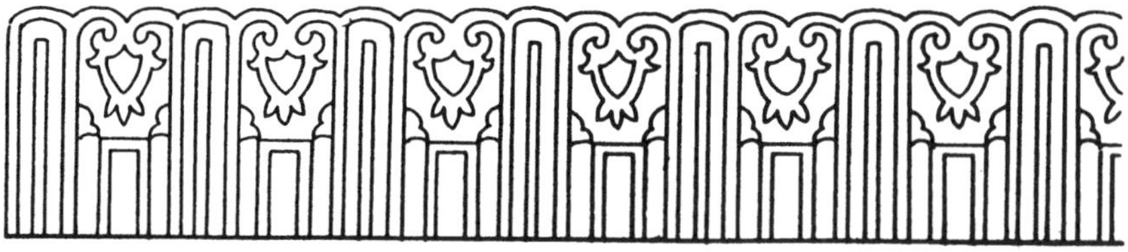

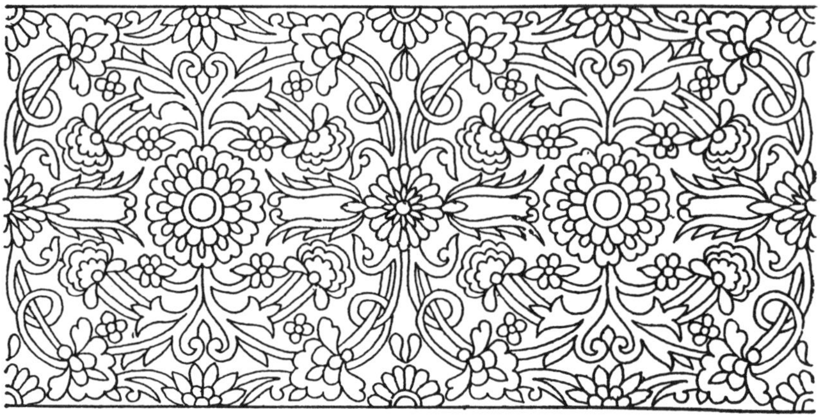

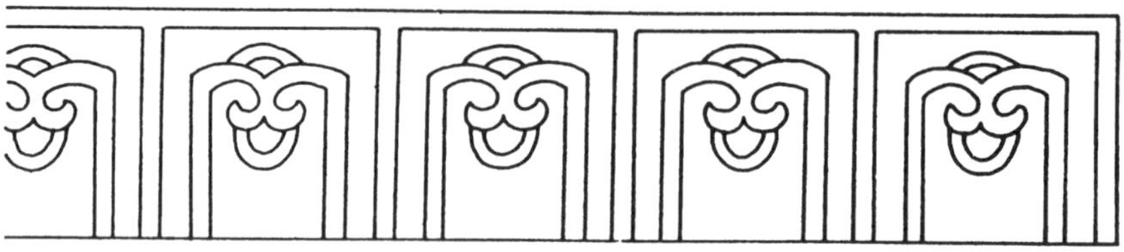

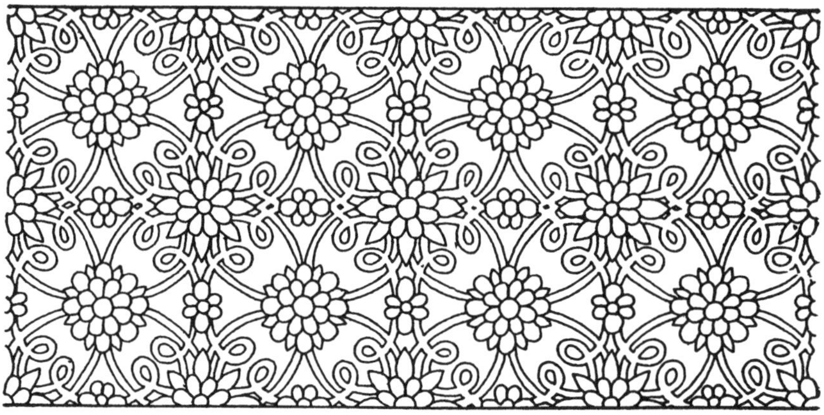

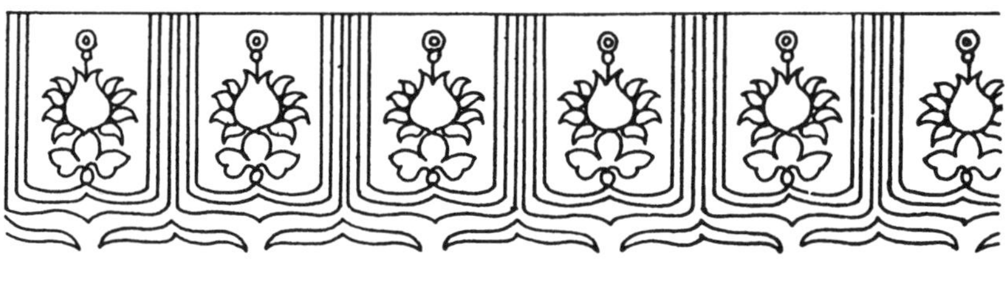

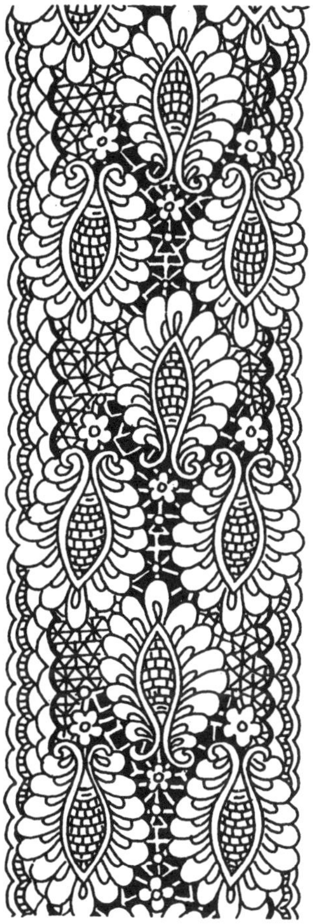

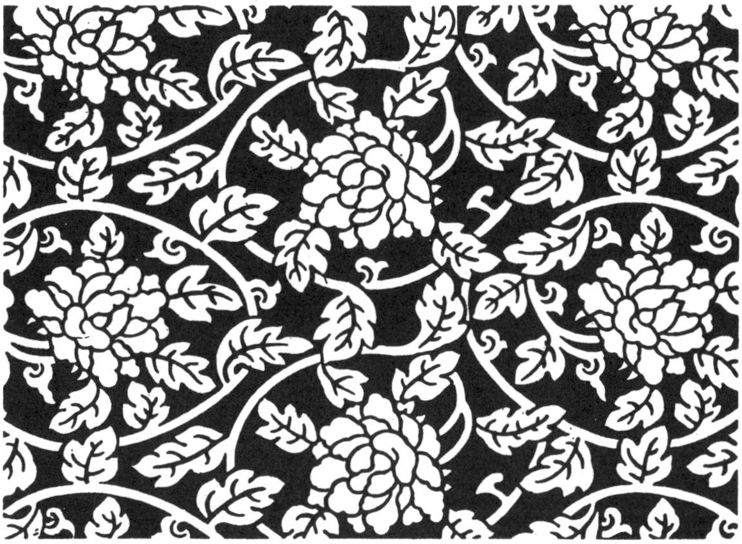

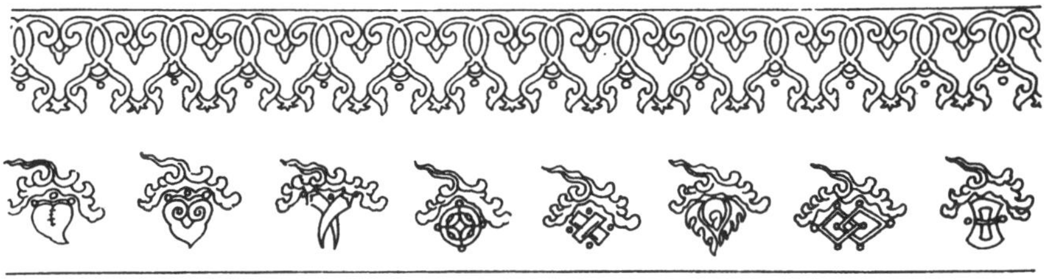

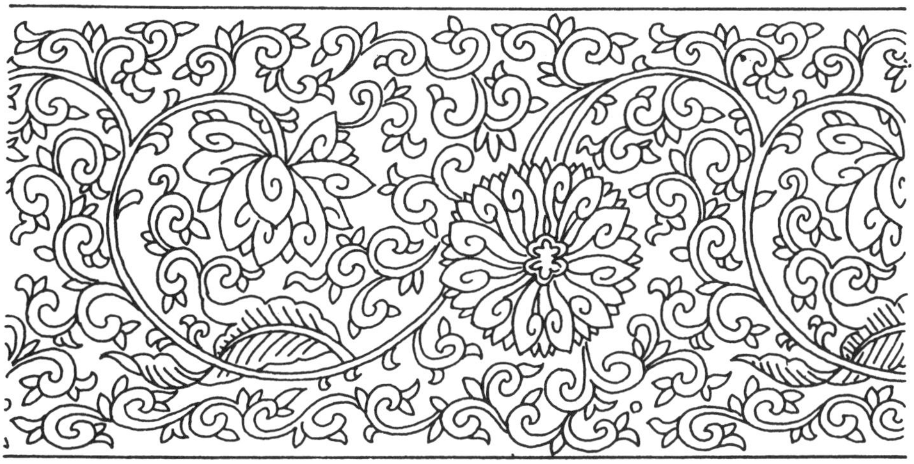

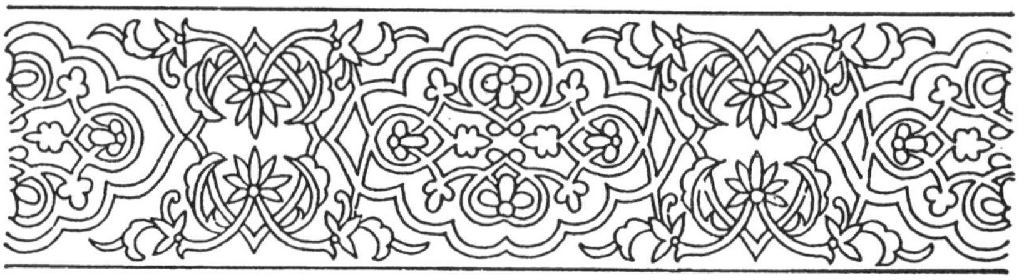

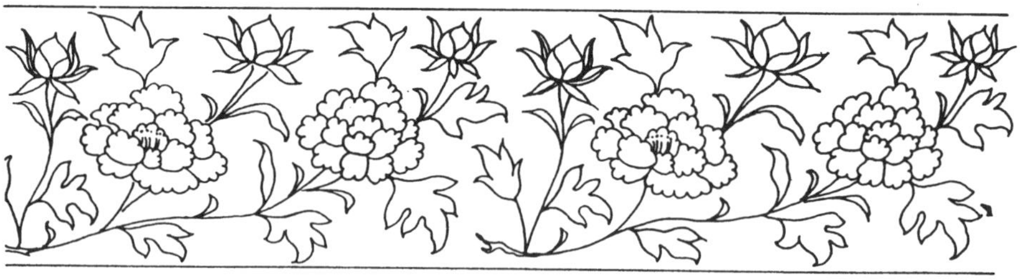

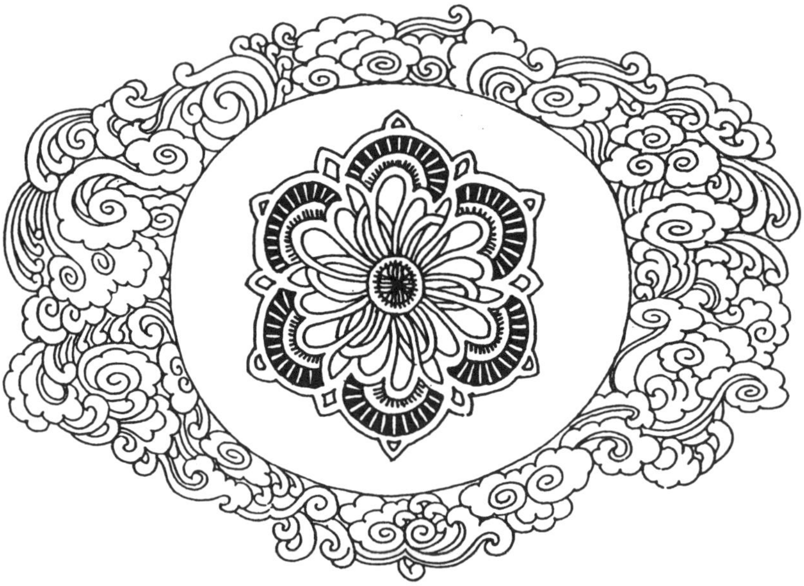

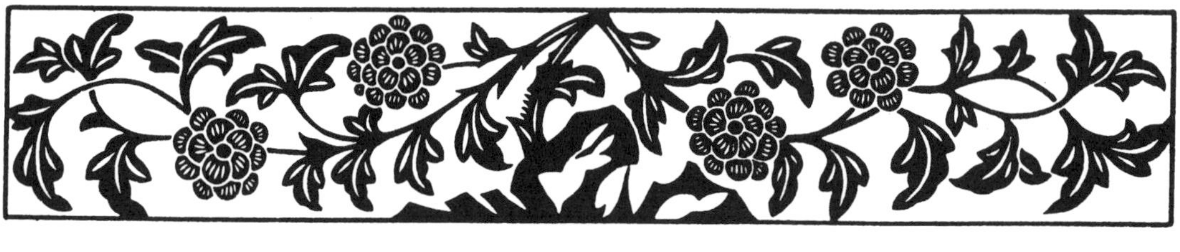

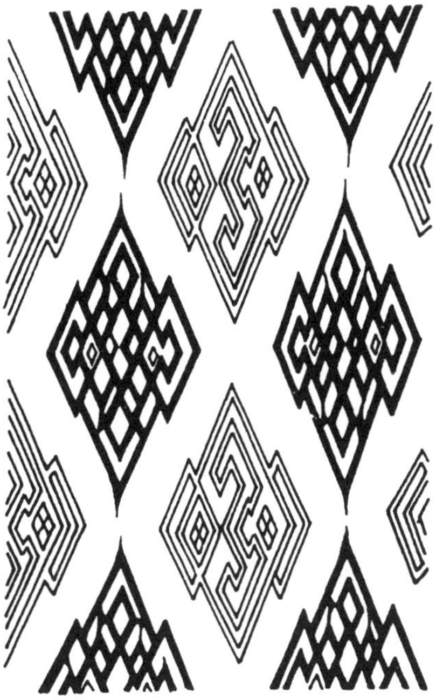

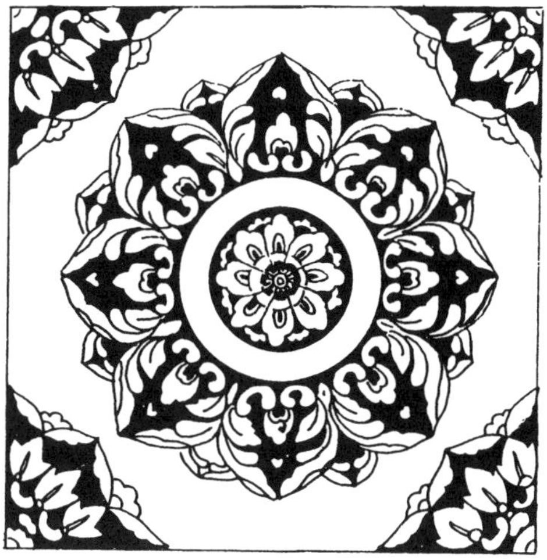

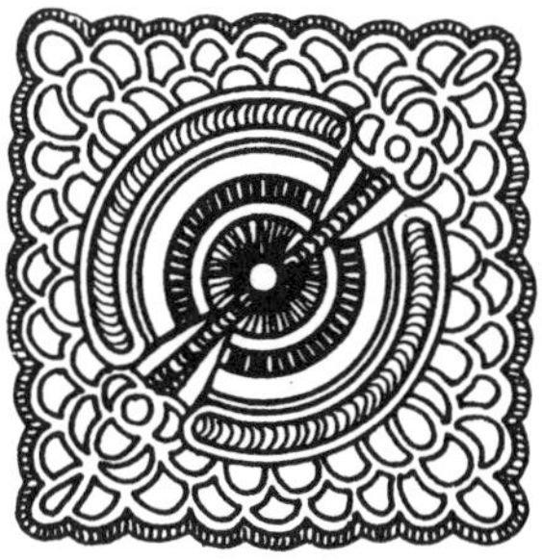

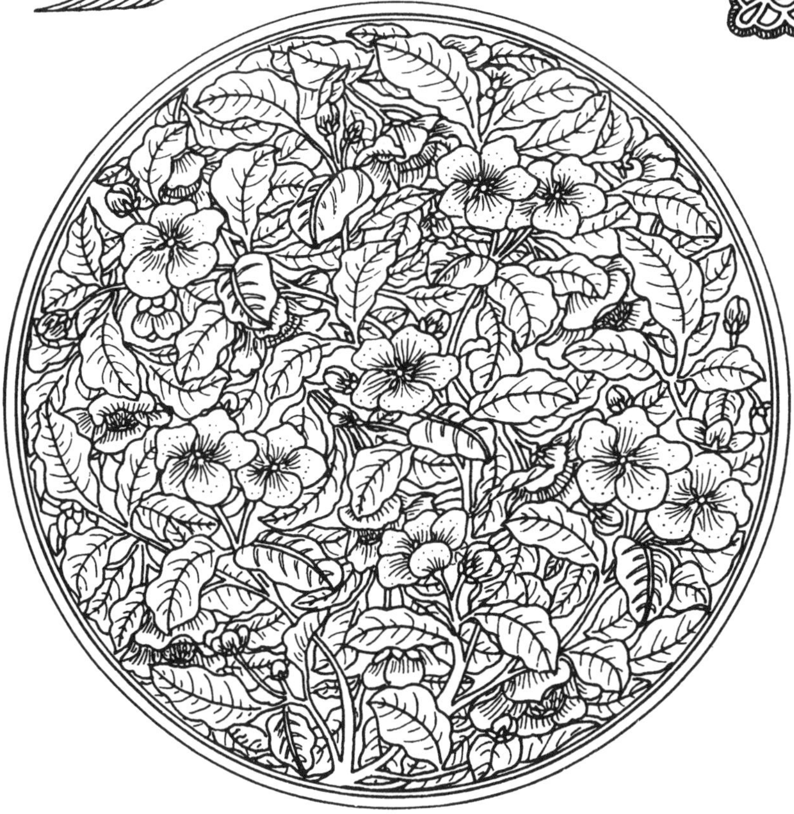

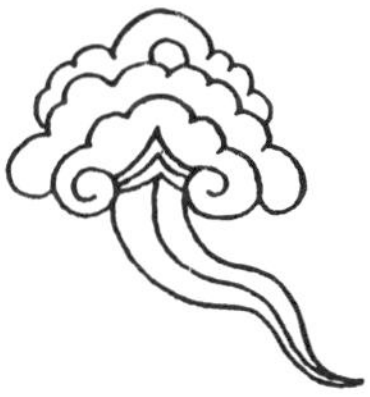

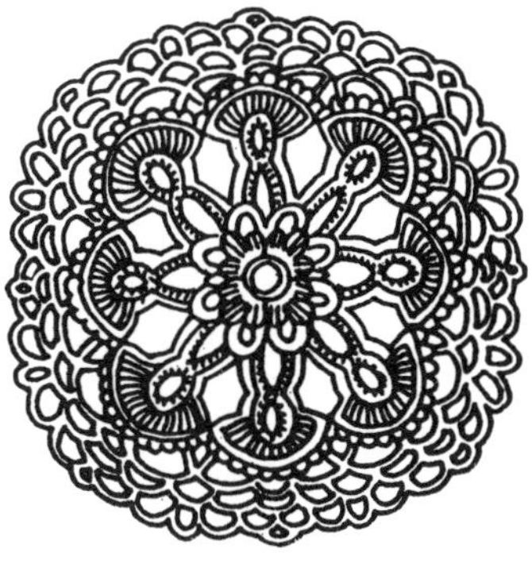

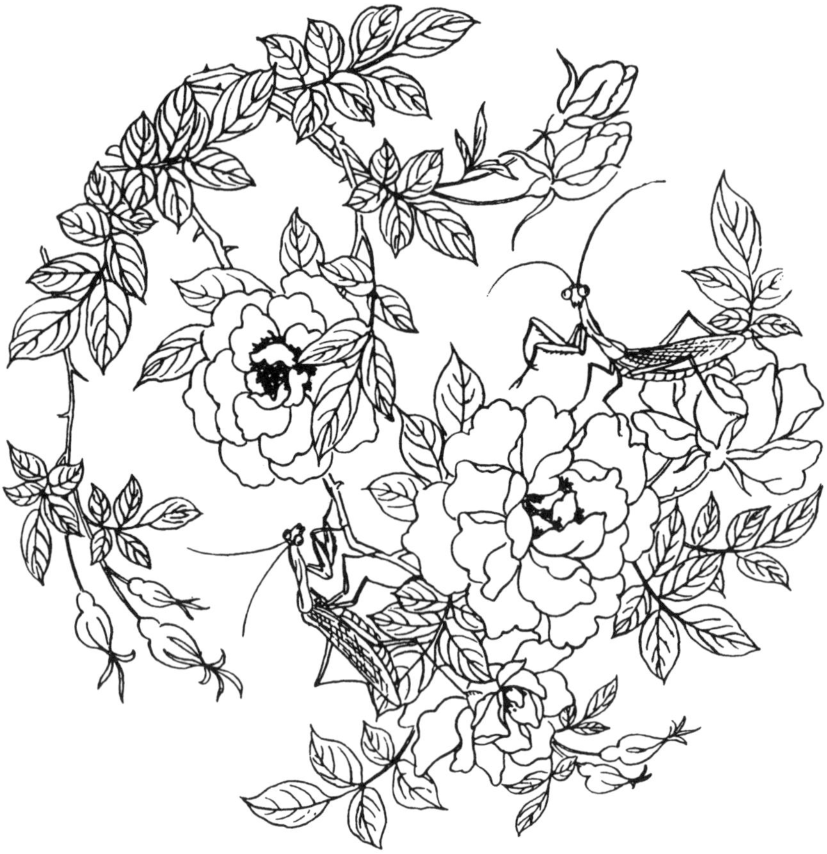

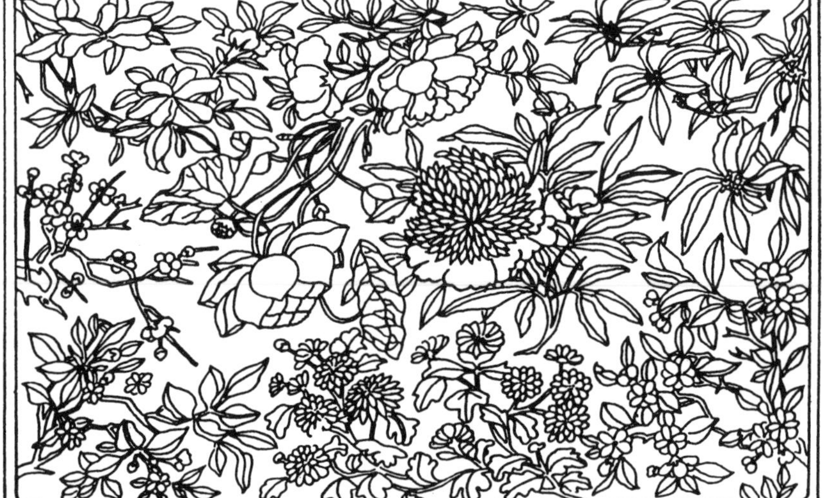

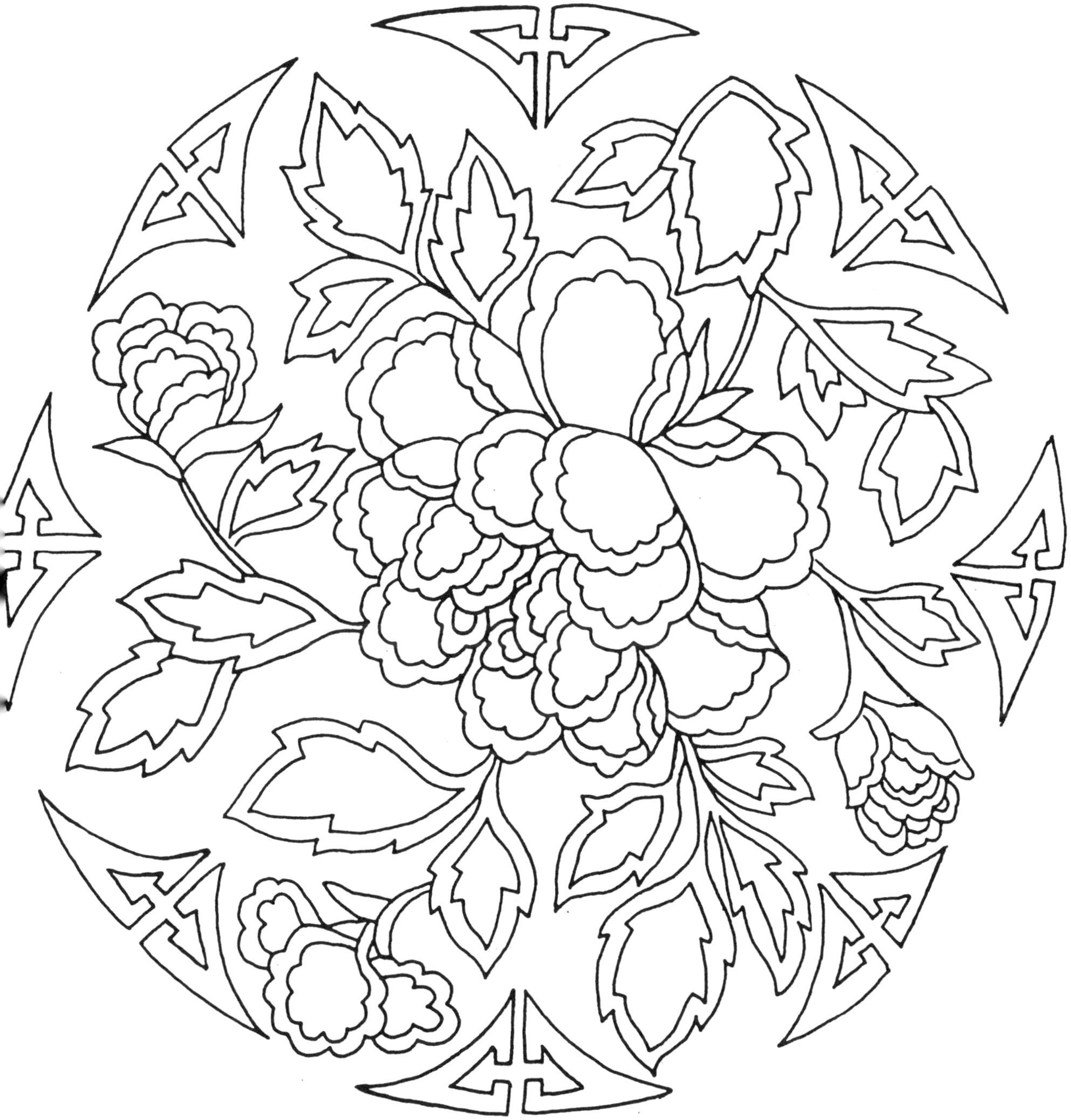

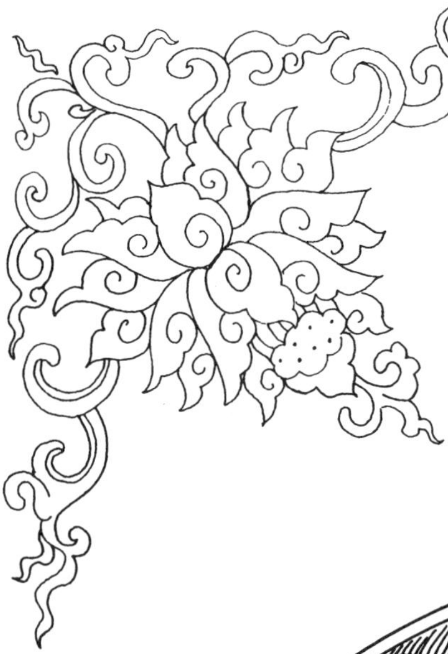

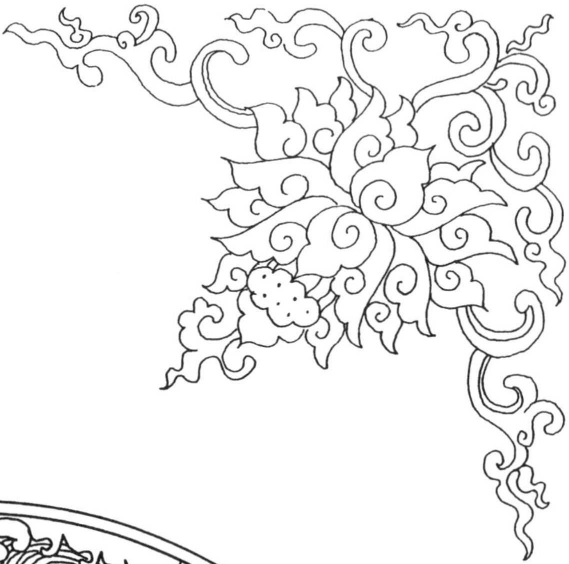

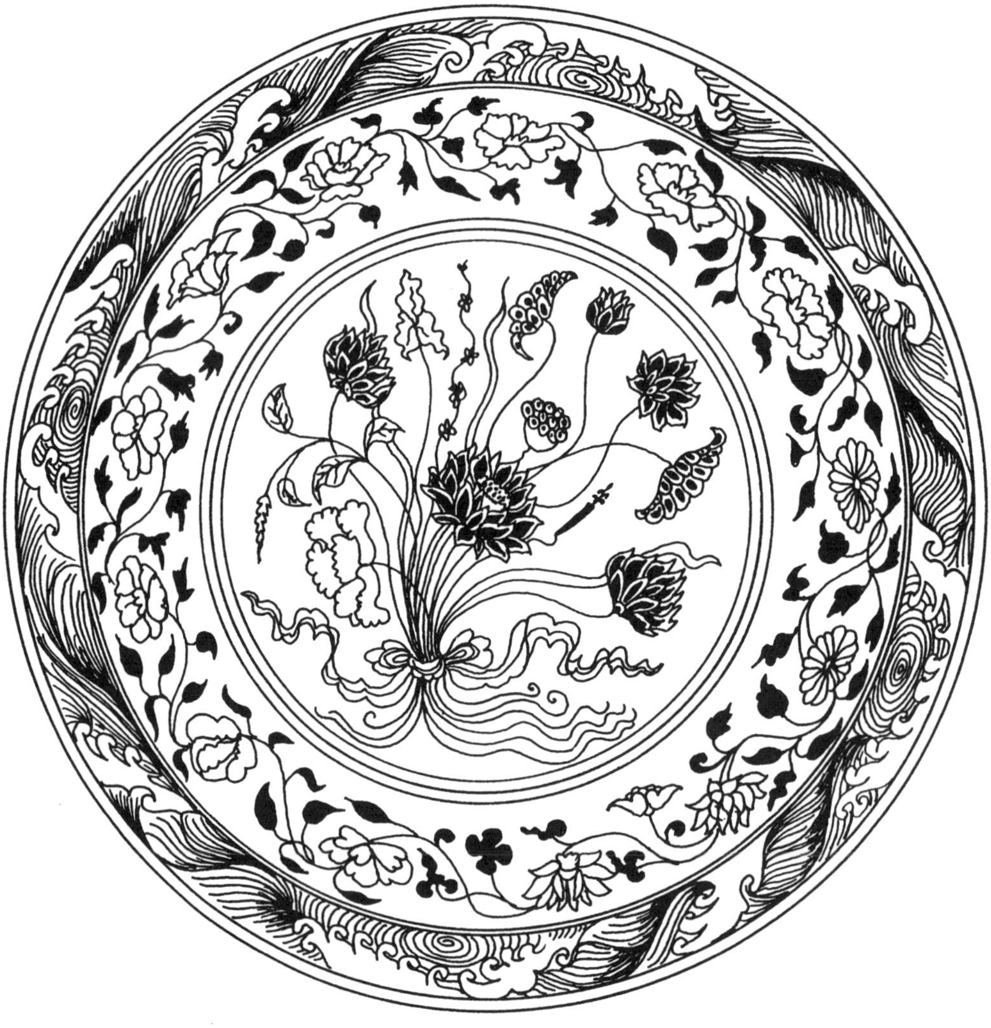

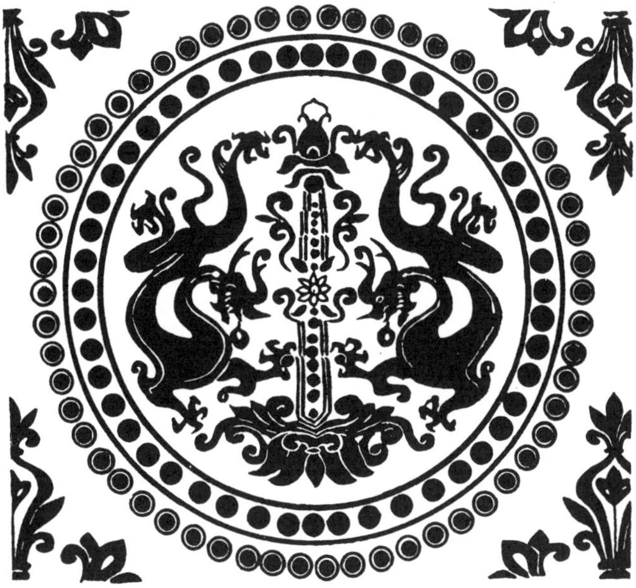

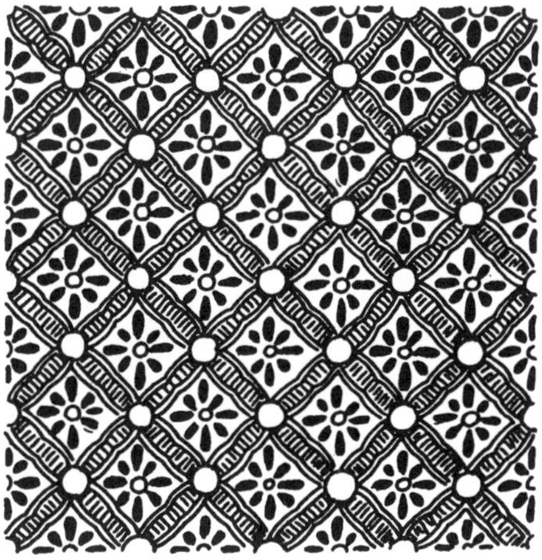

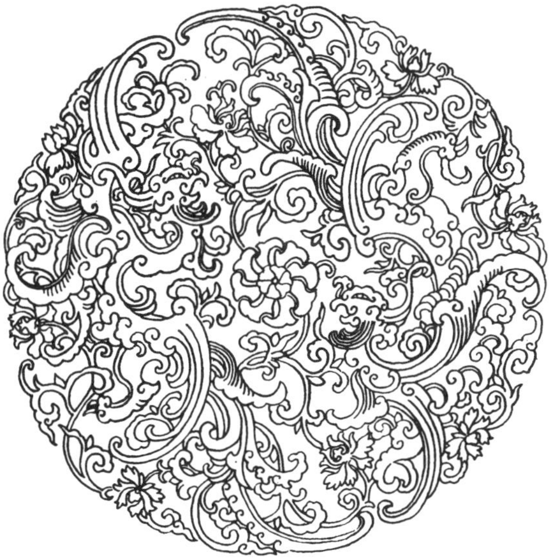

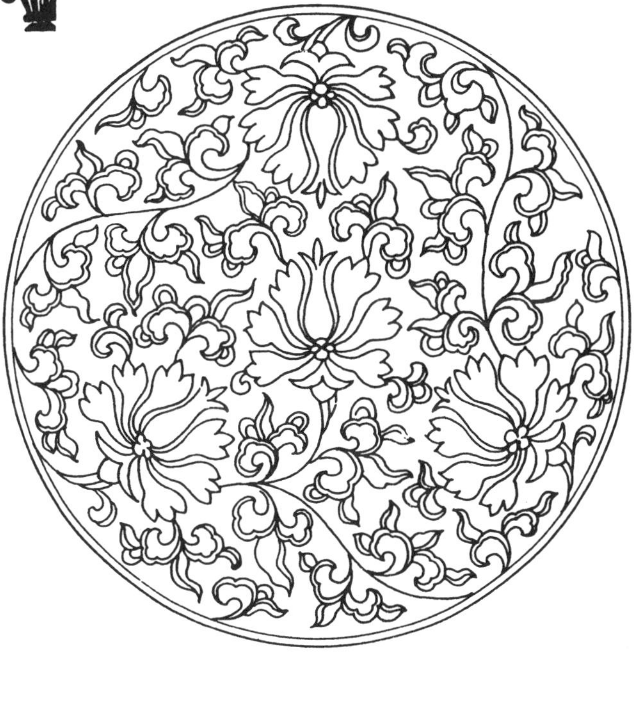

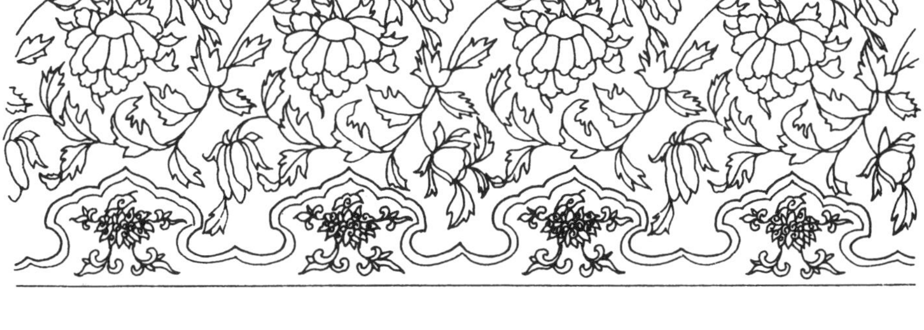

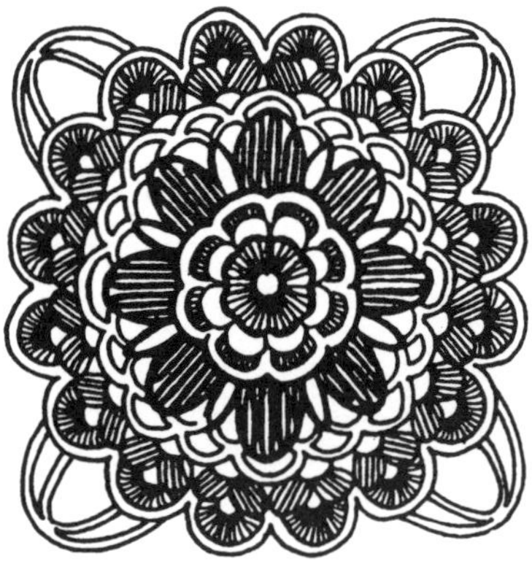

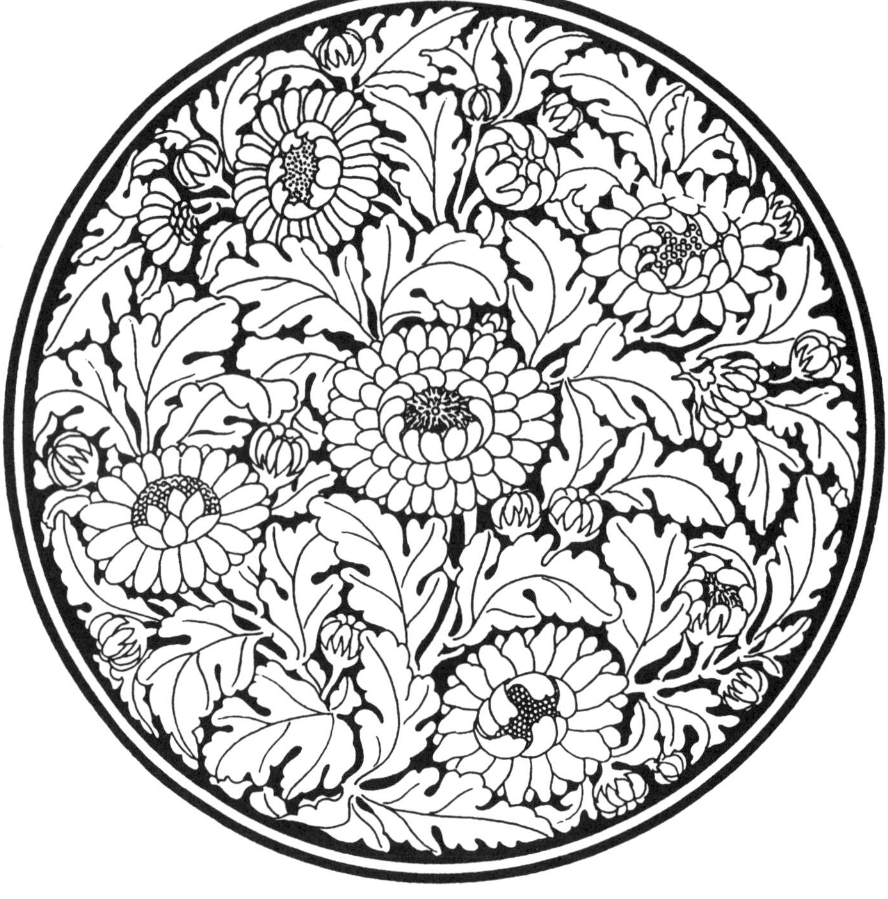

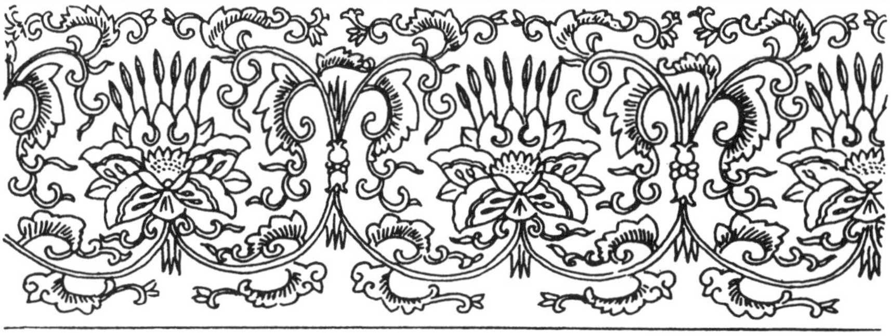

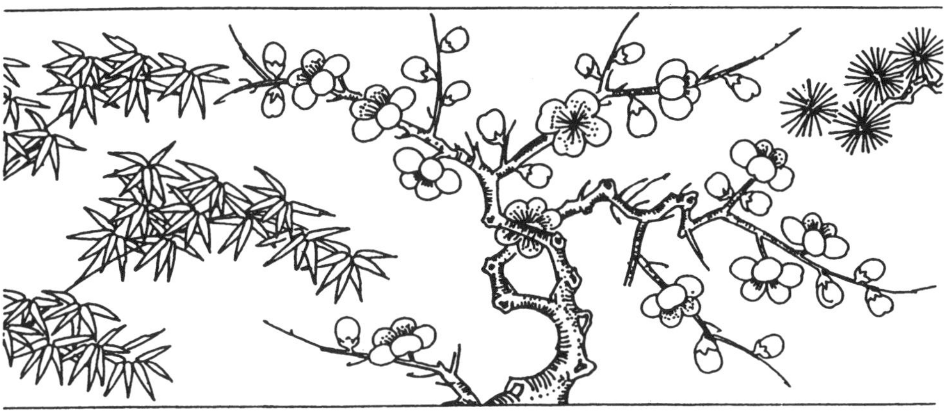

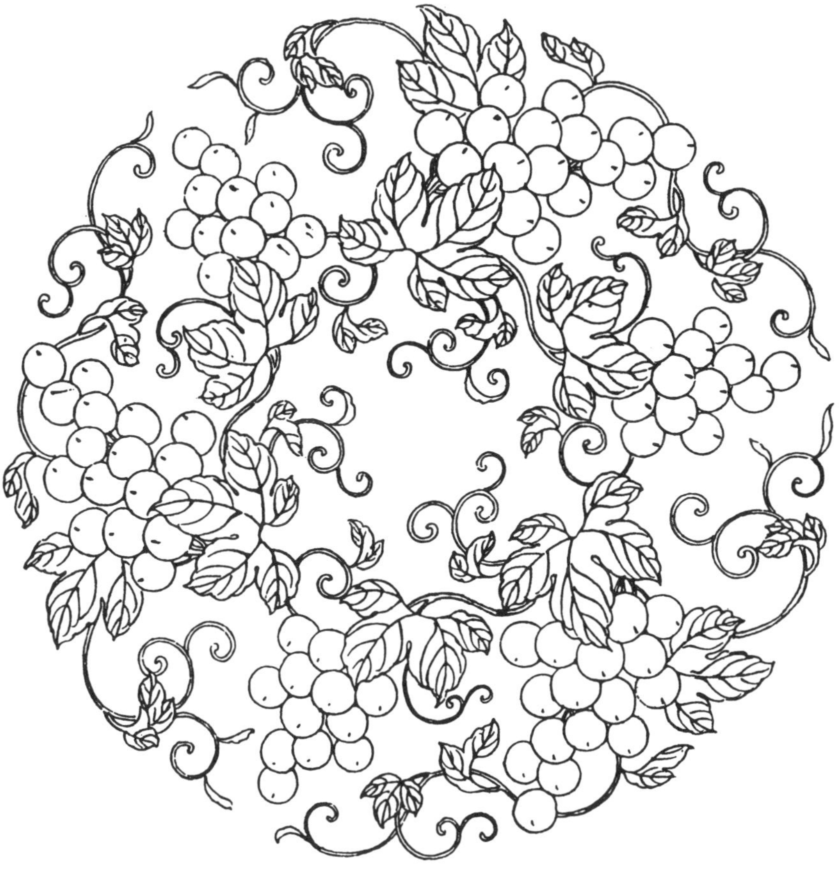

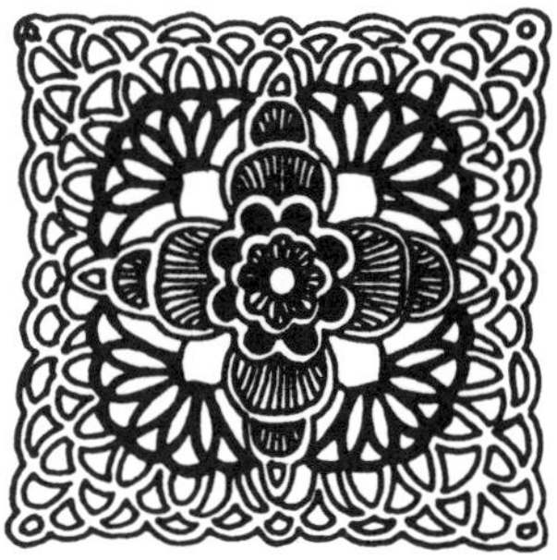

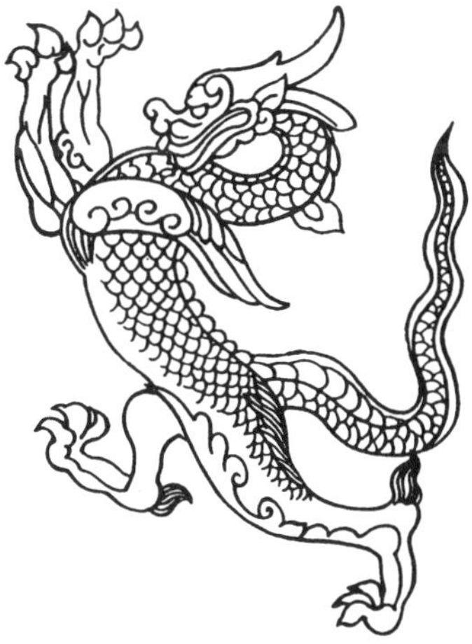

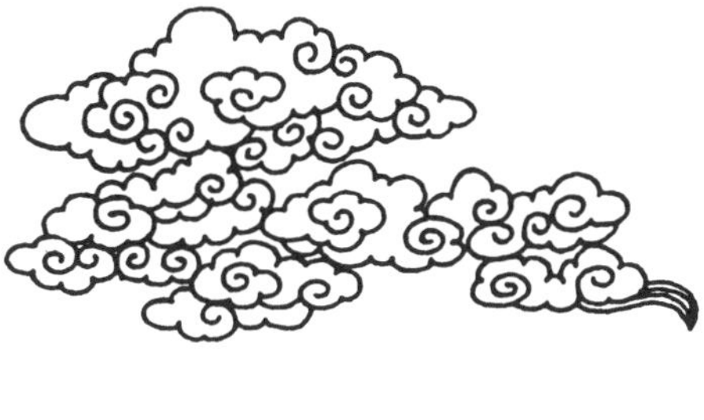

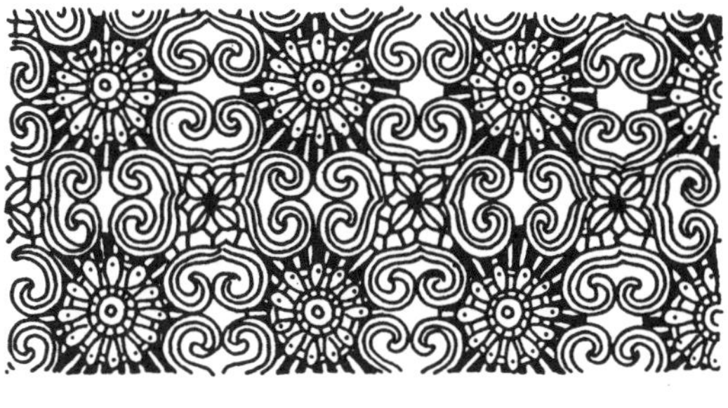

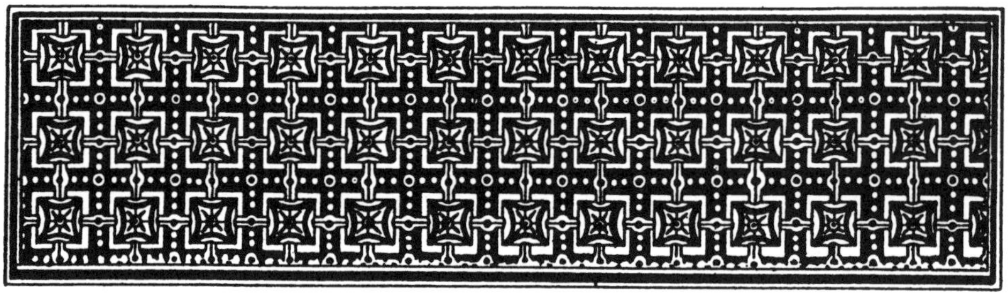

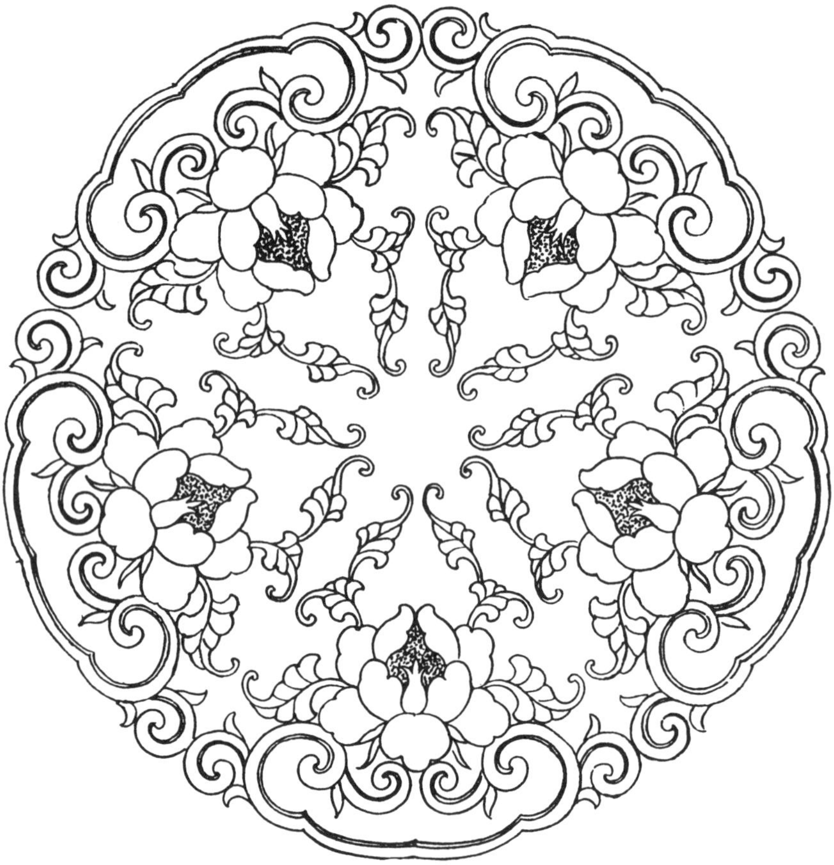

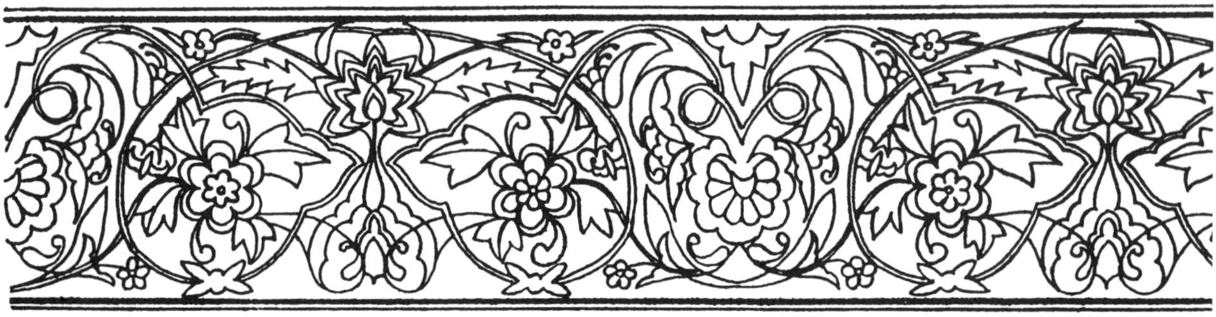

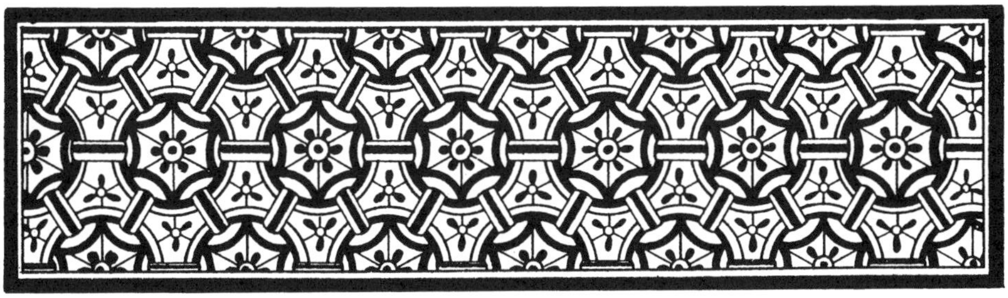

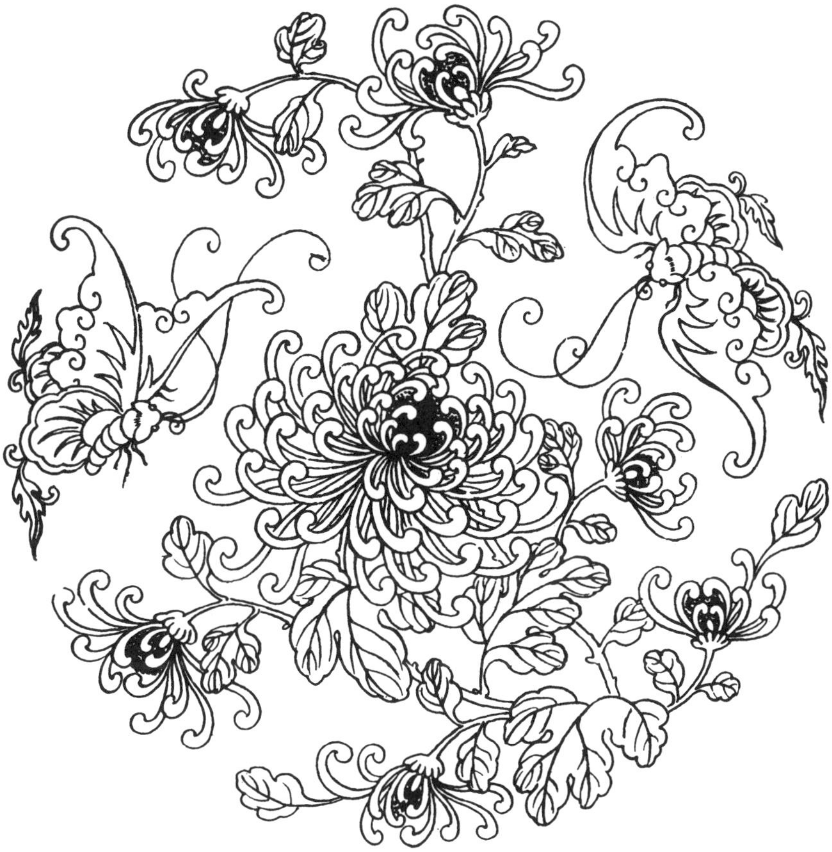

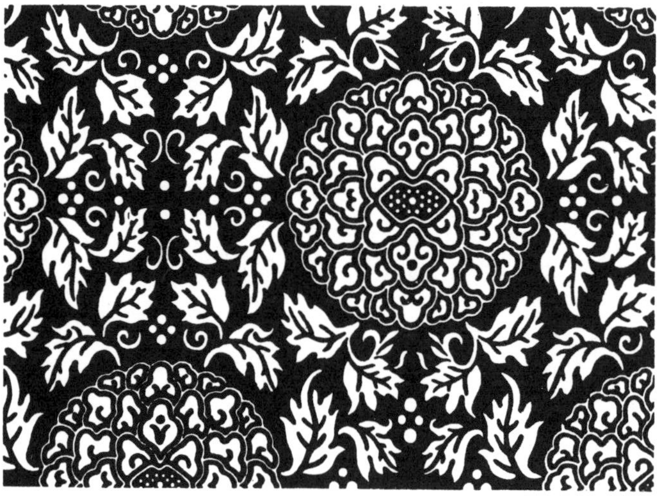

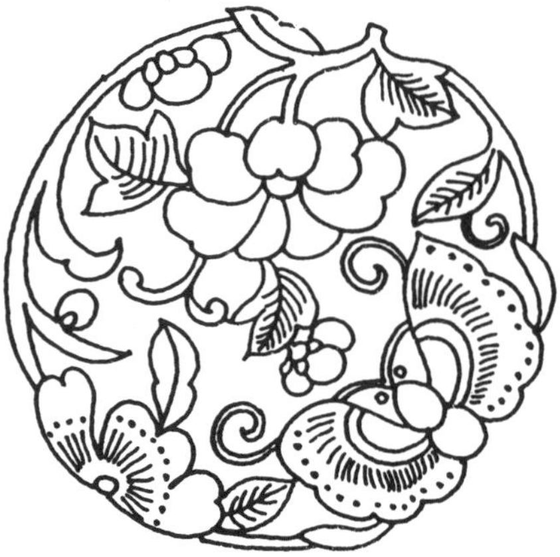

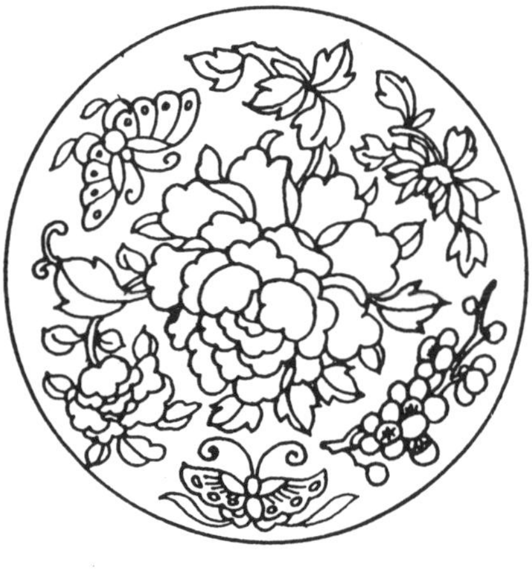

영국편

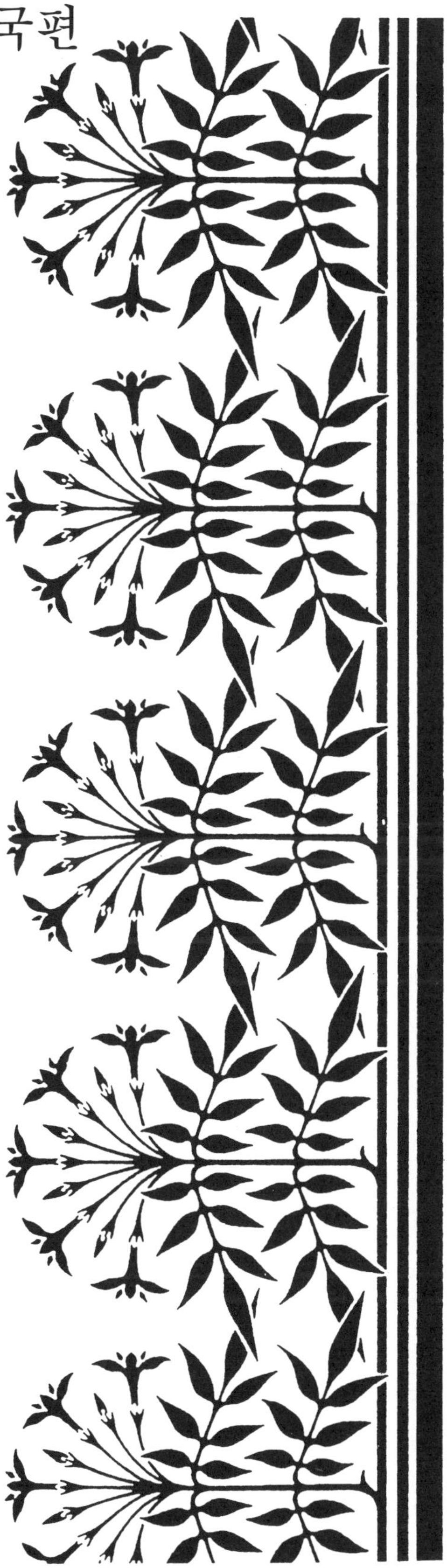

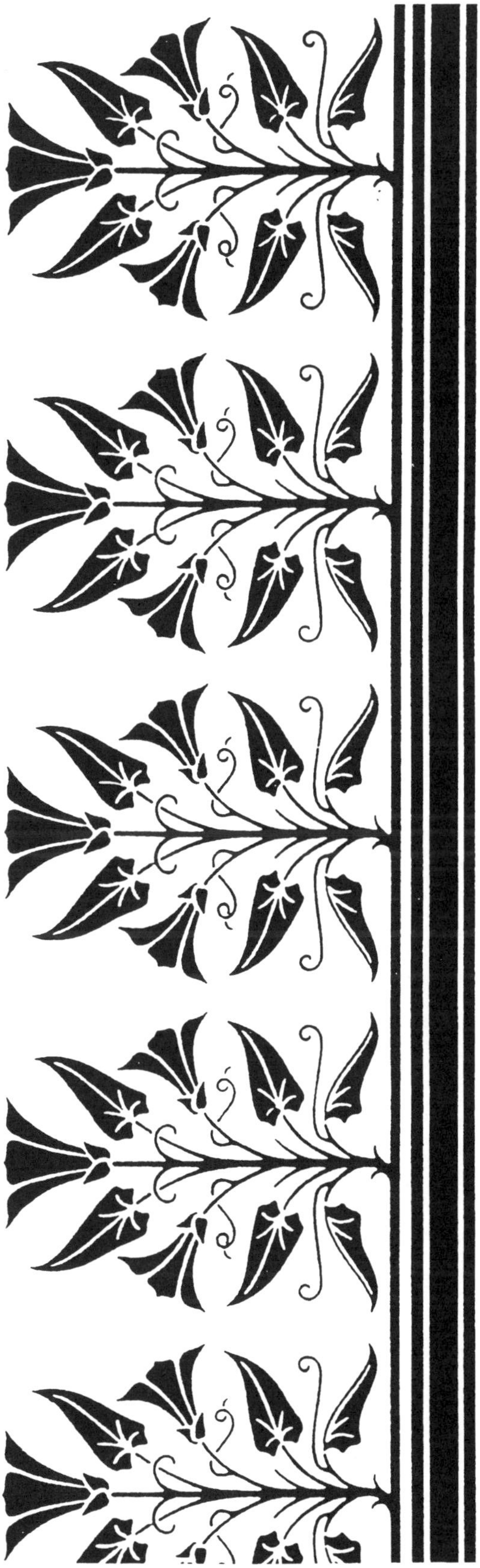

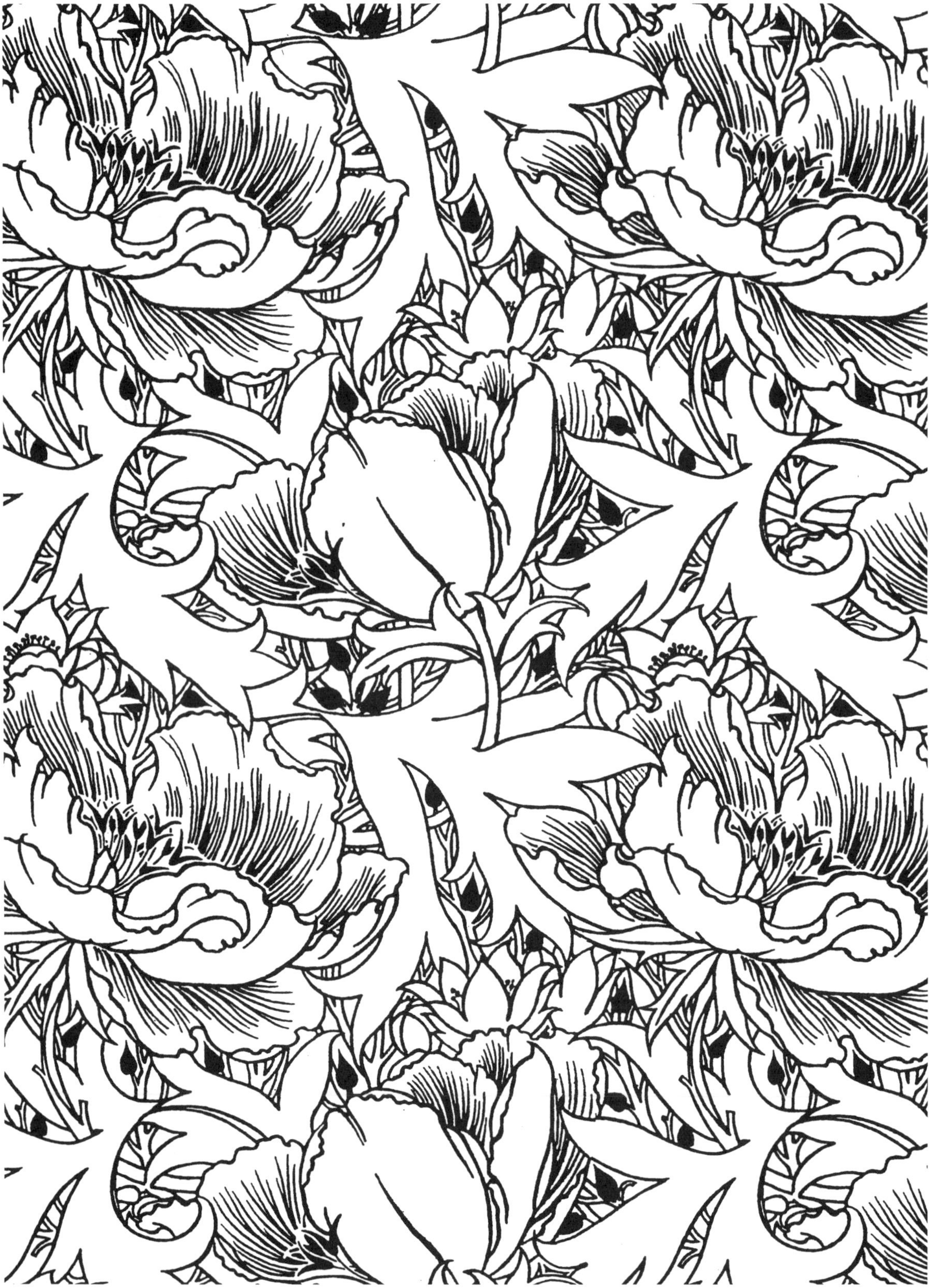

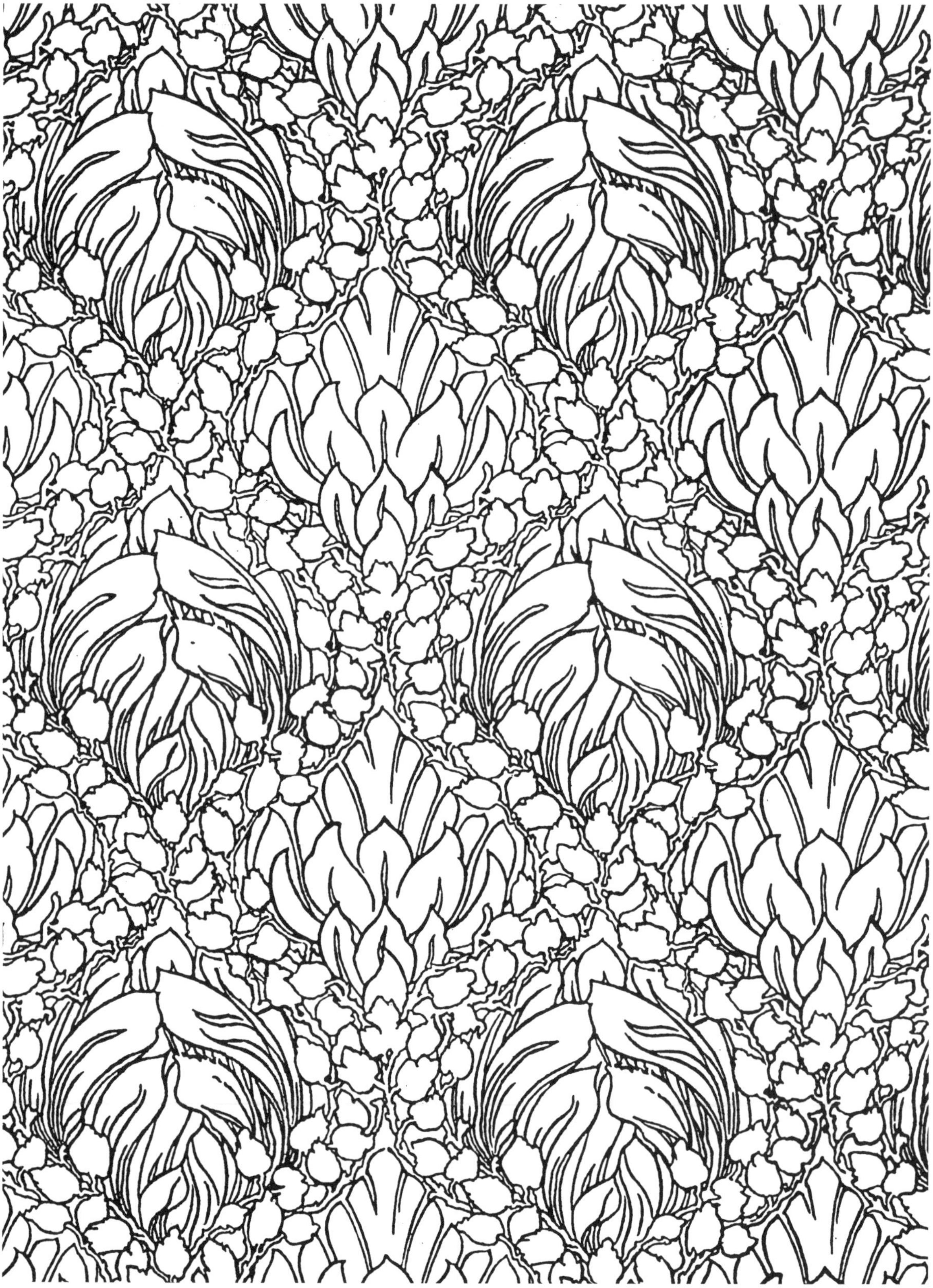

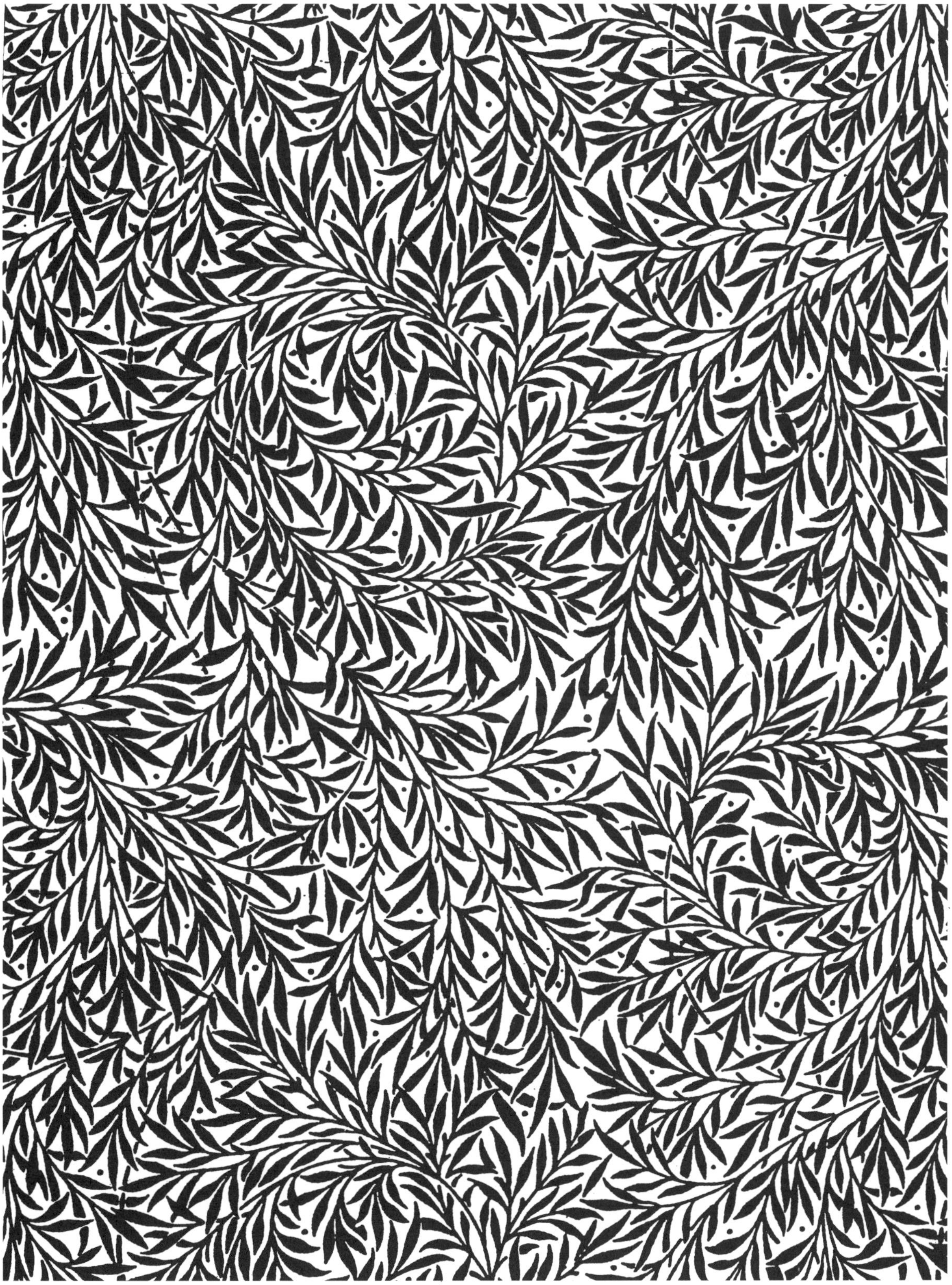

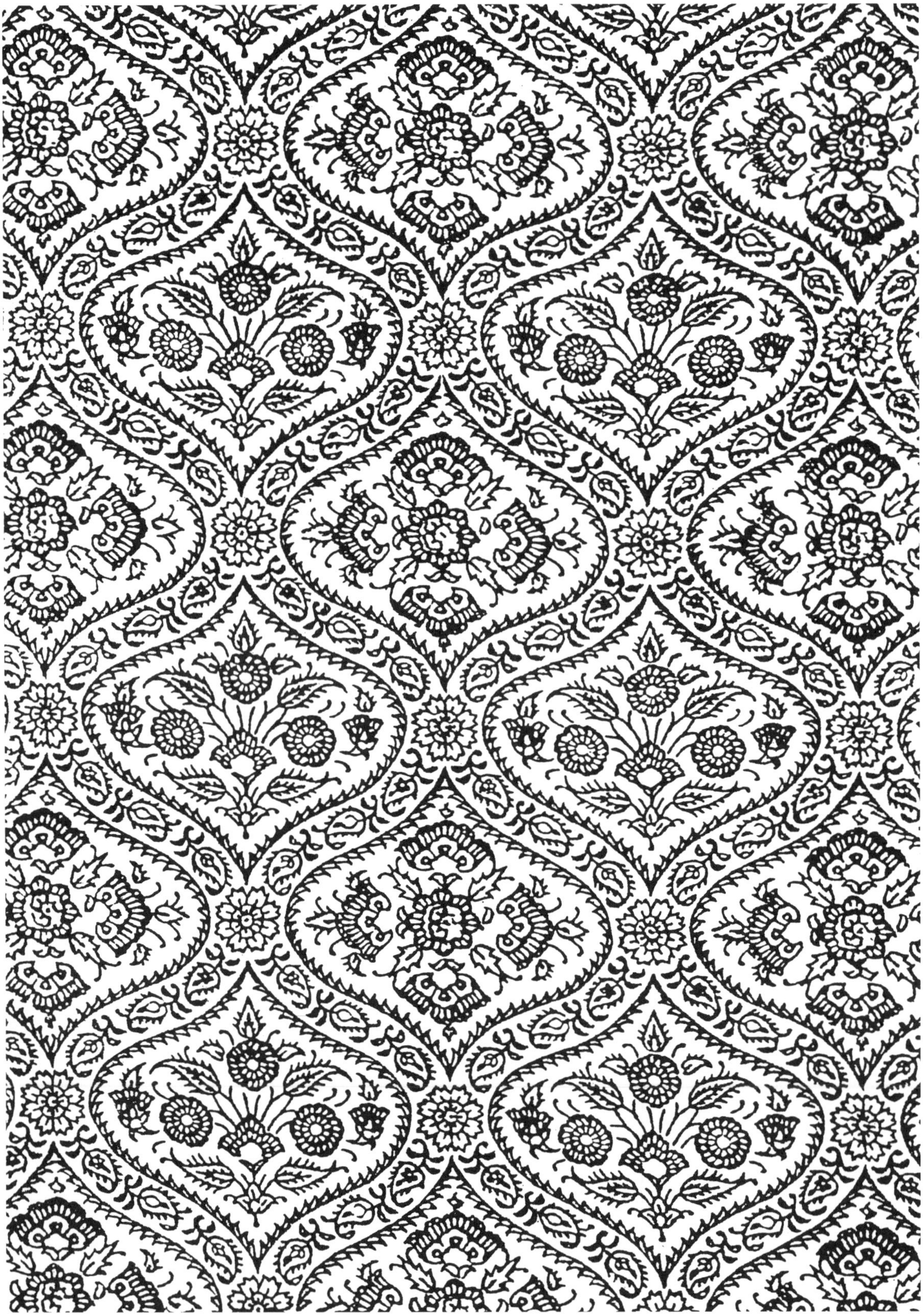

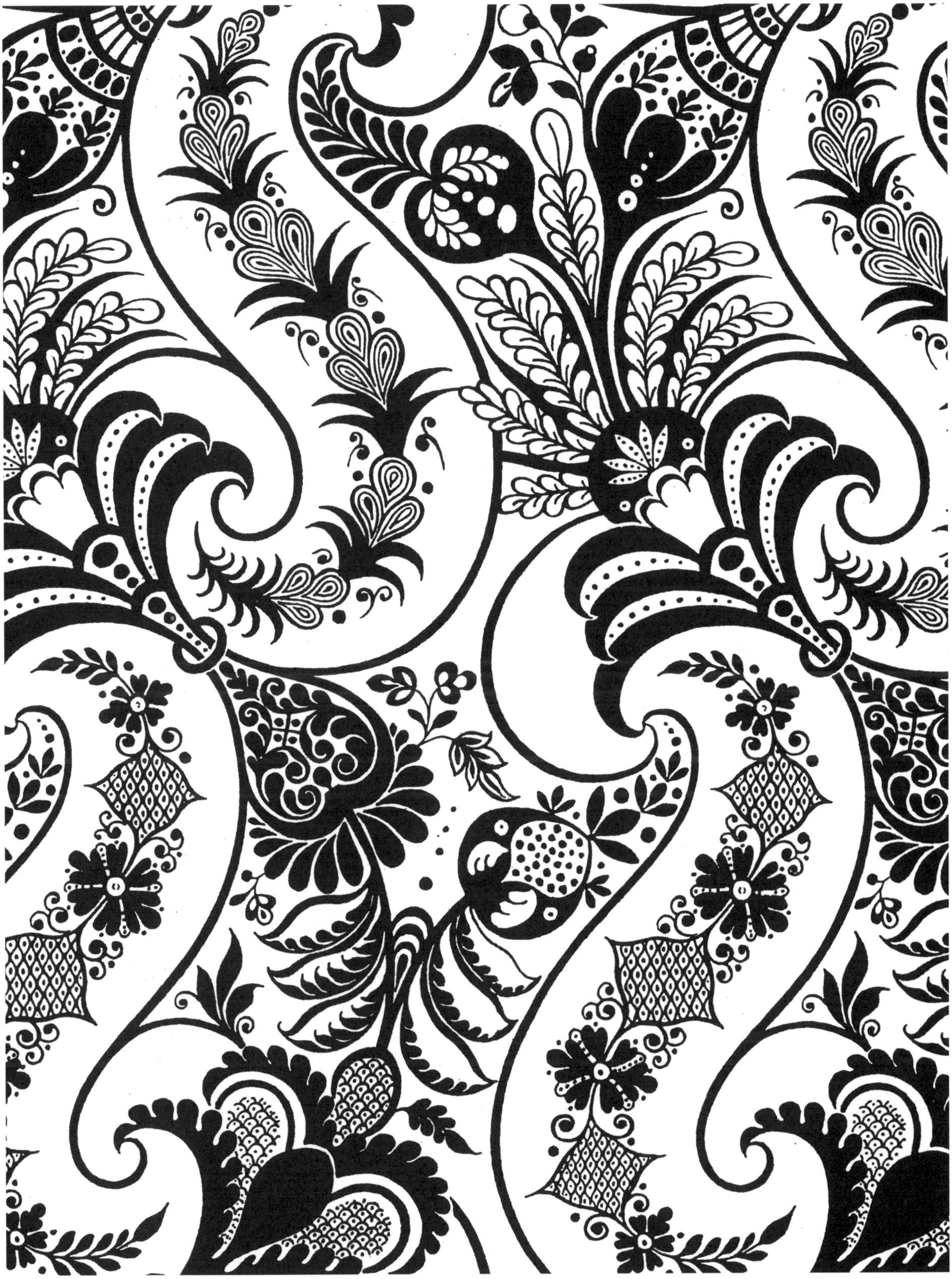

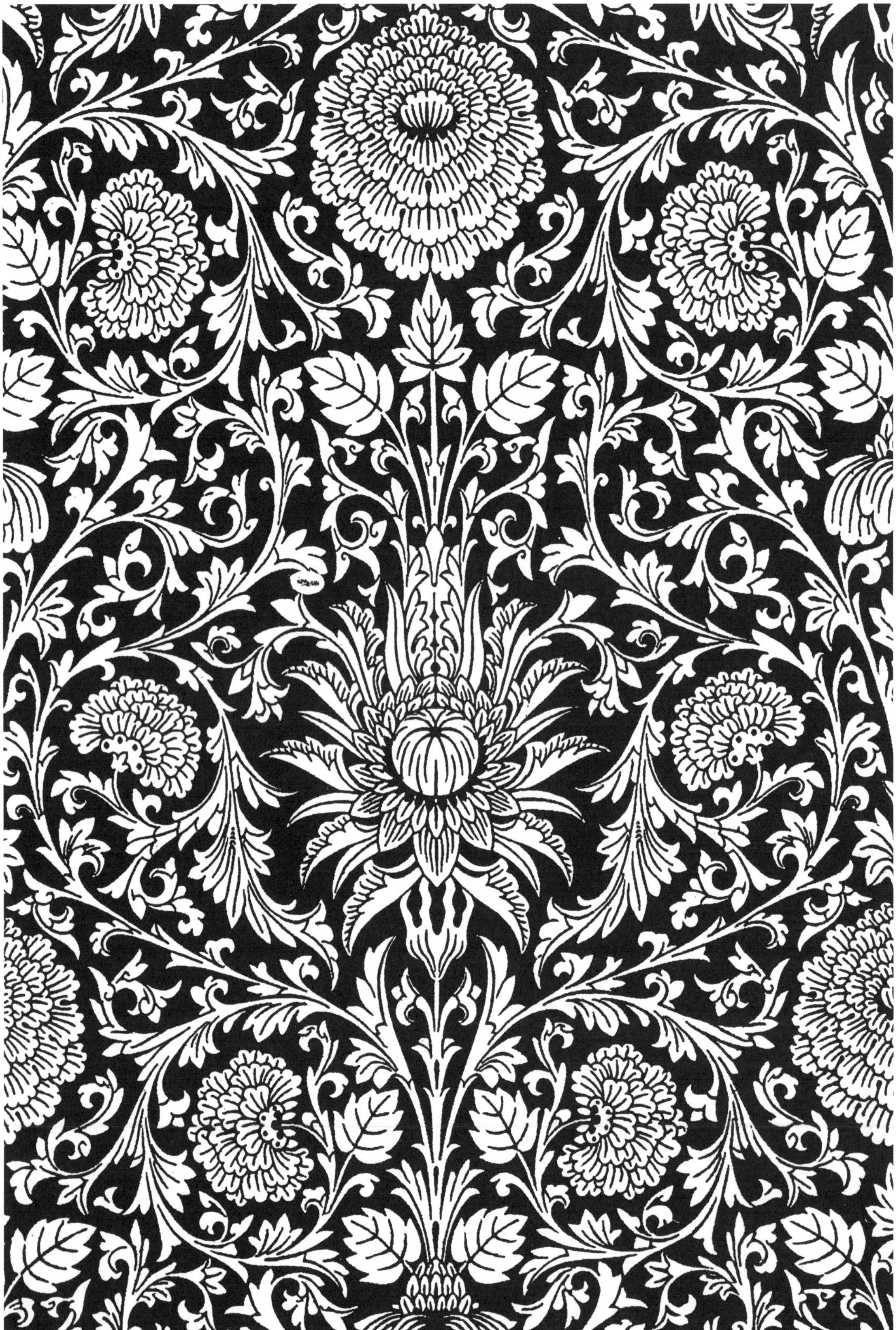

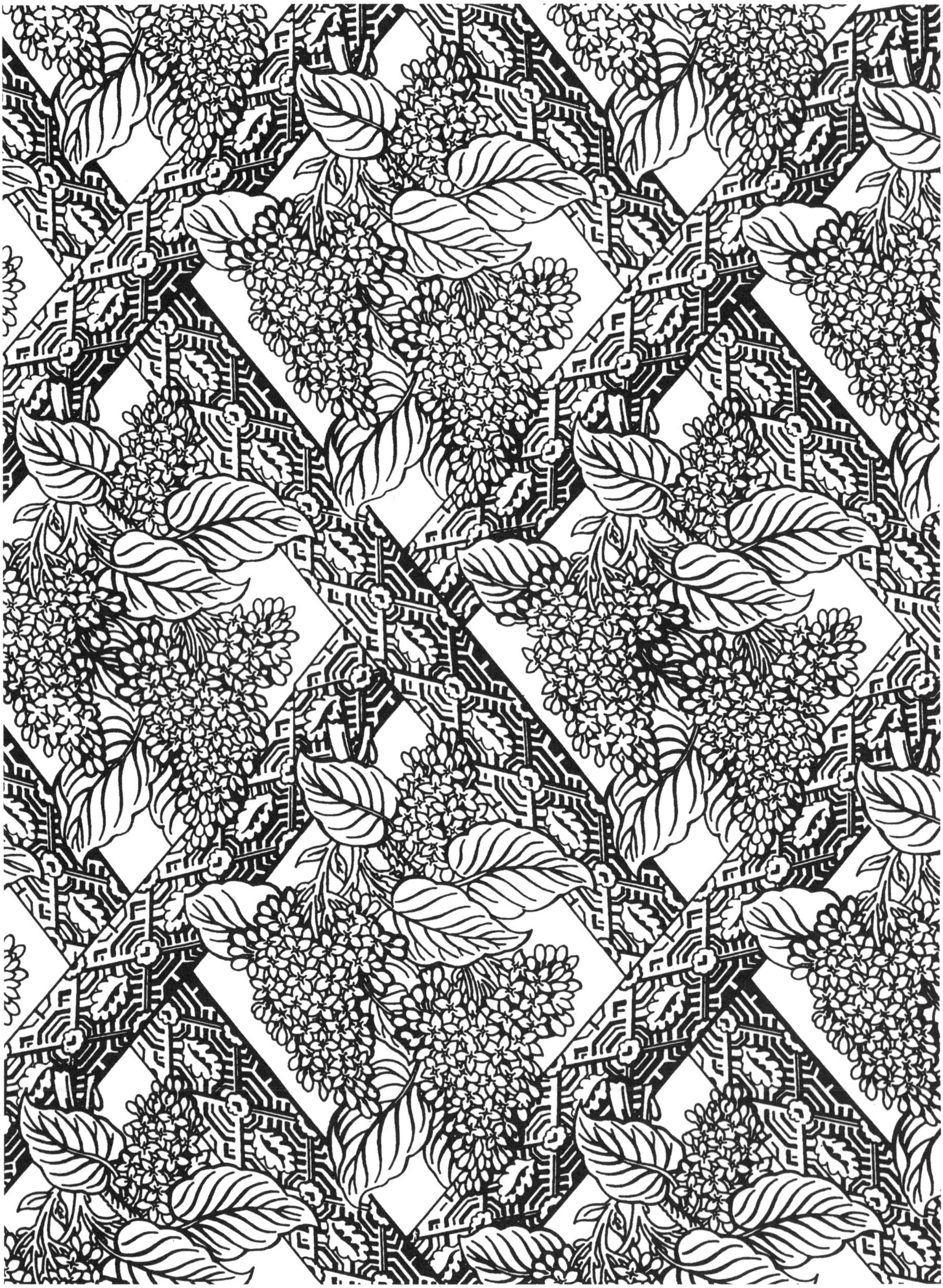

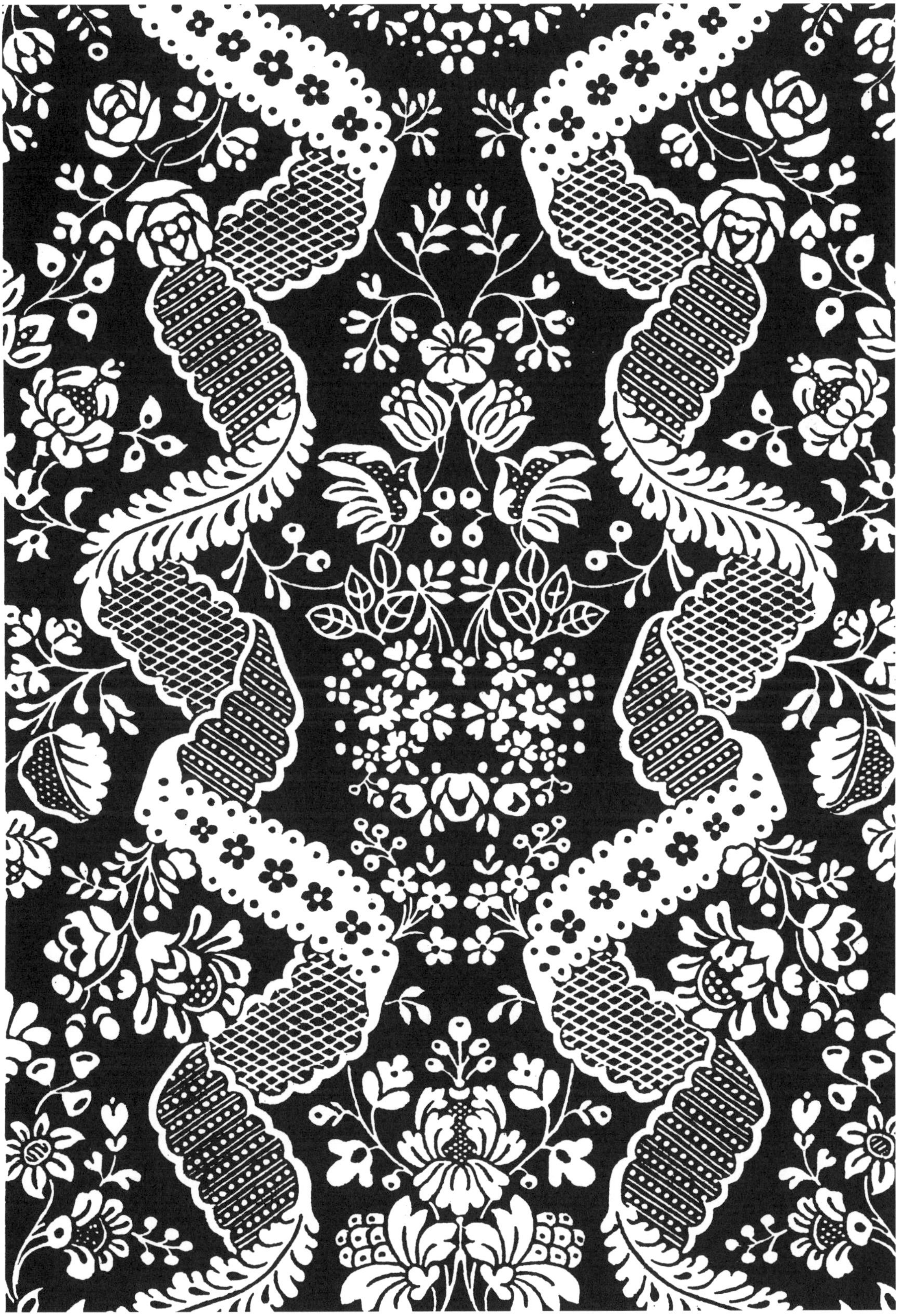

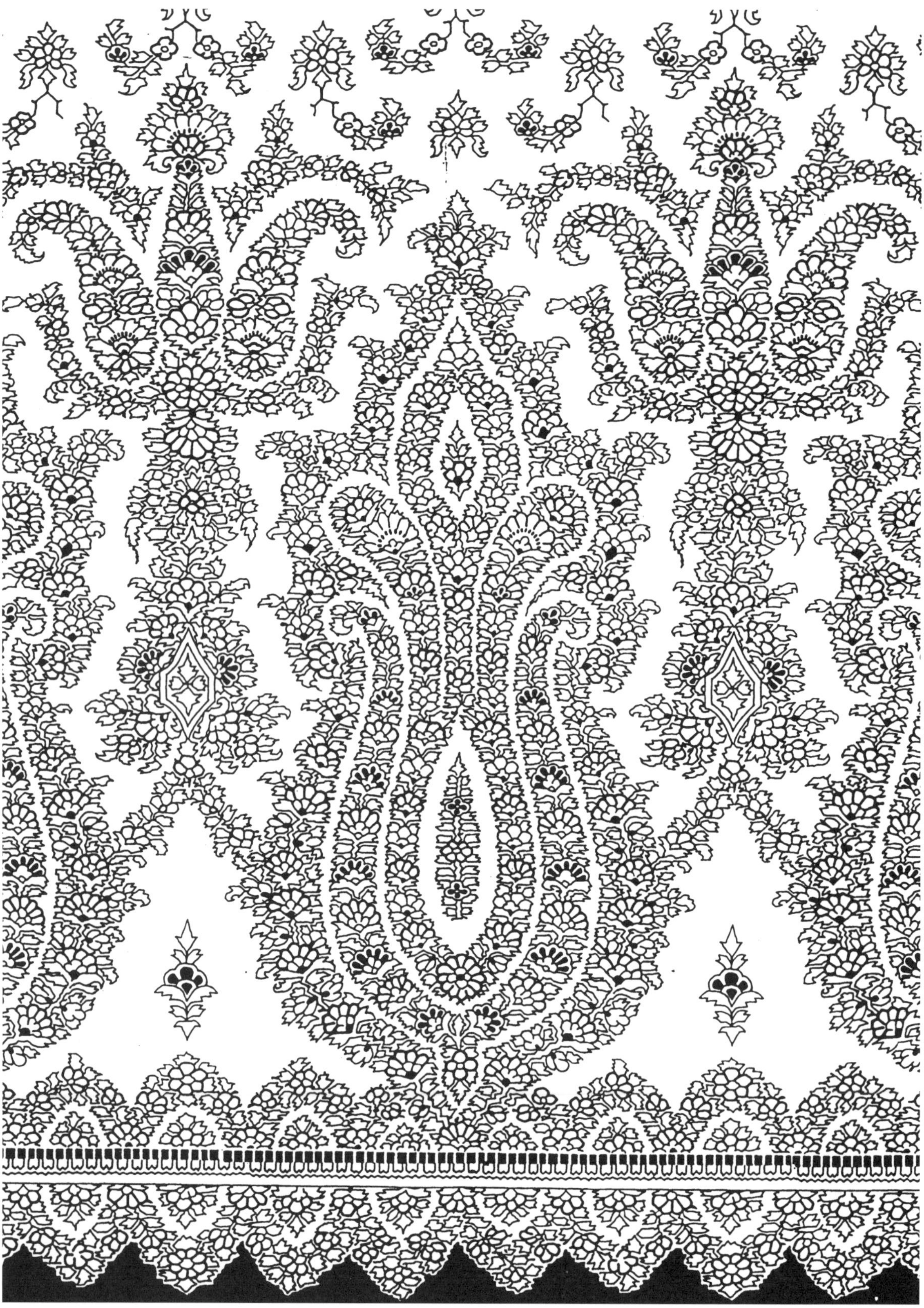

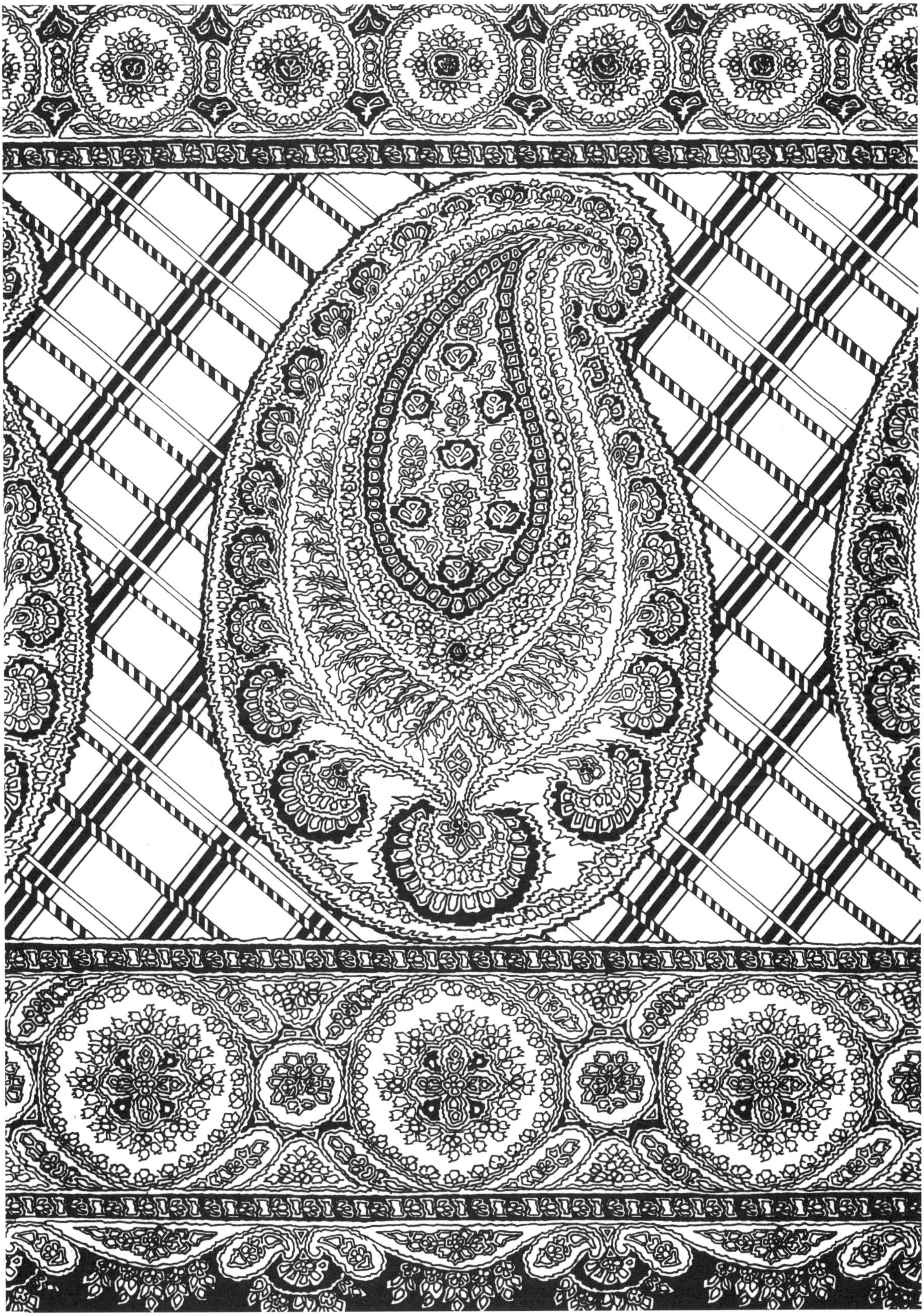

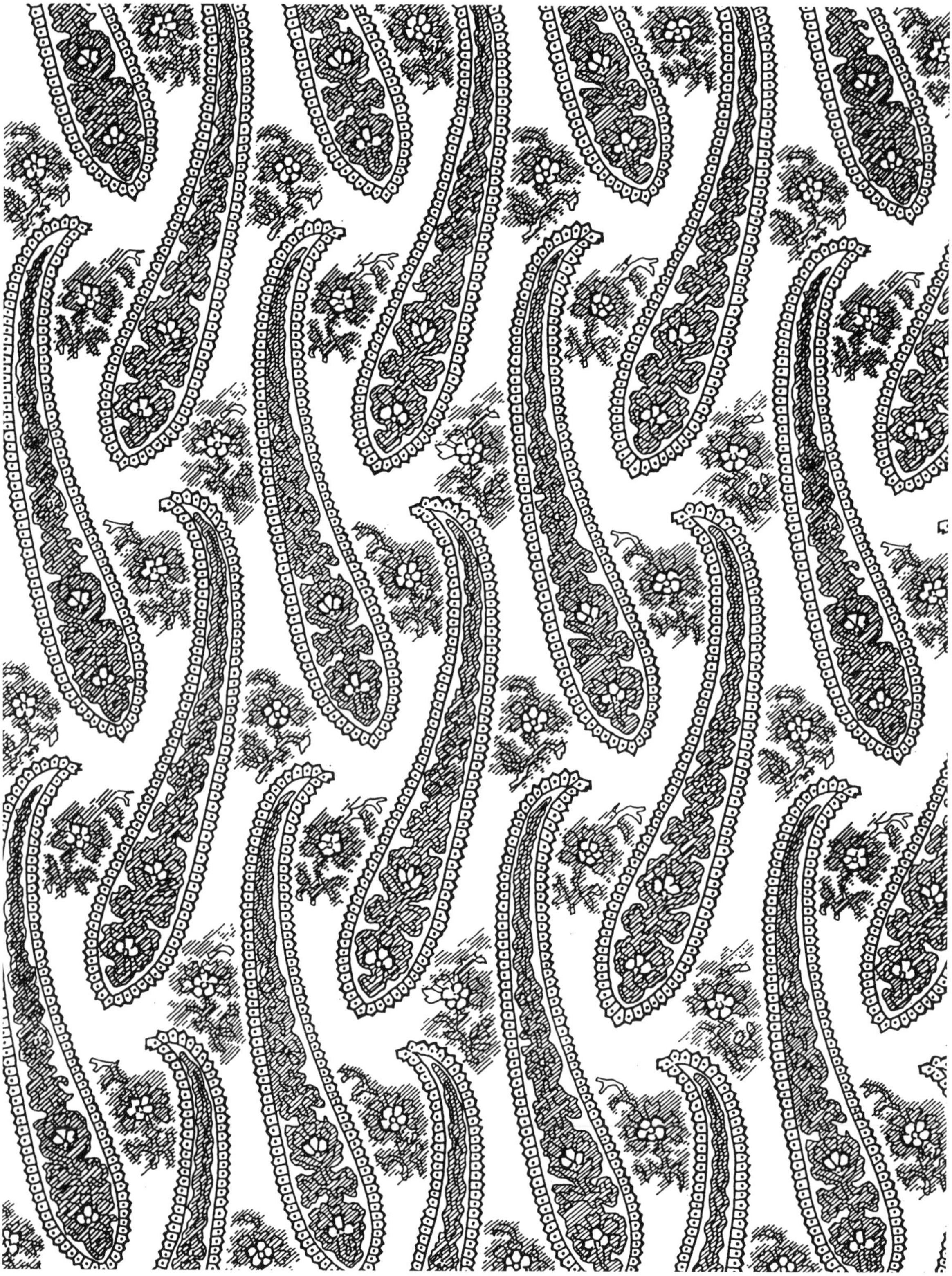

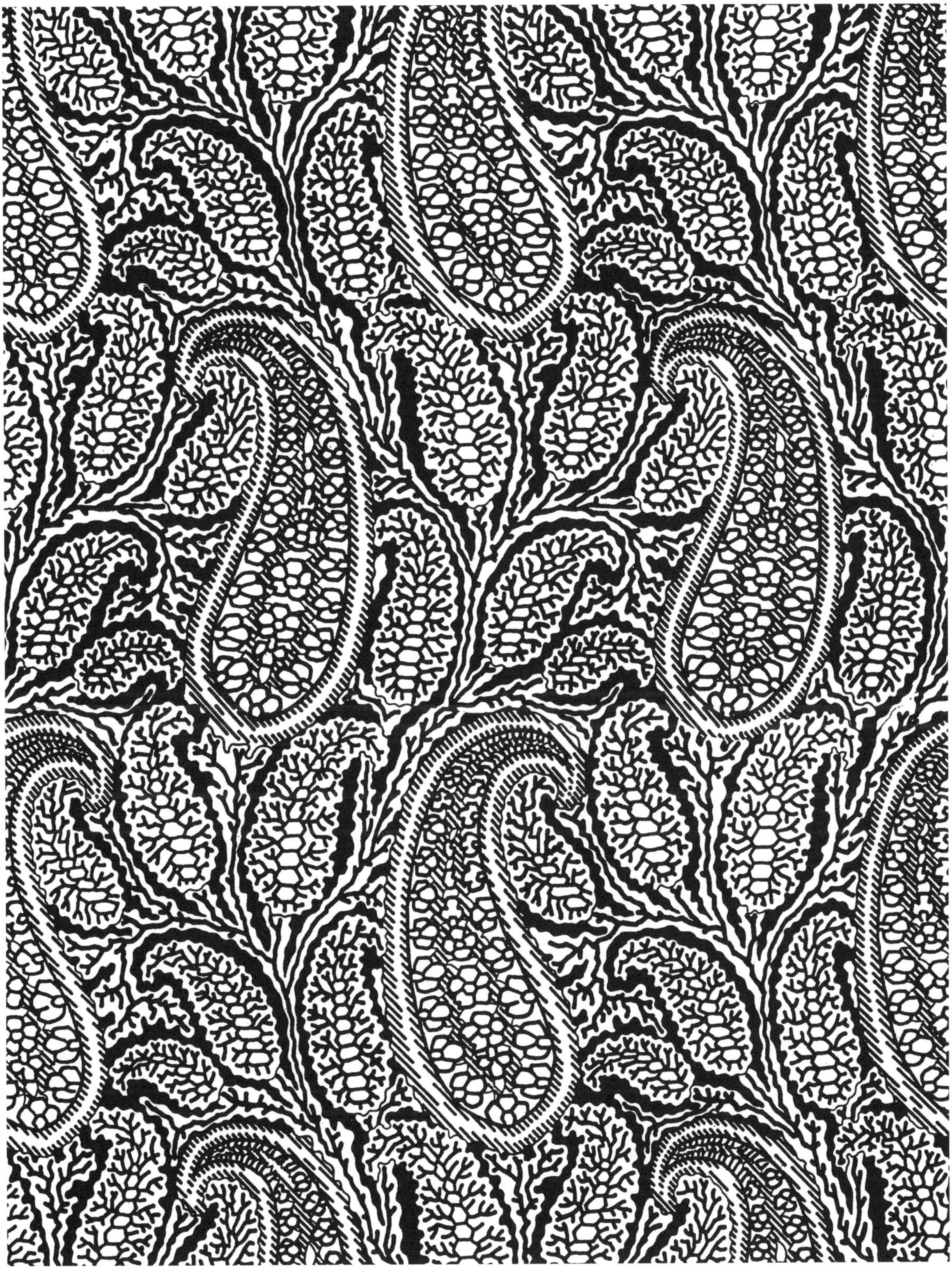

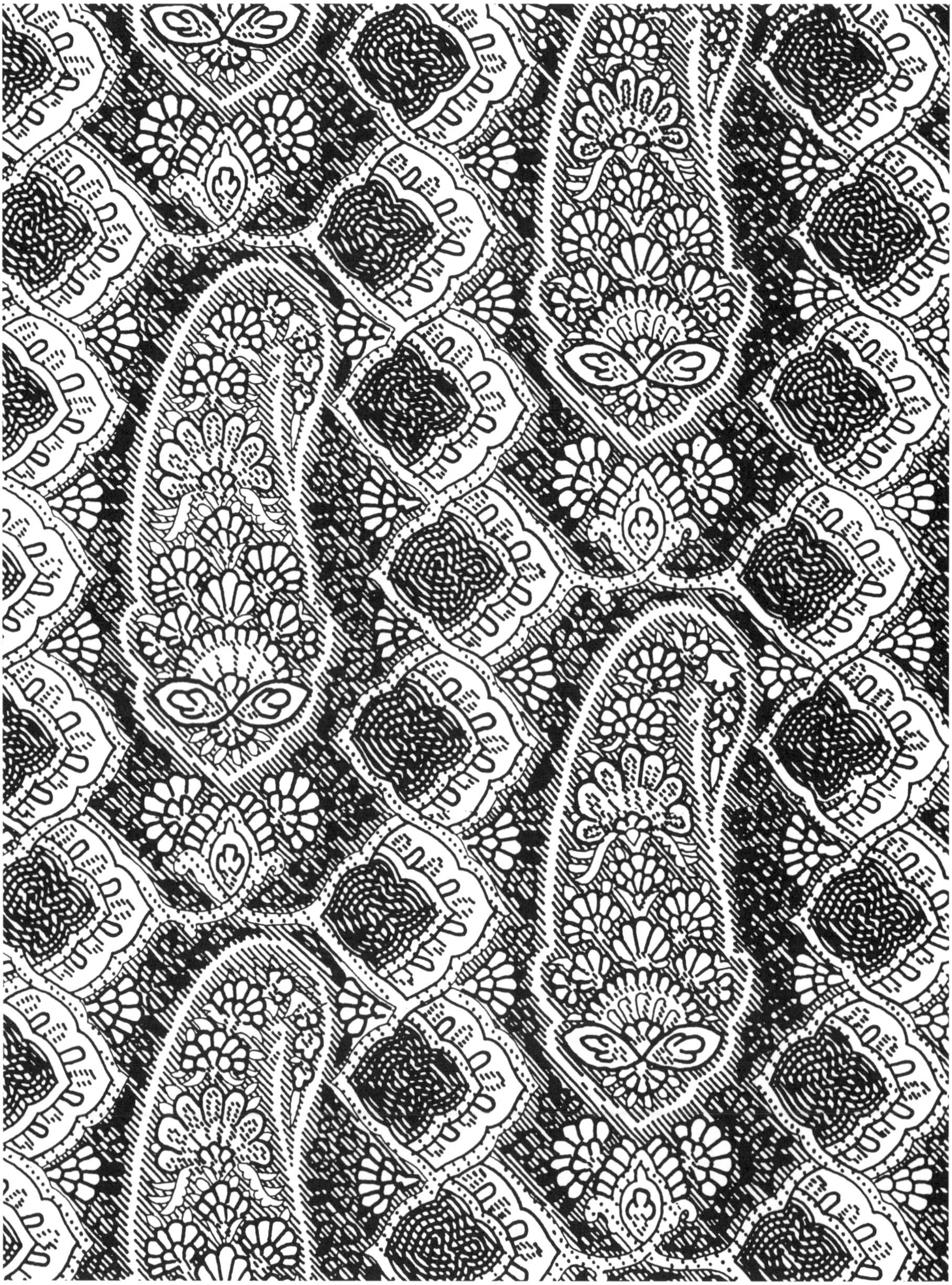

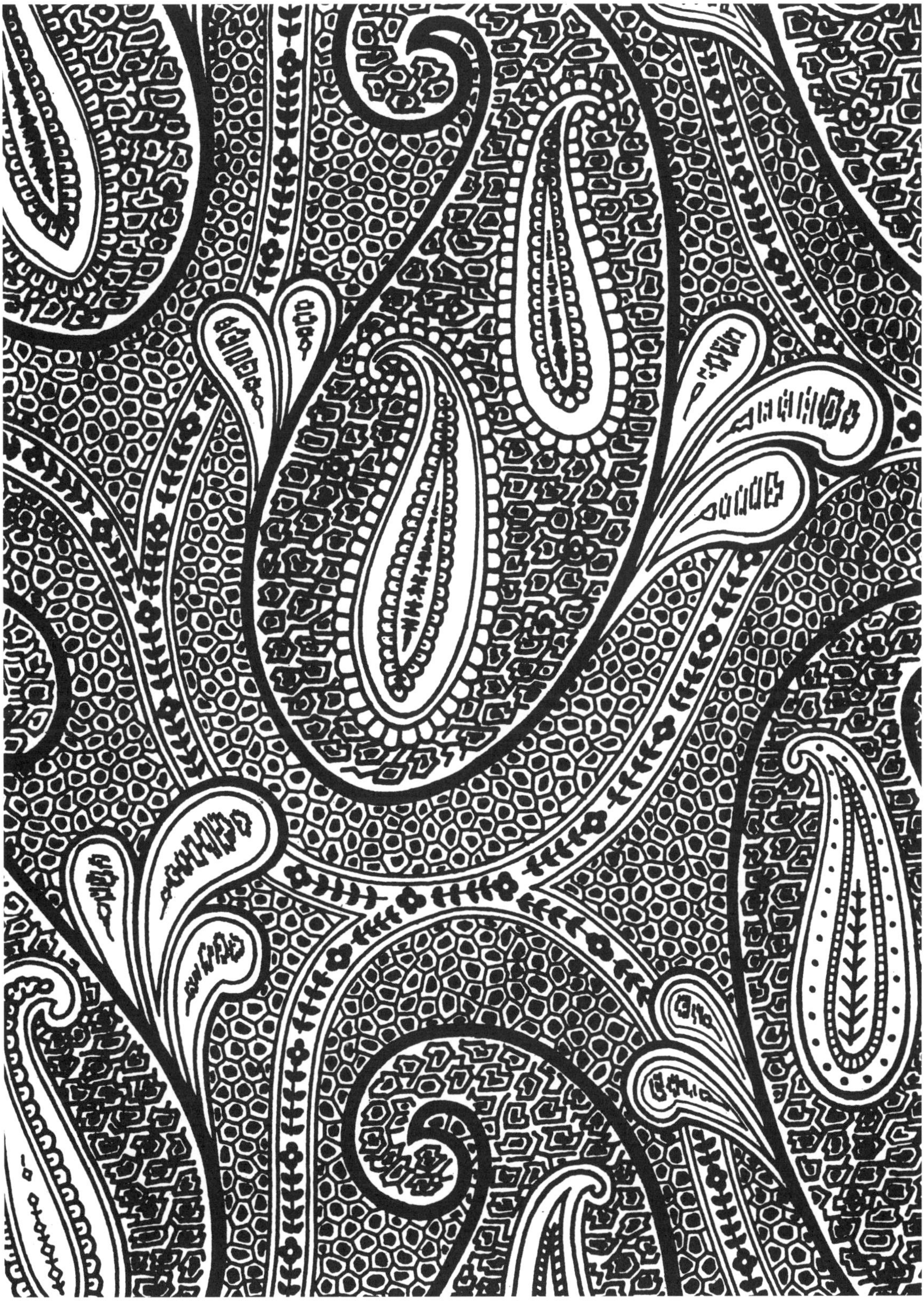

이집트편

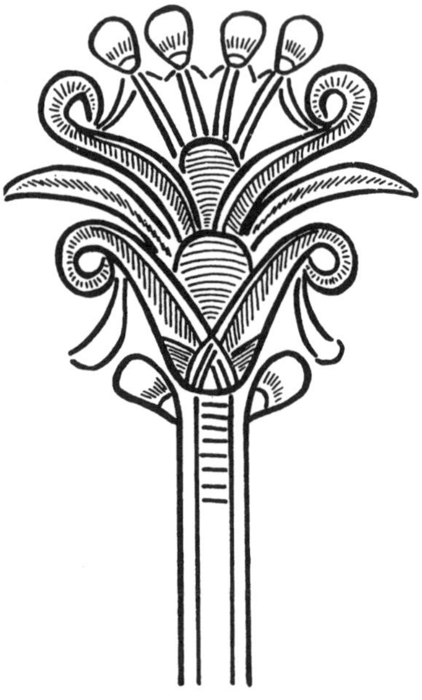

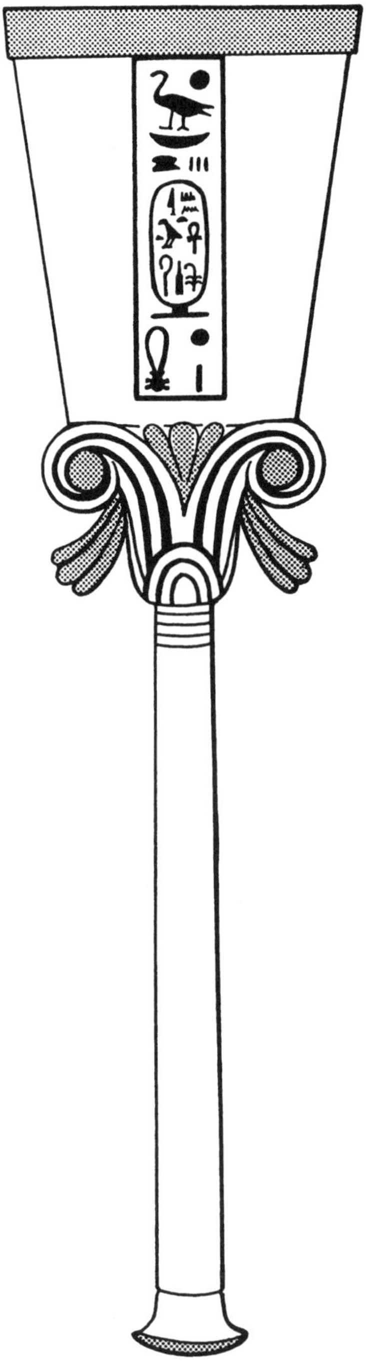

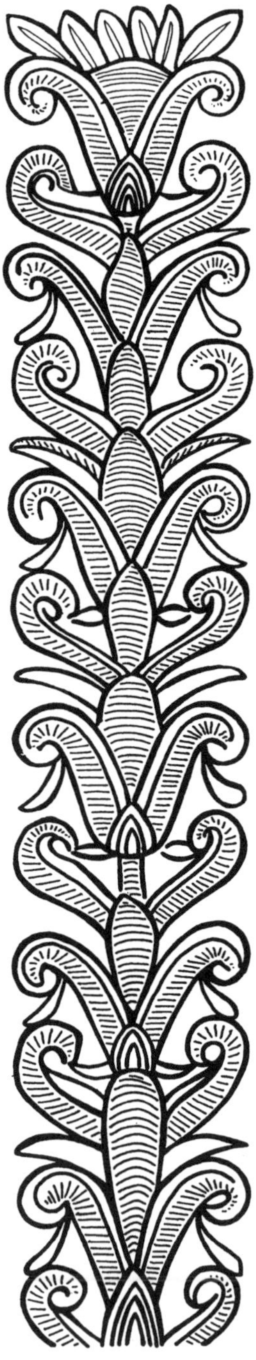

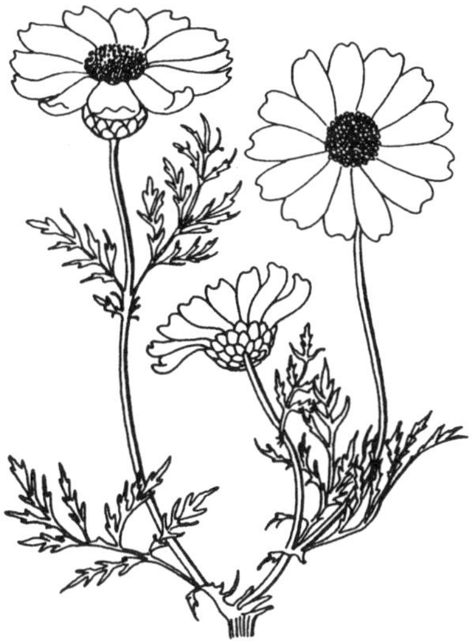

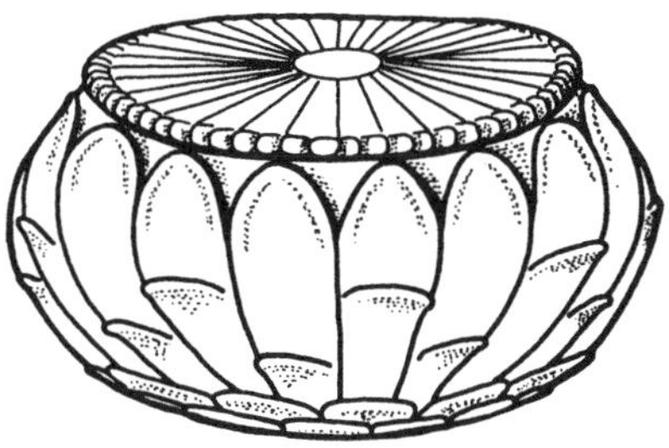

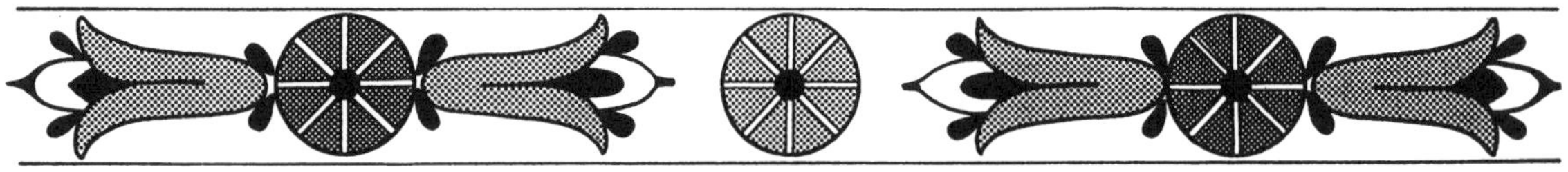

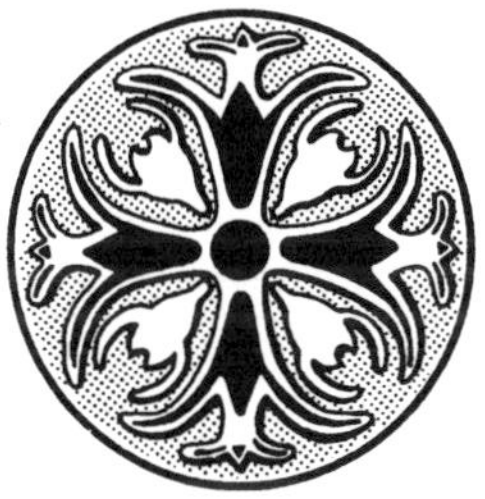

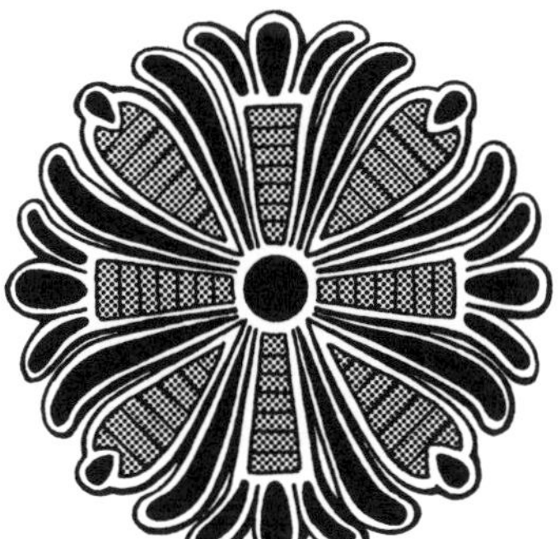

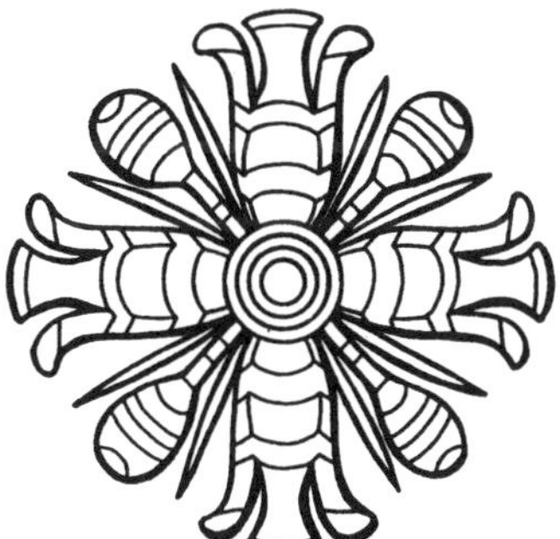

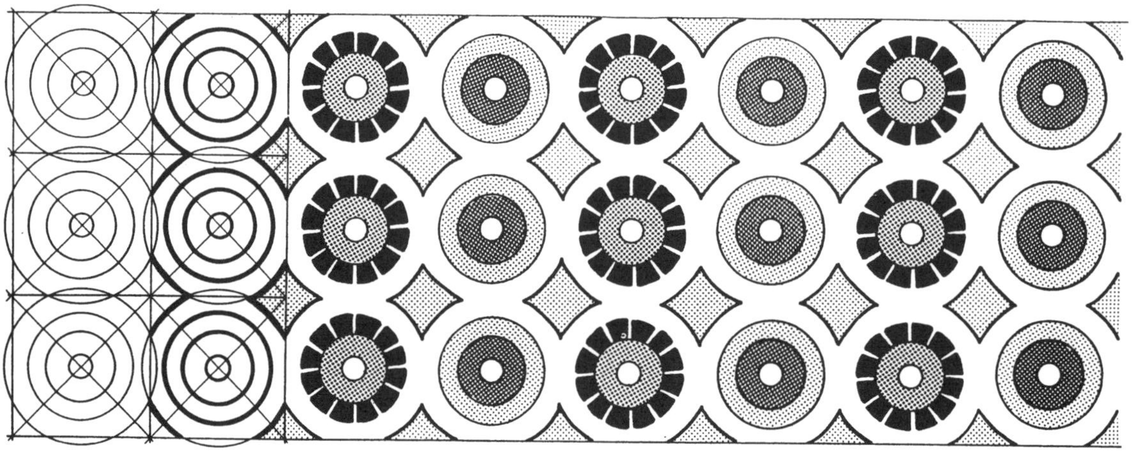

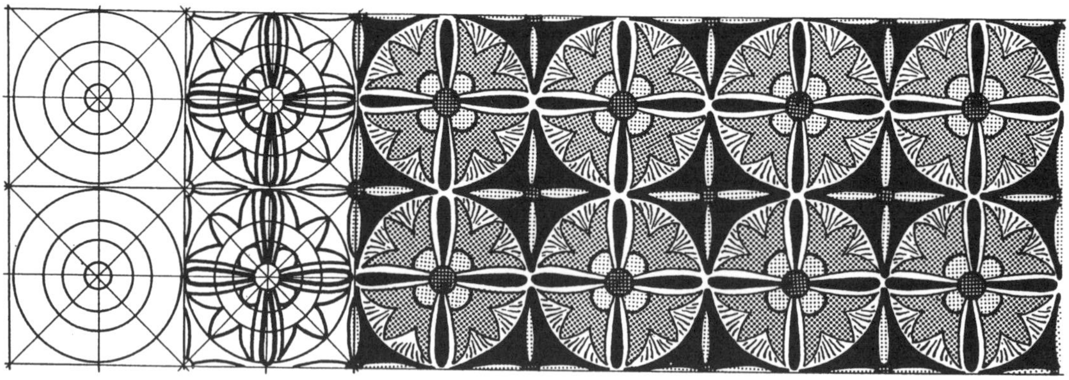

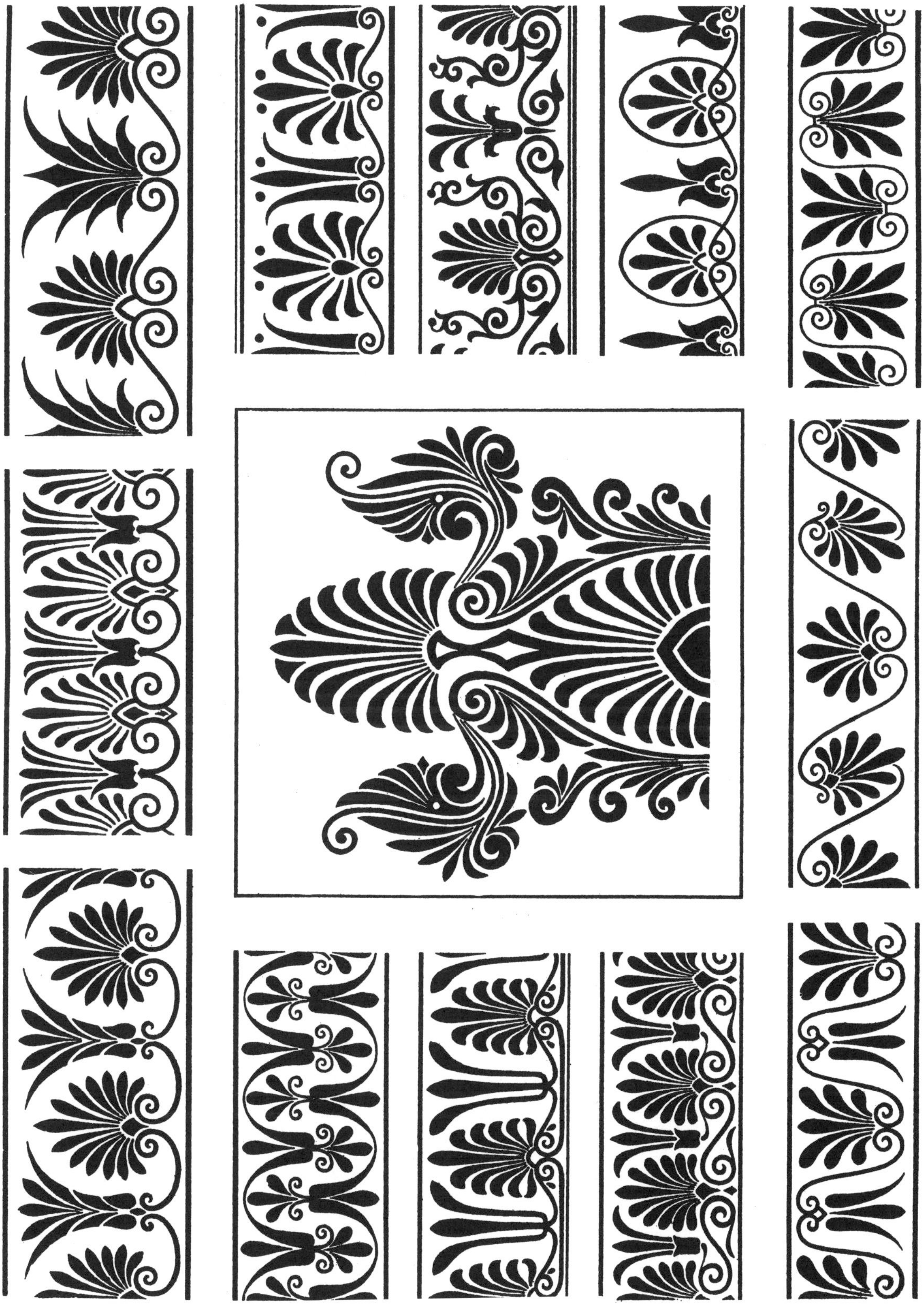

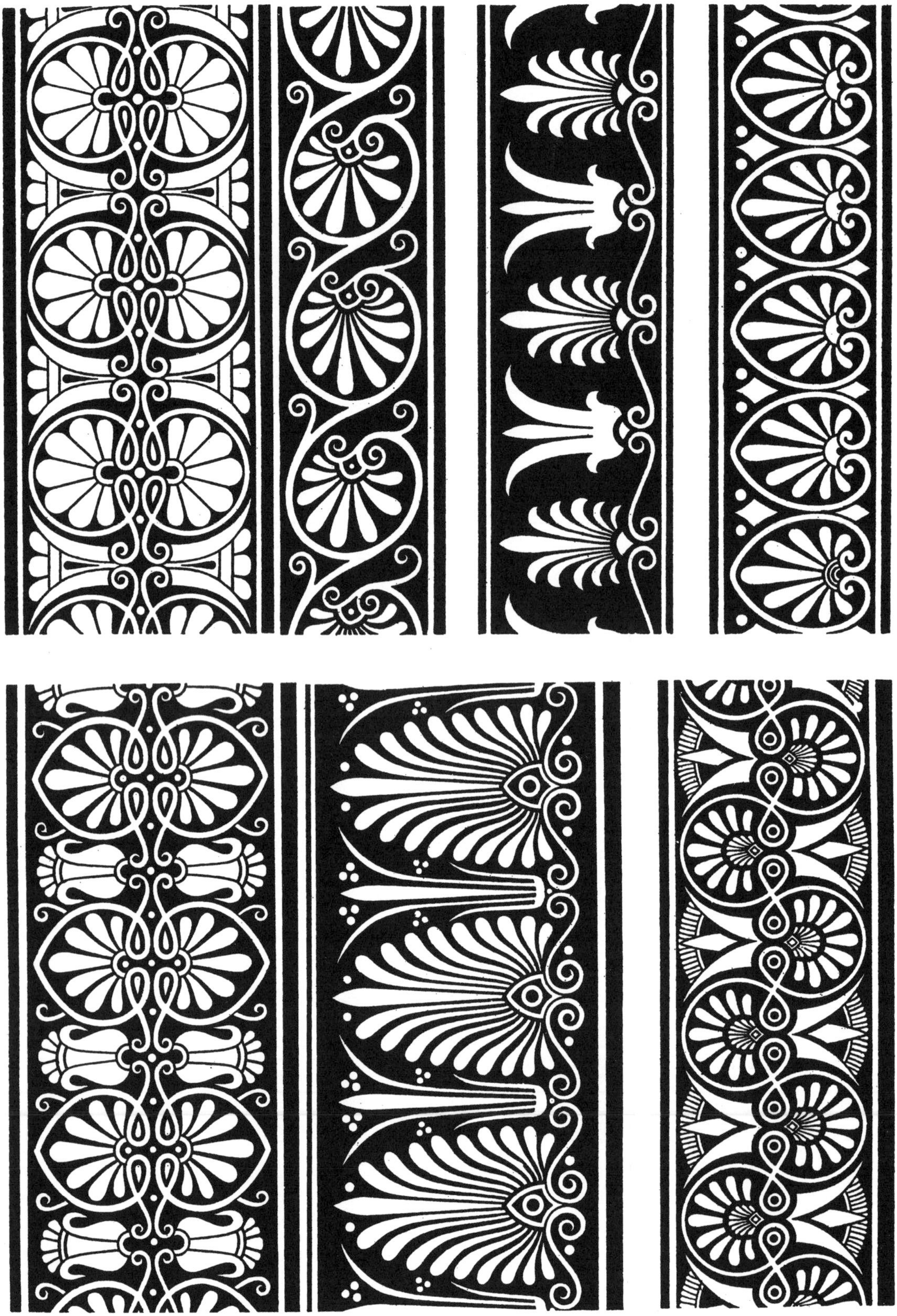

이슬람편

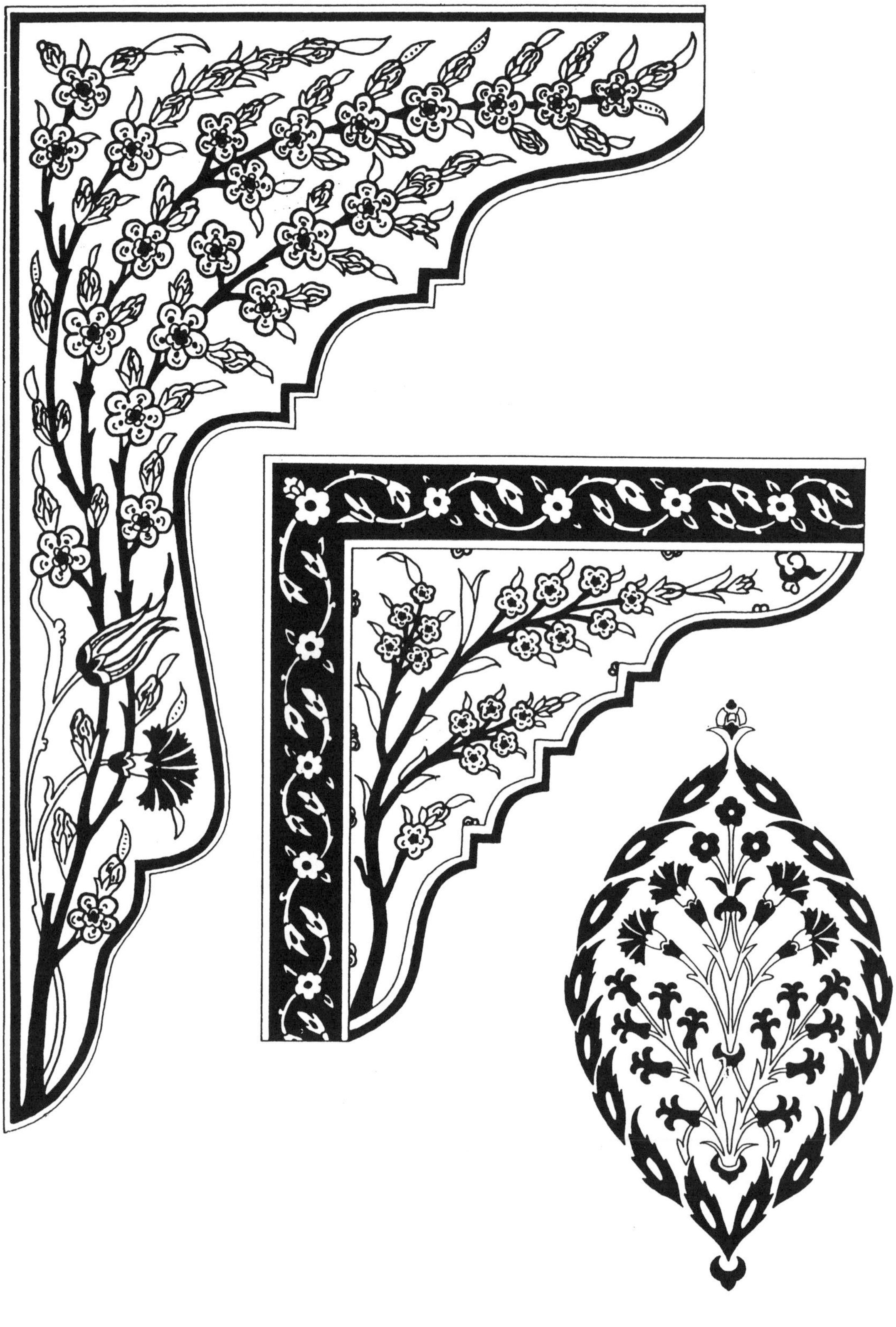

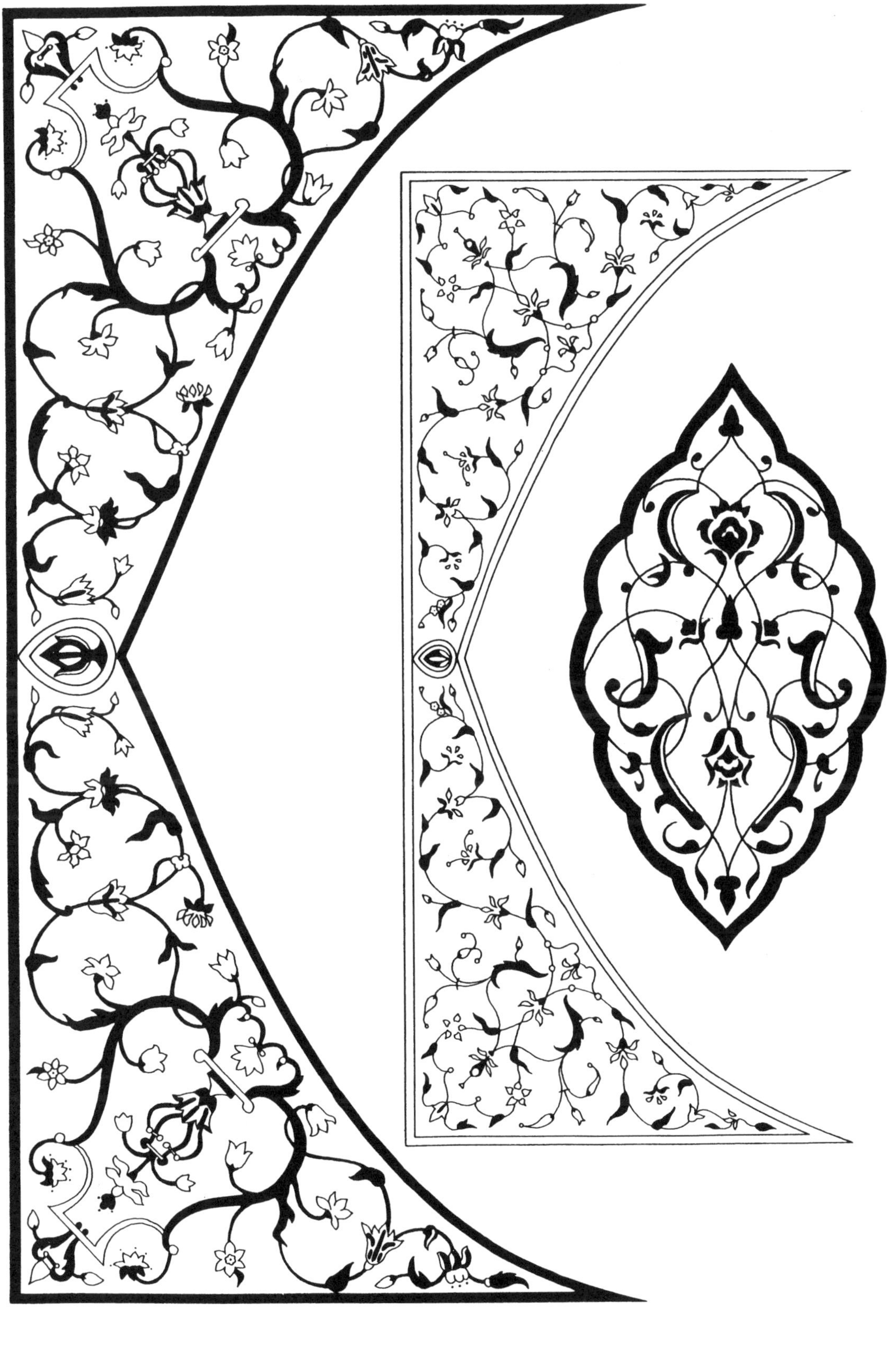

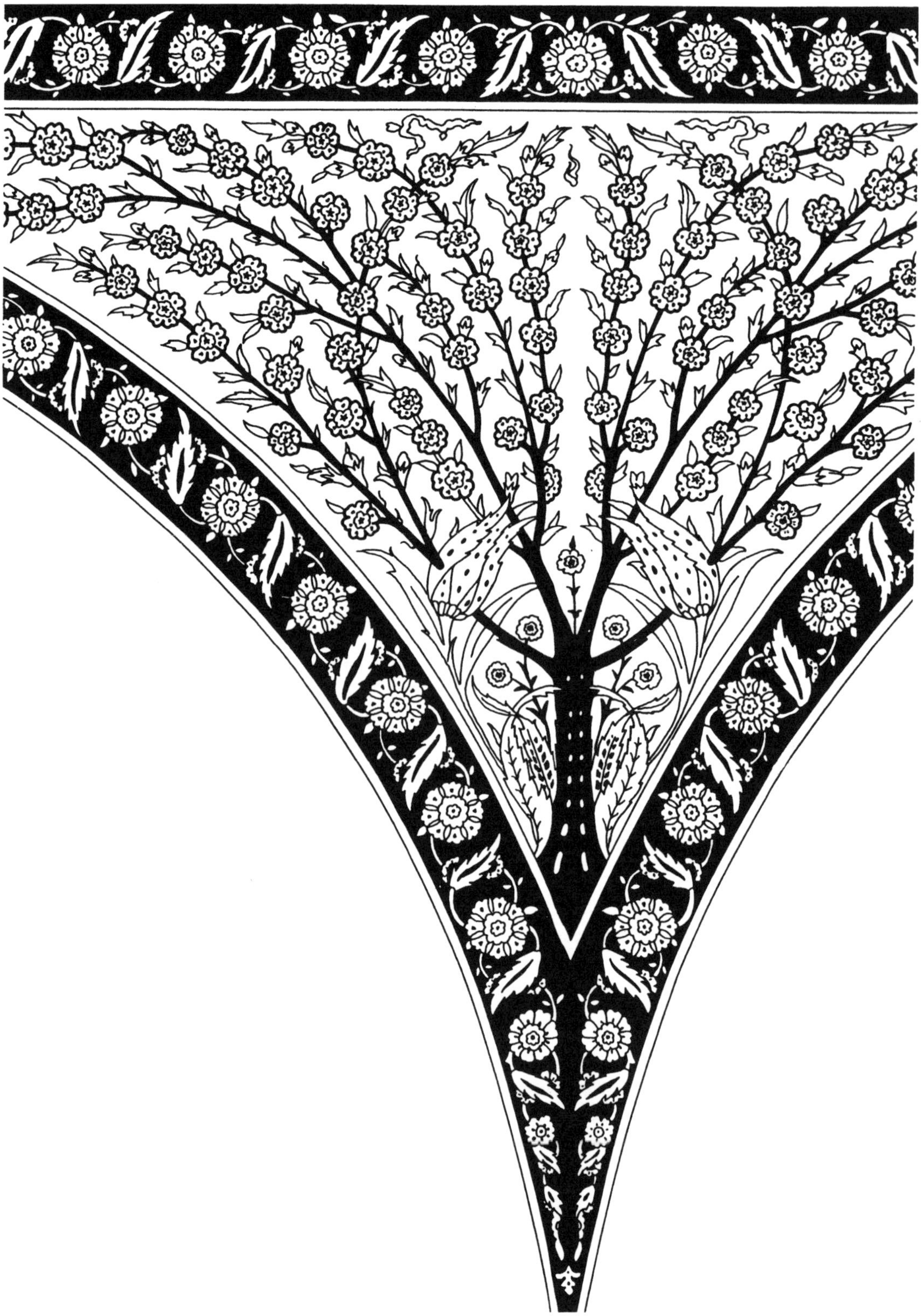

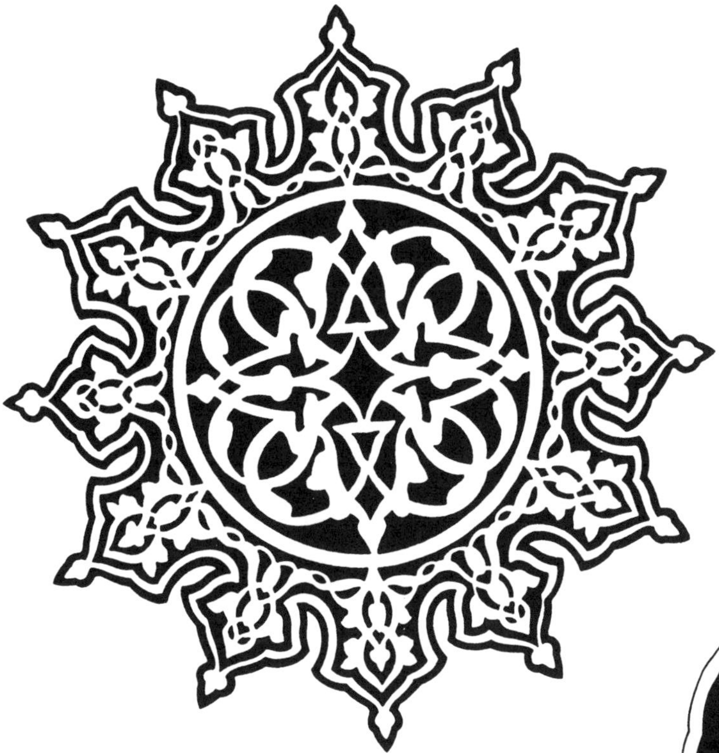

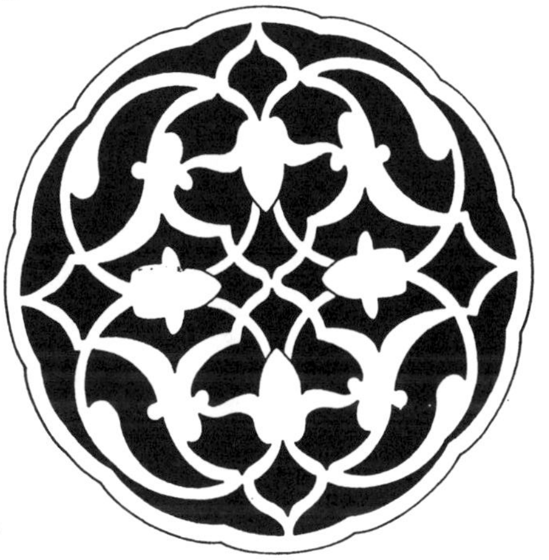

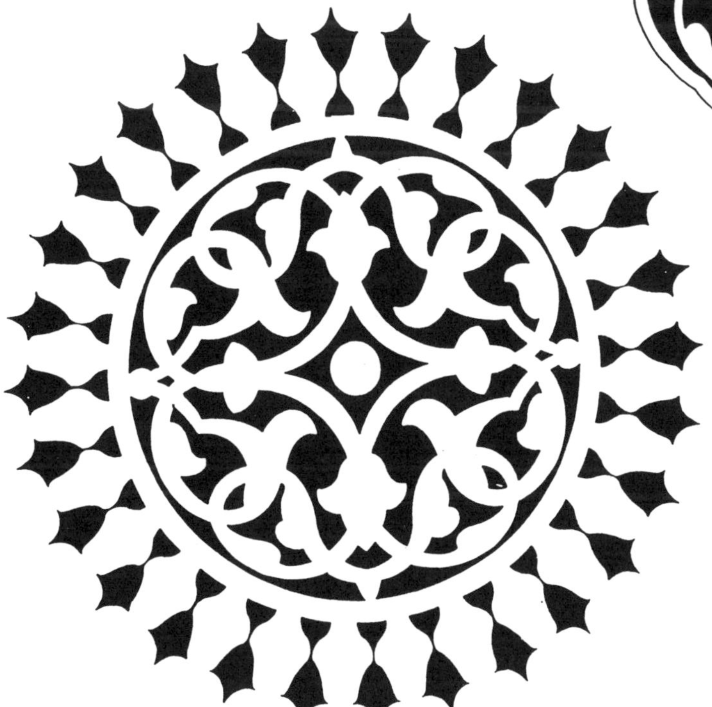

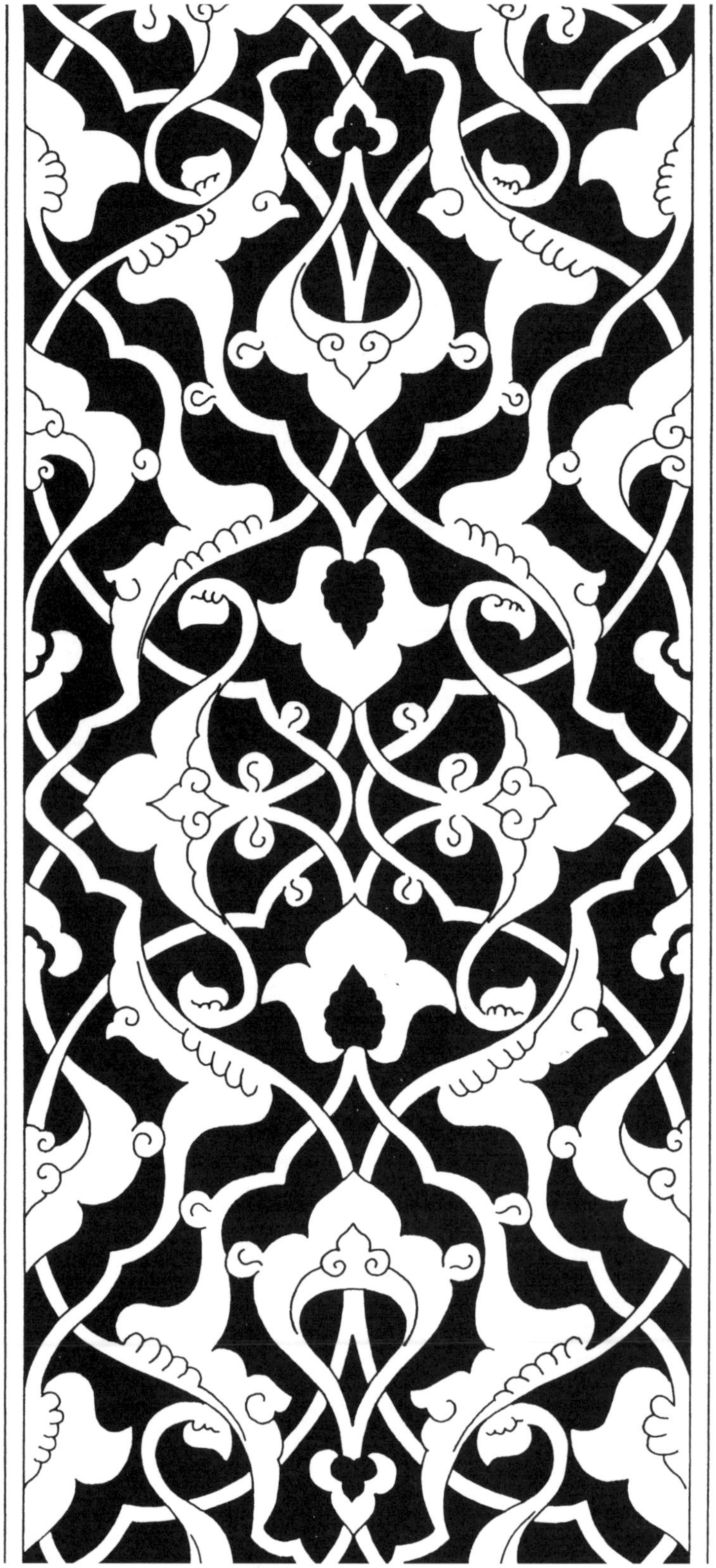

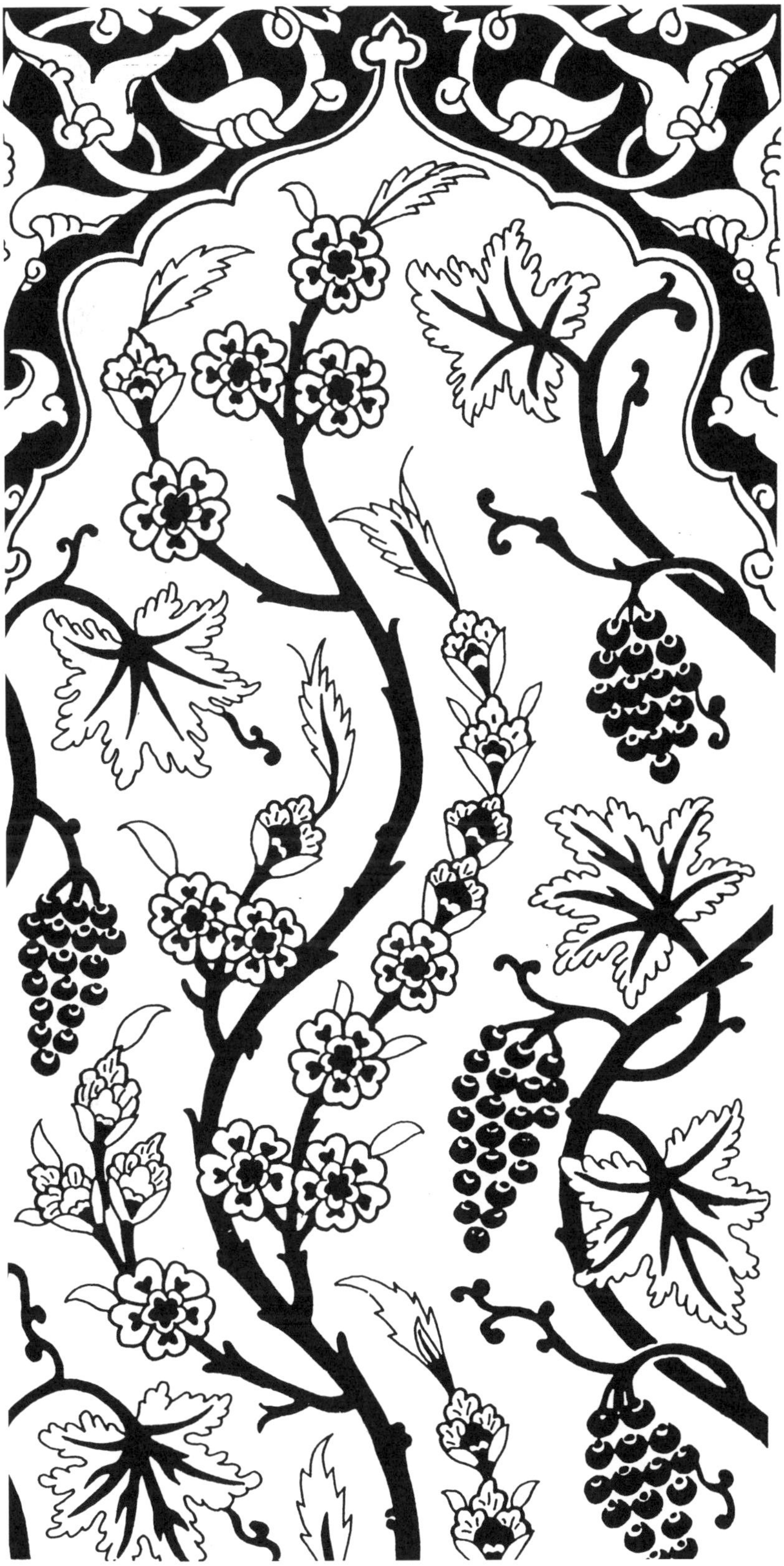

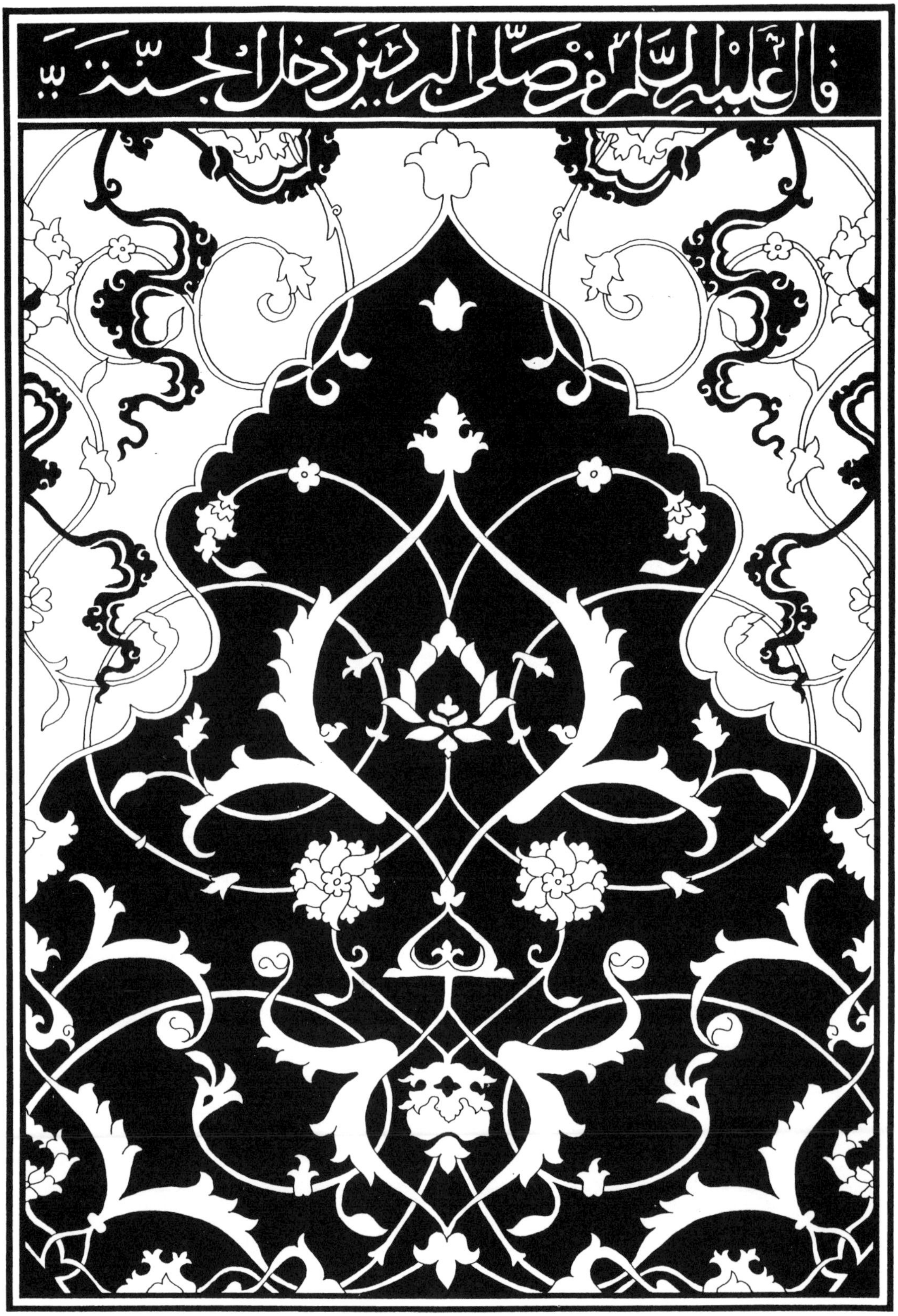

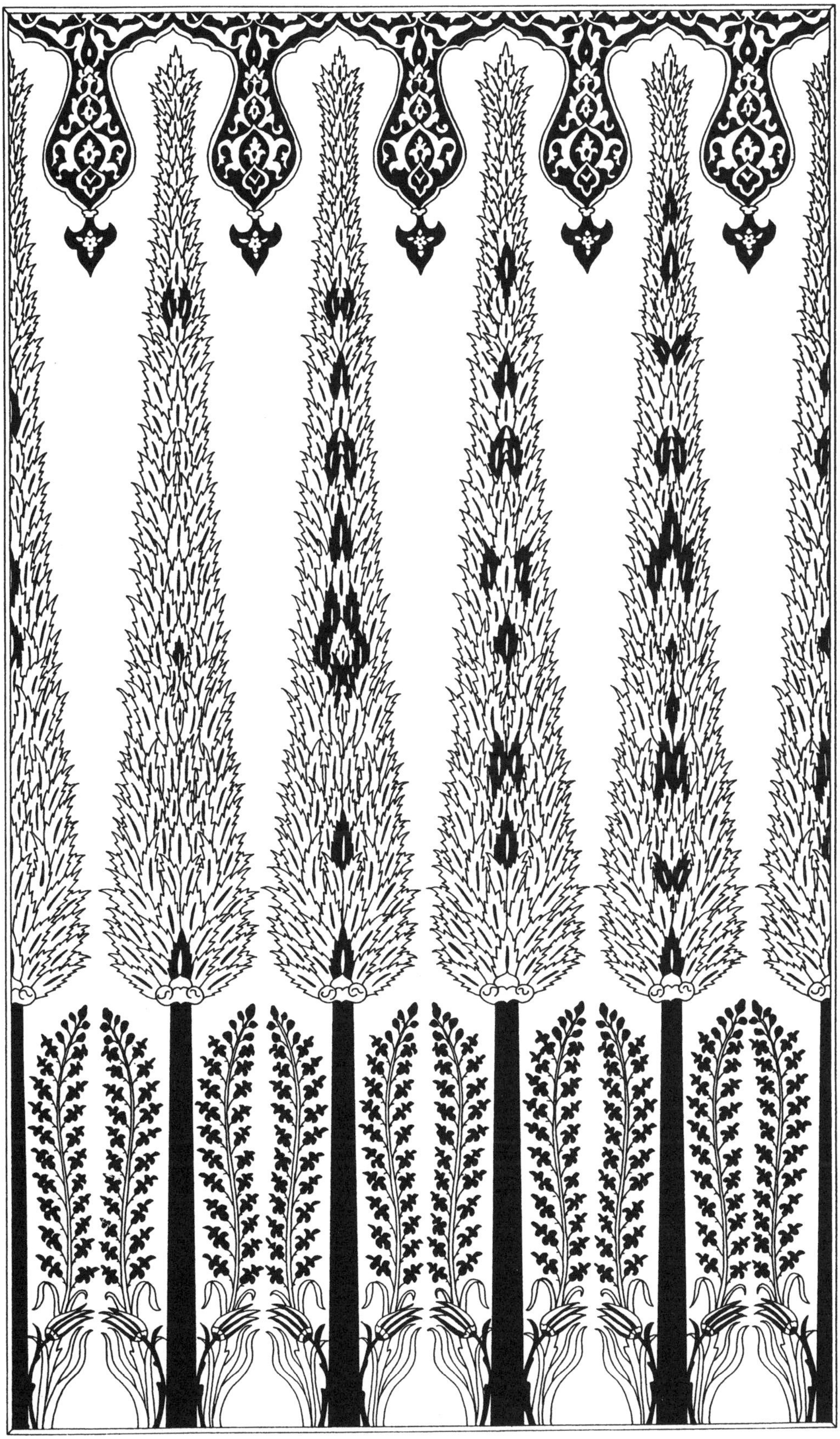

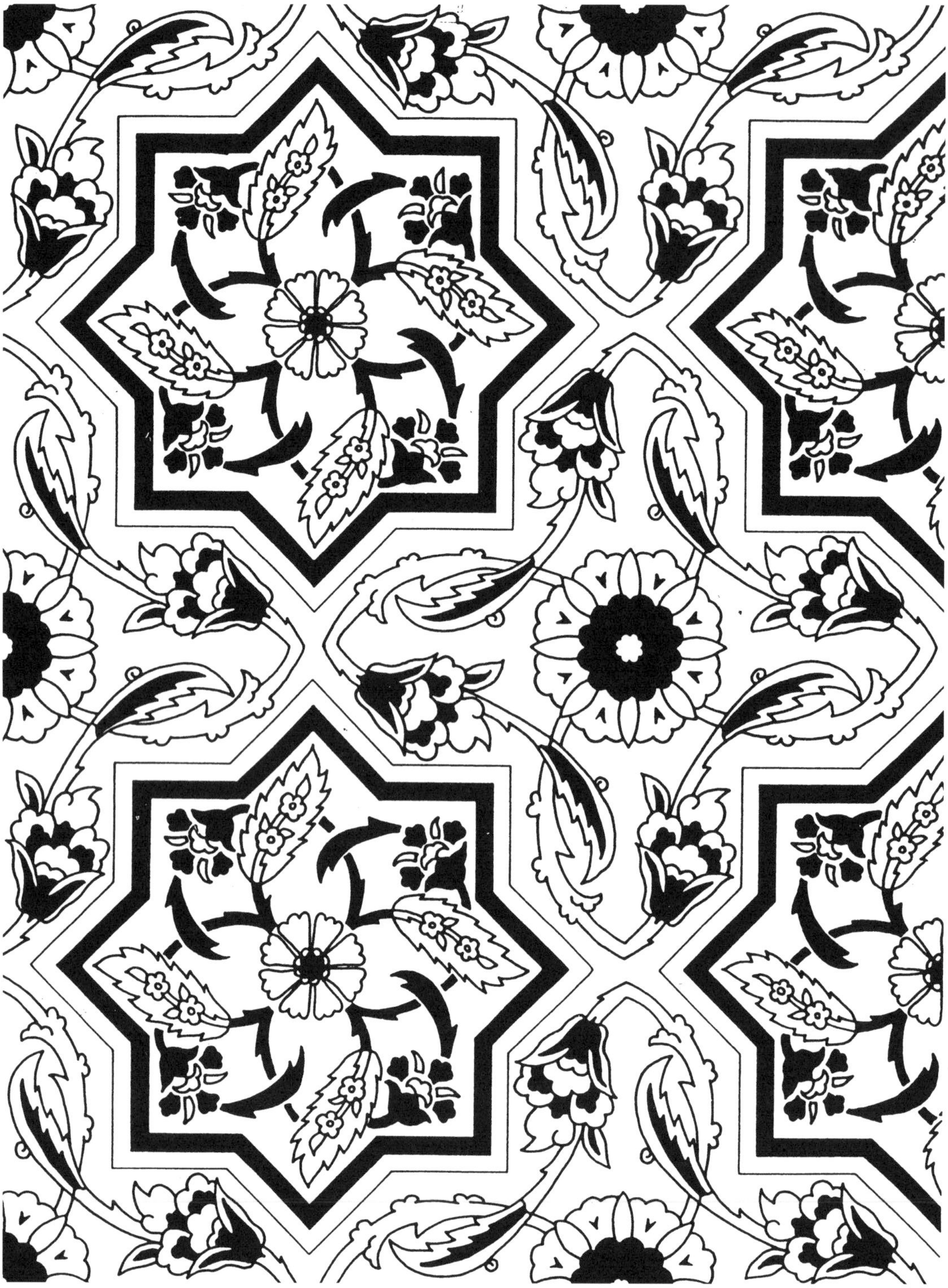

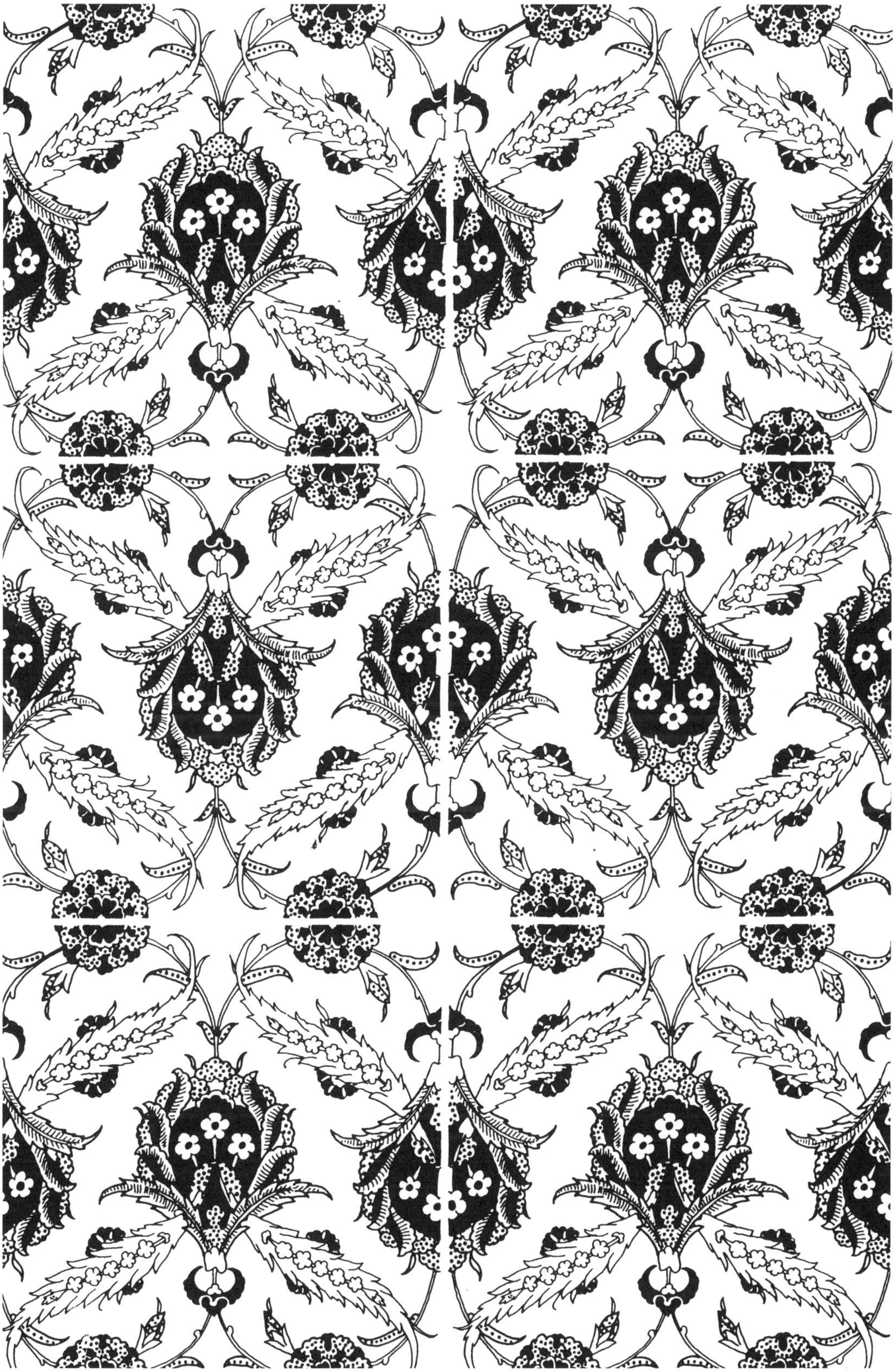

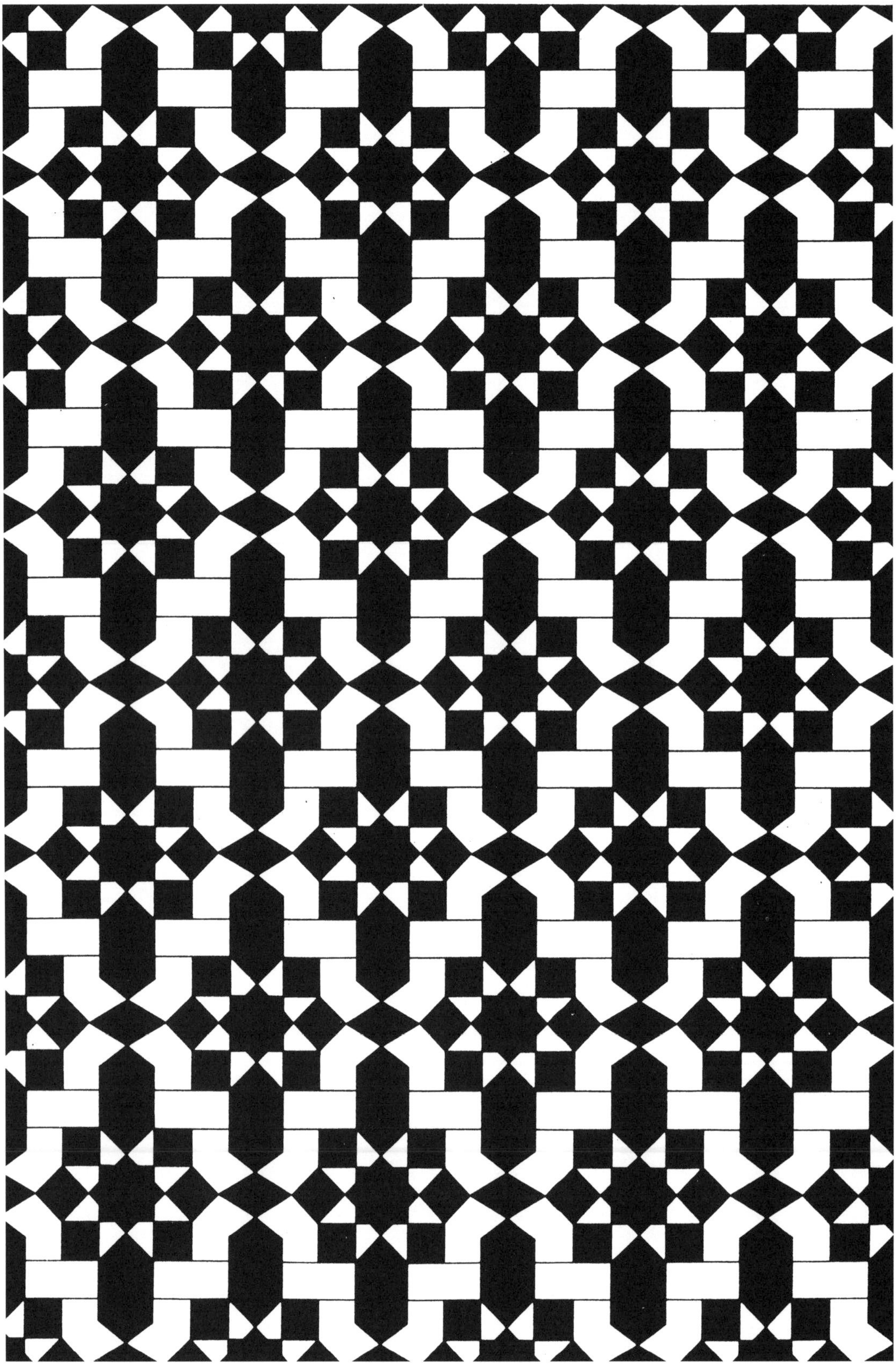

77

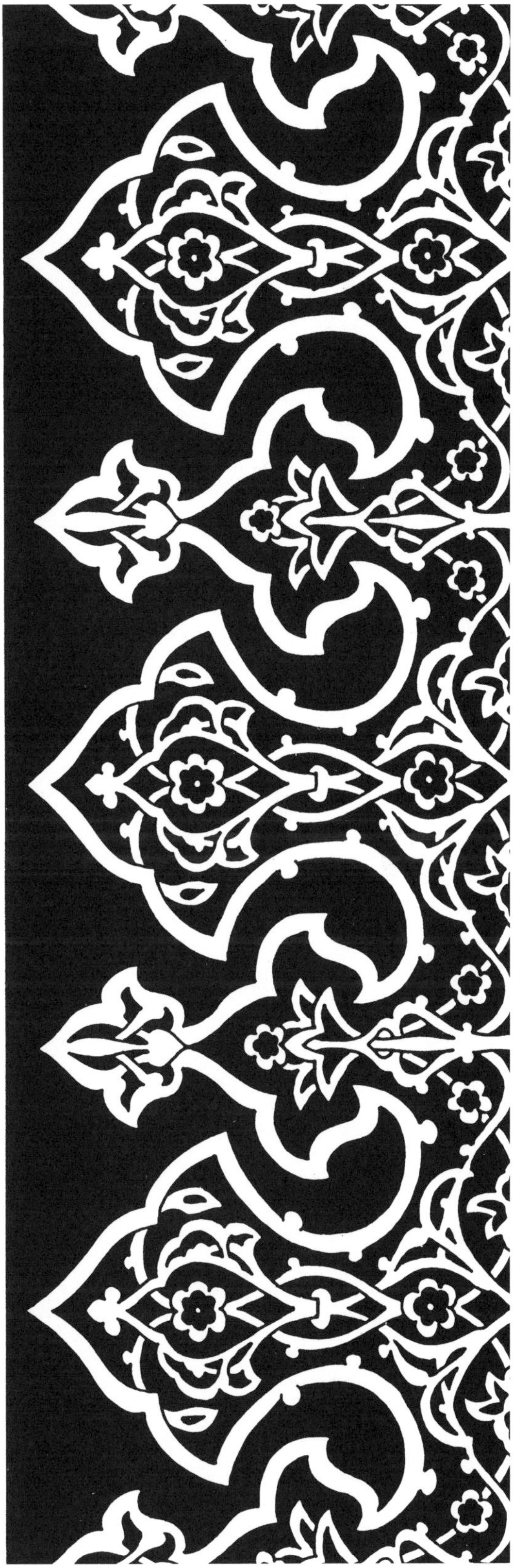

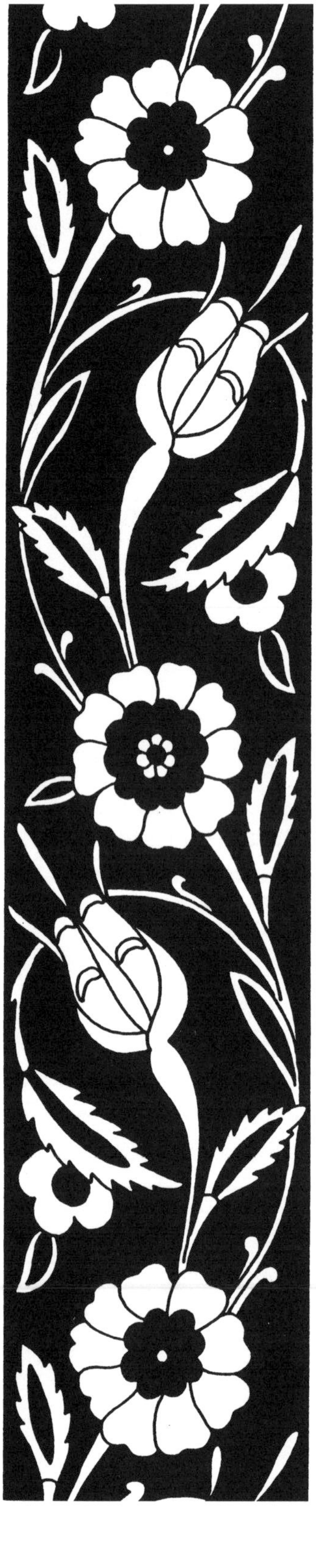

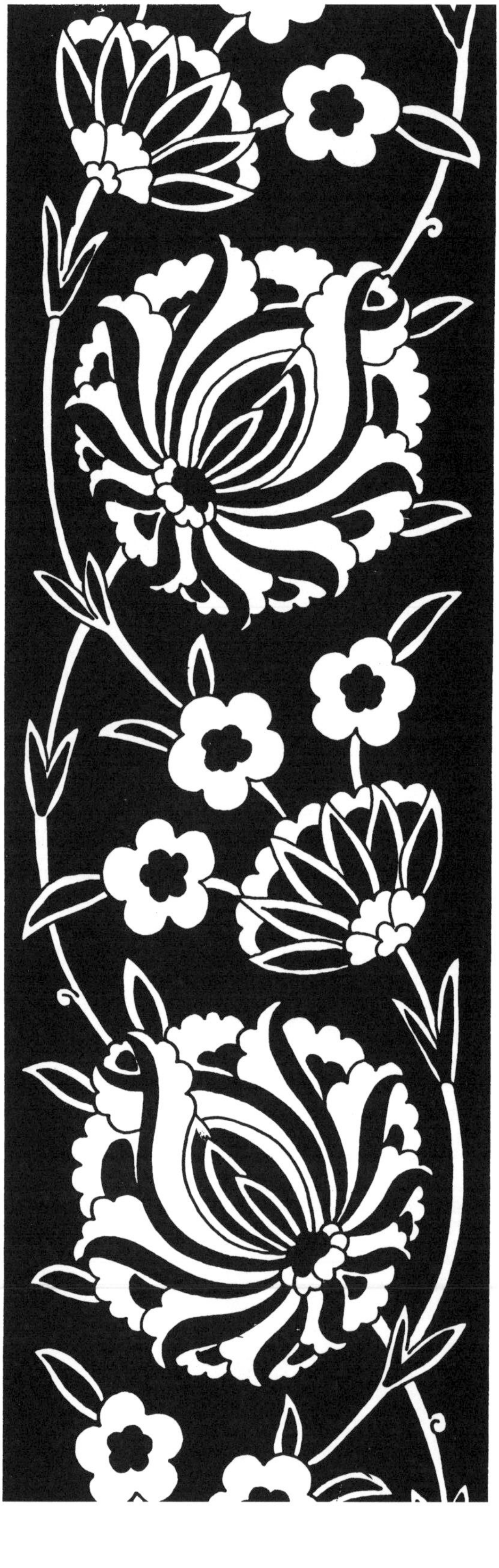

19세기 유럽편

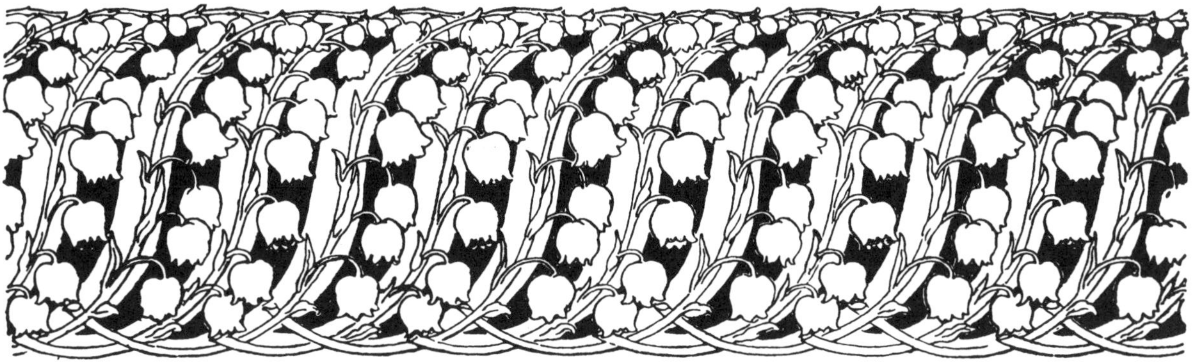

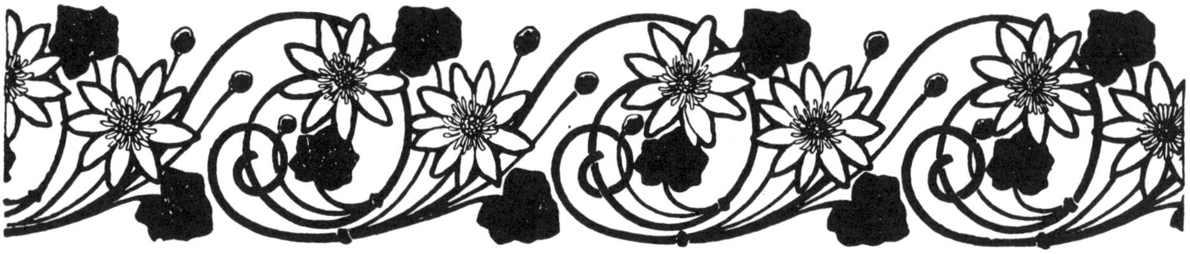

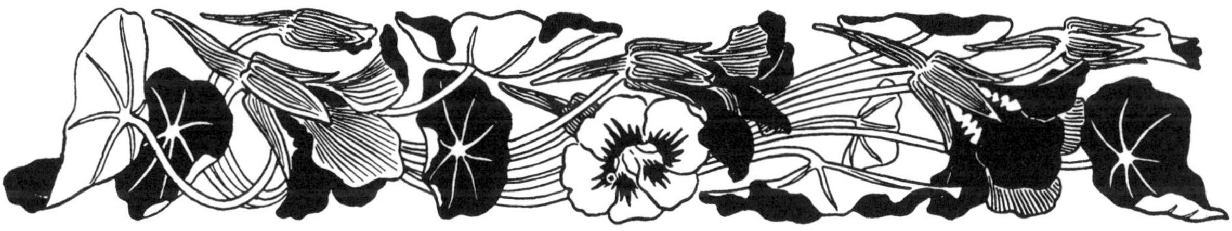

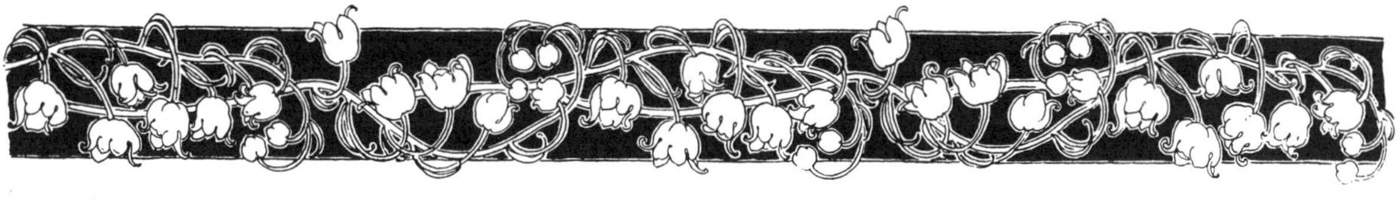

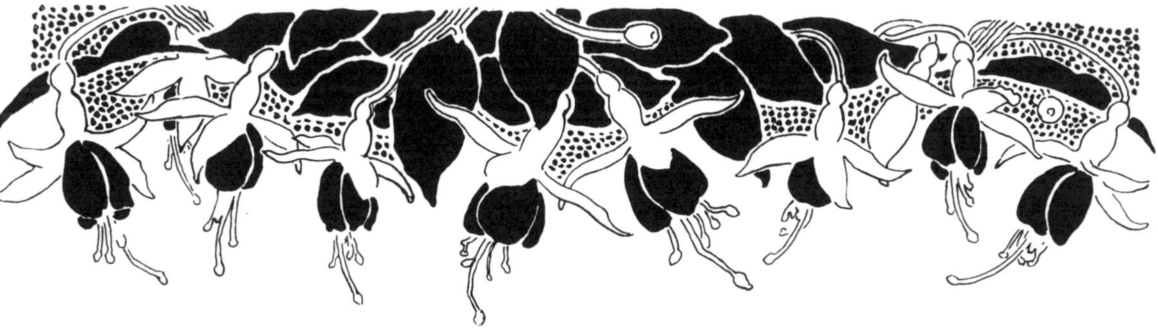

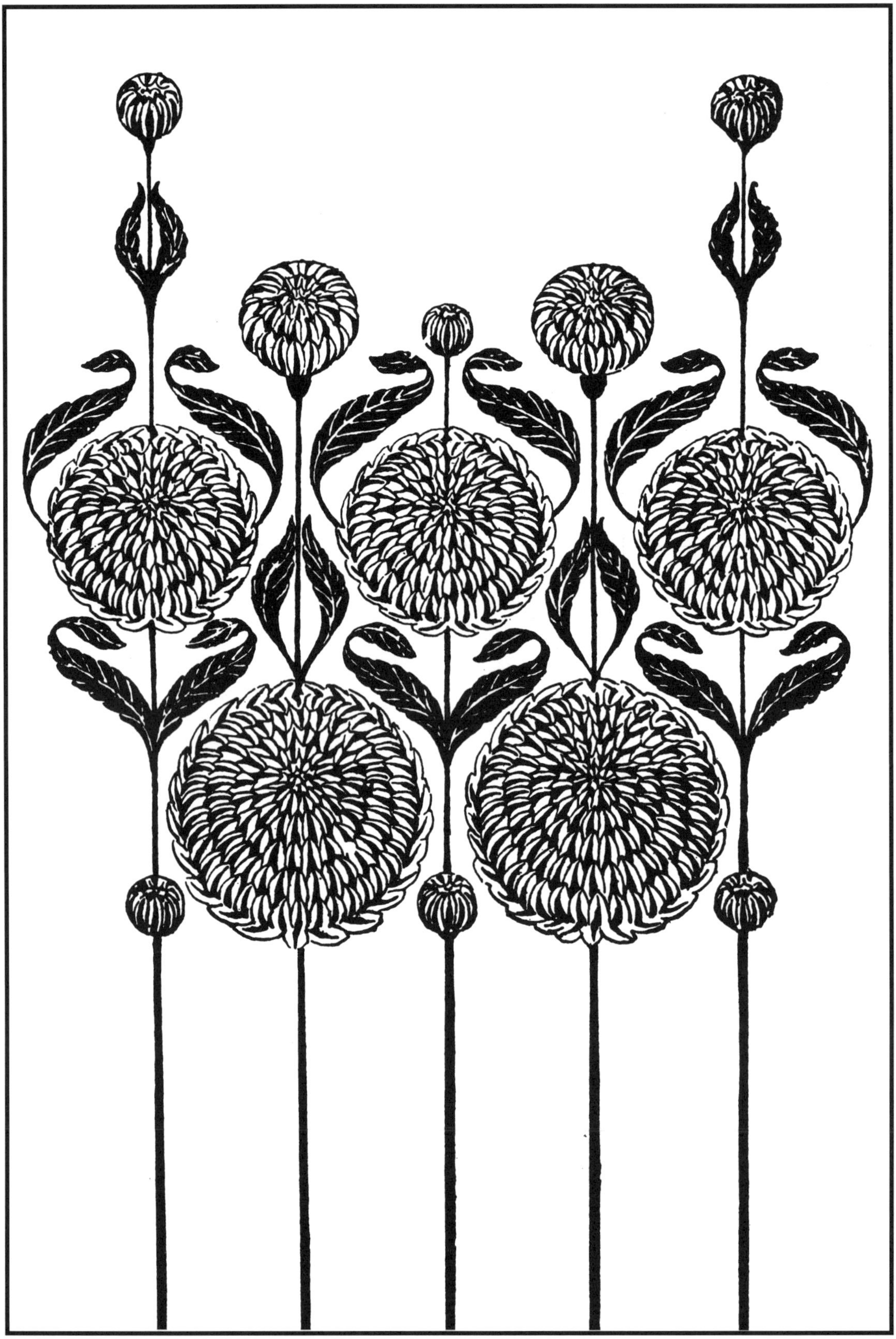

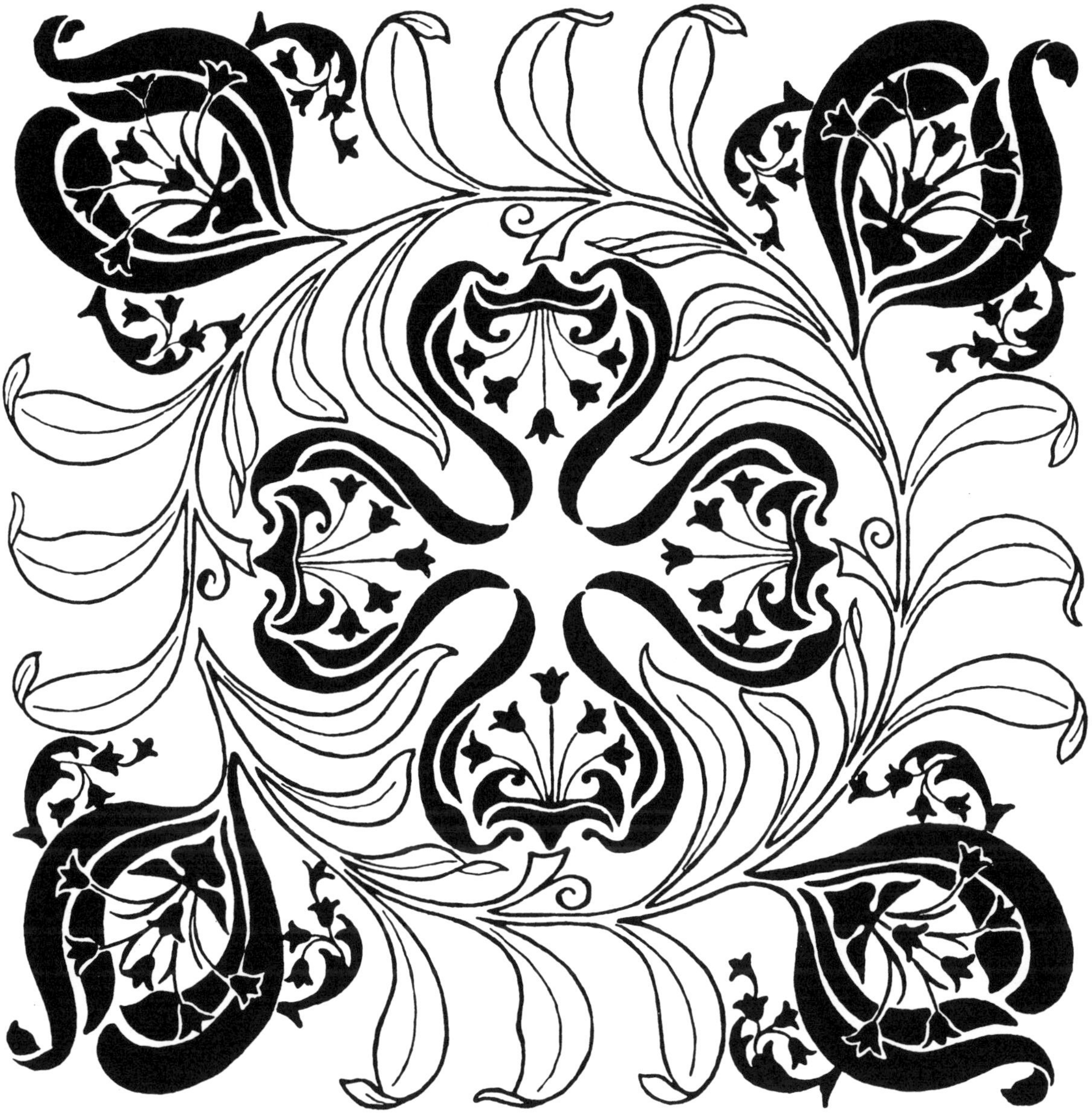

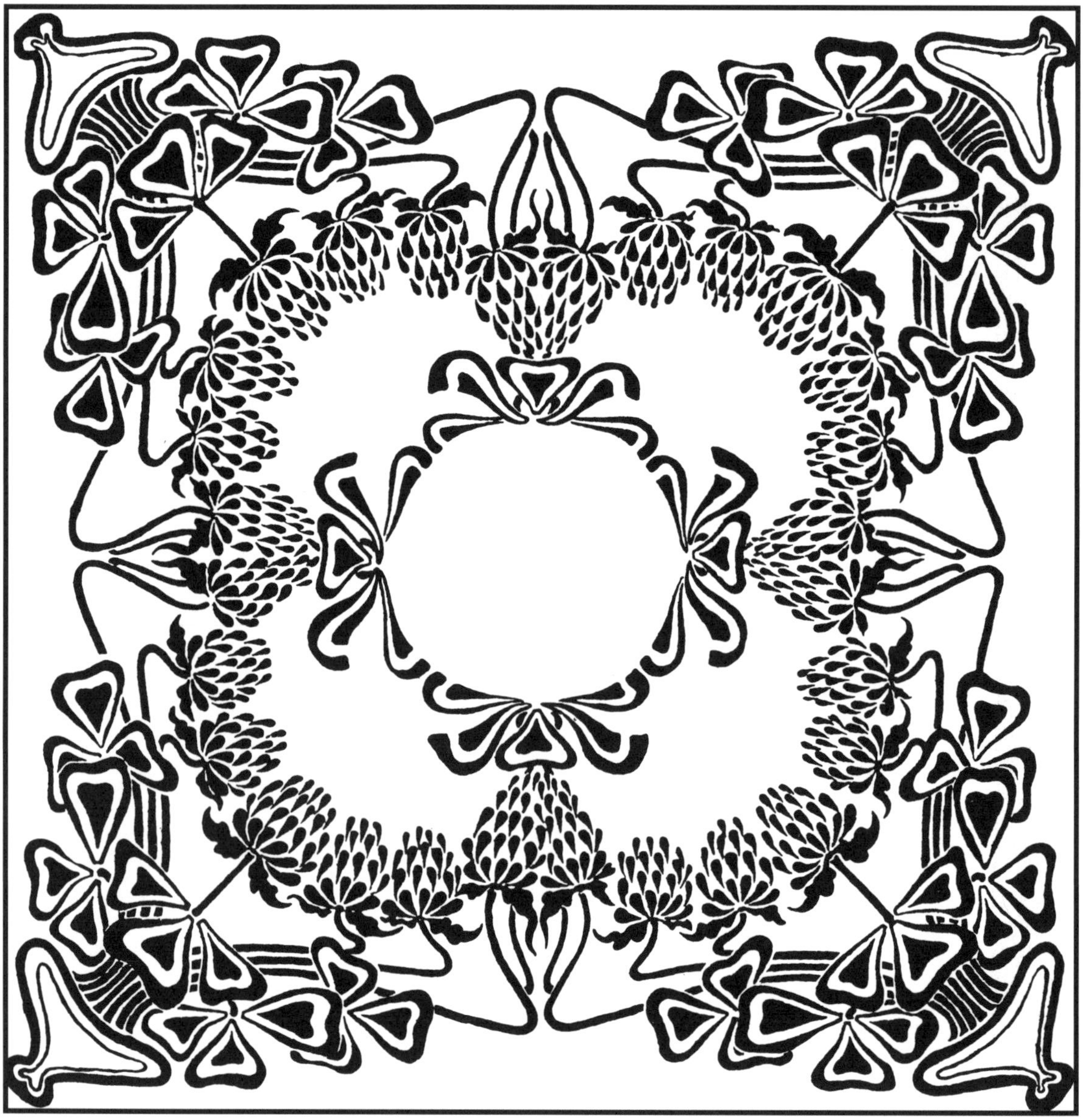

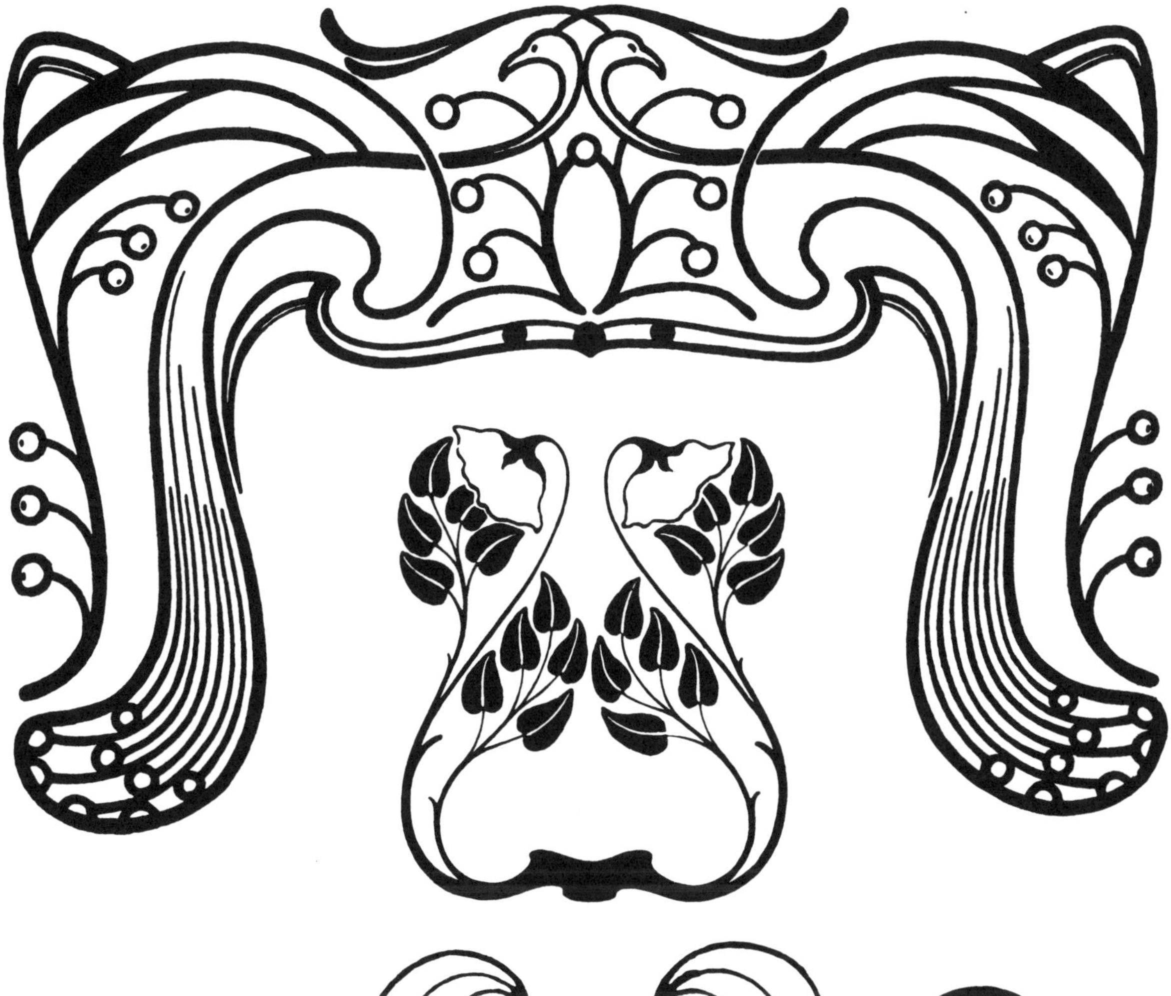

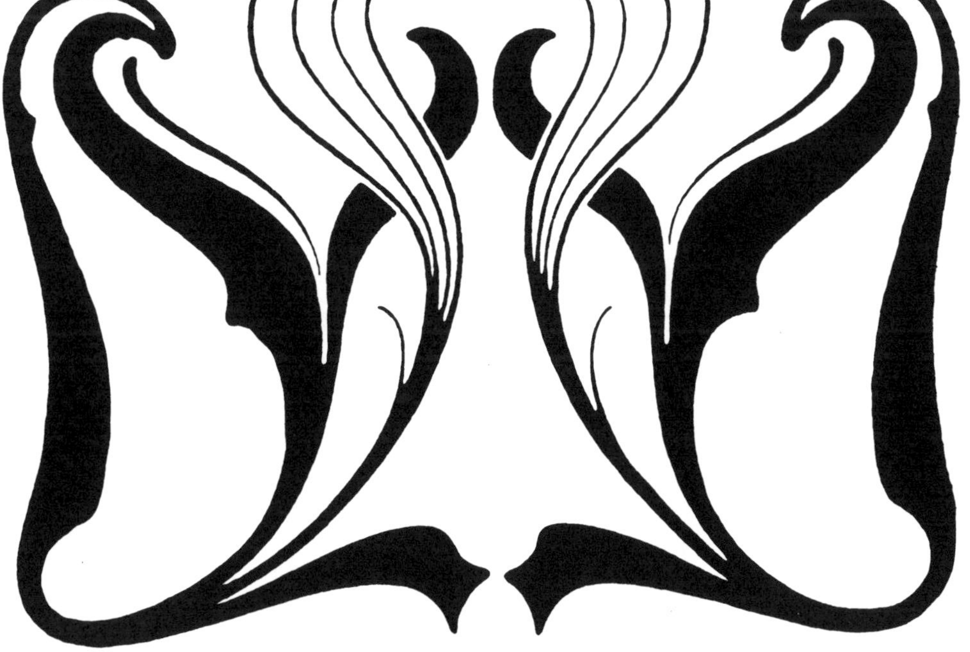

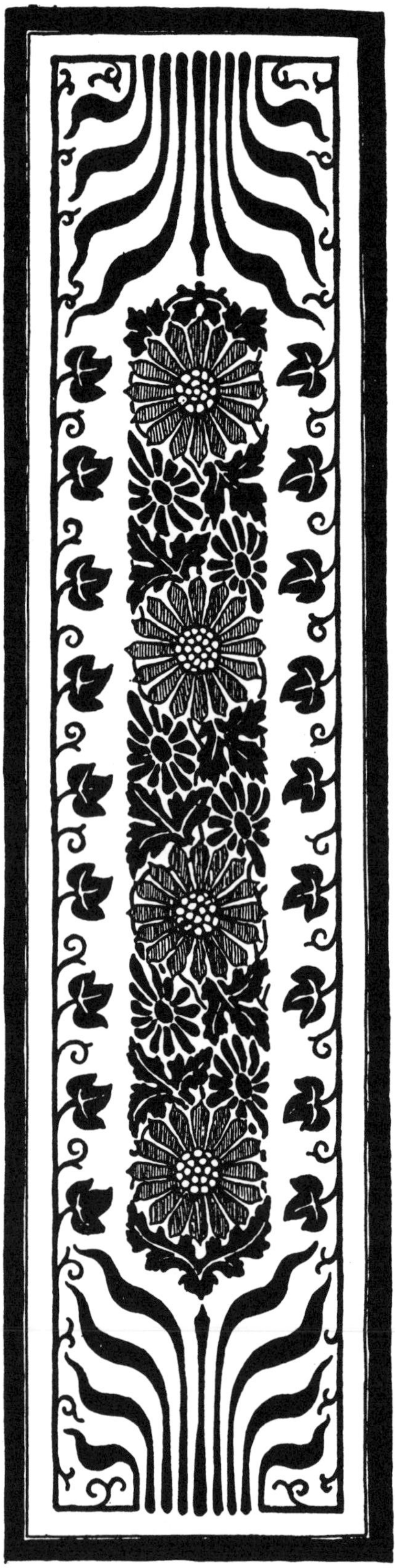

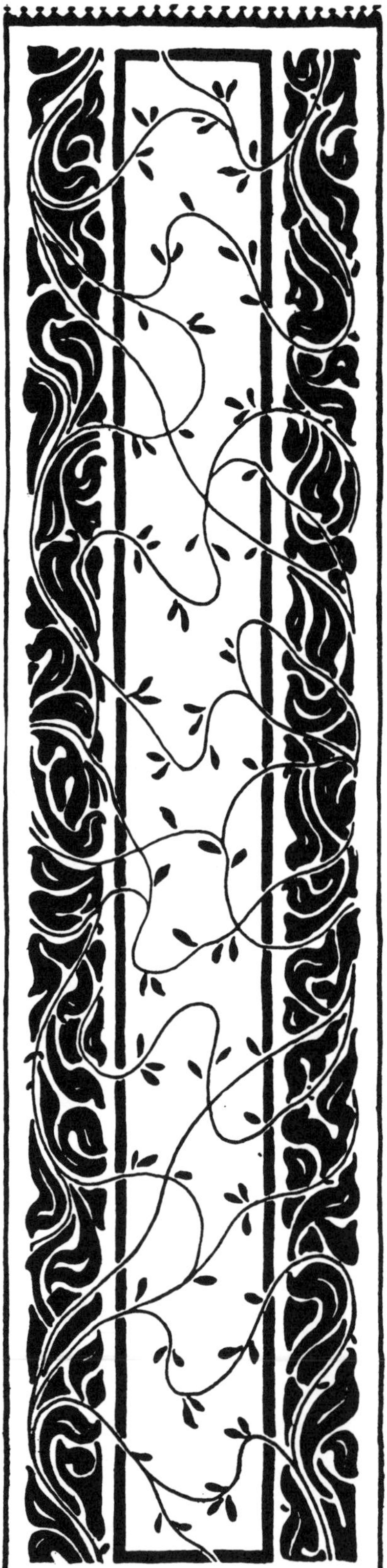

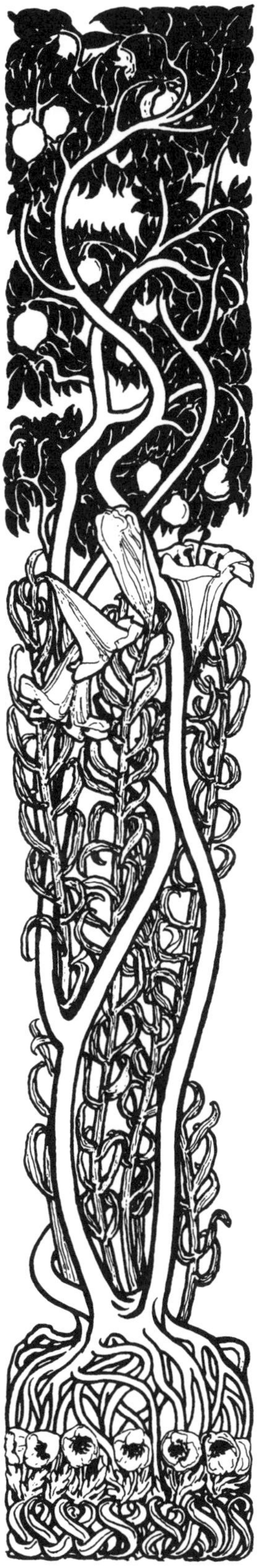

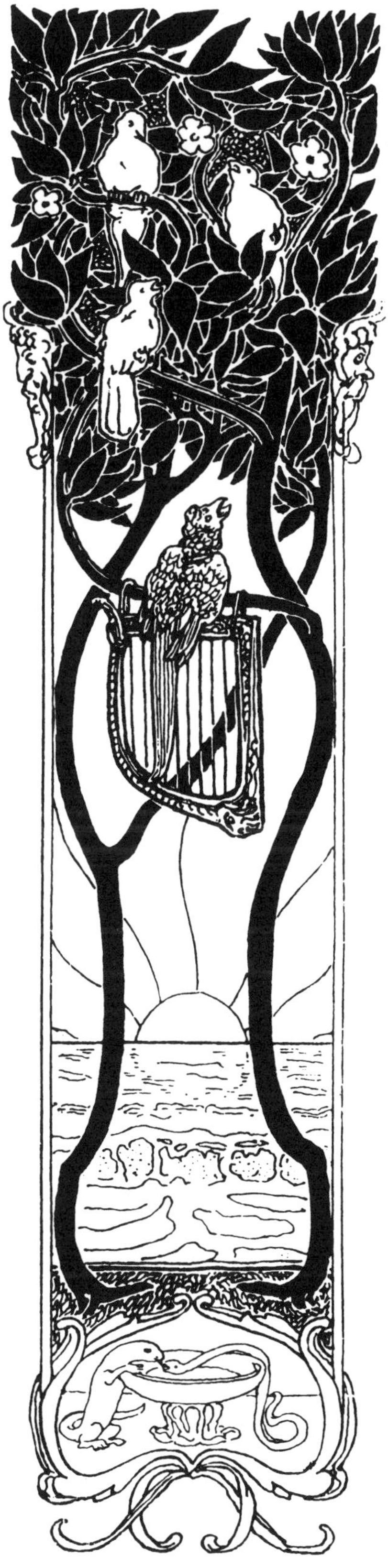

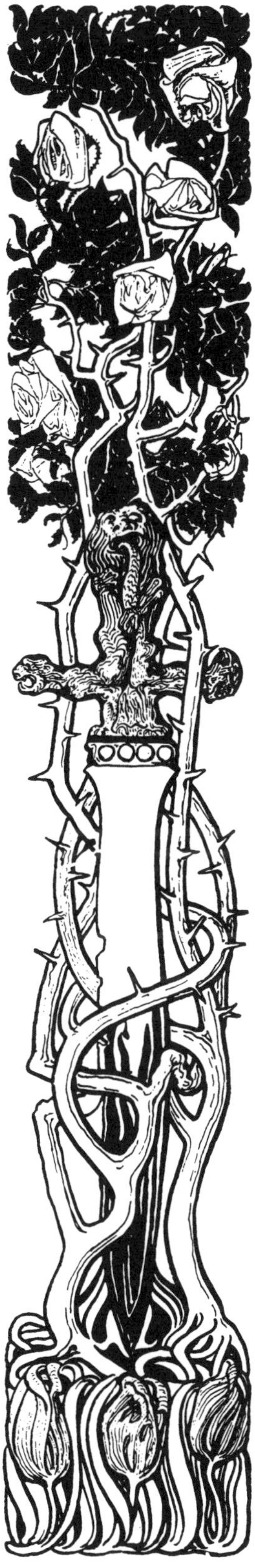

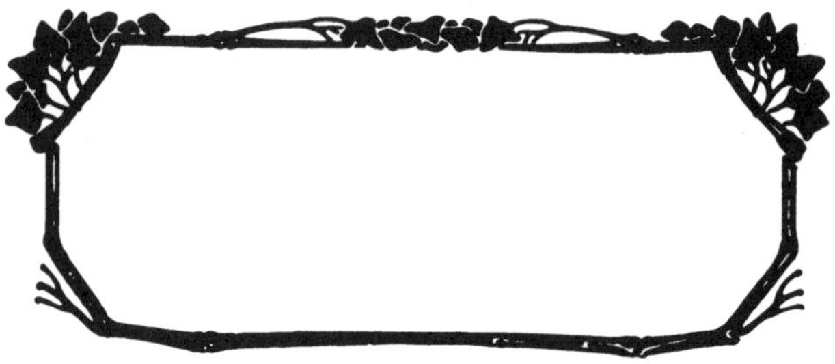

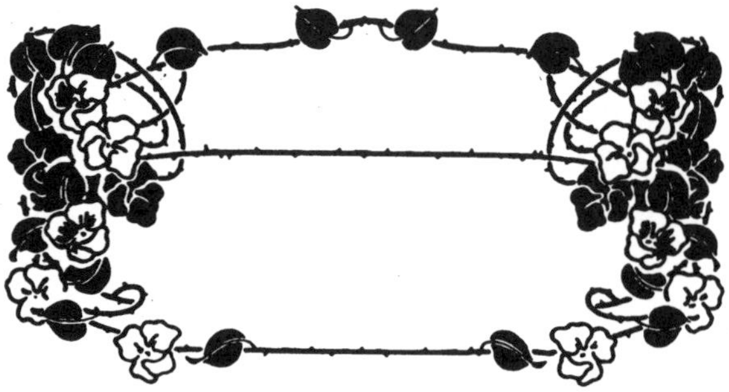

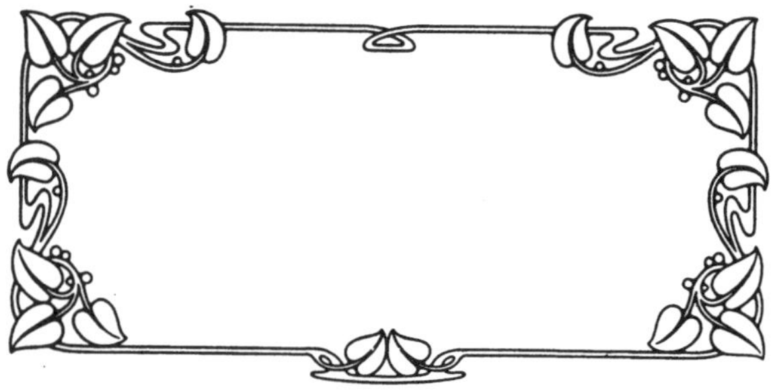

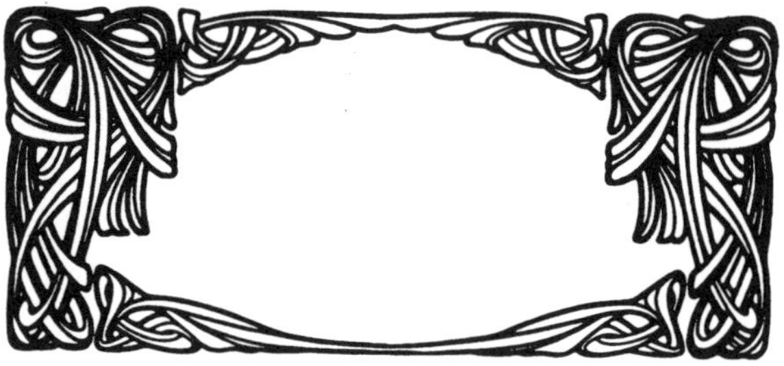

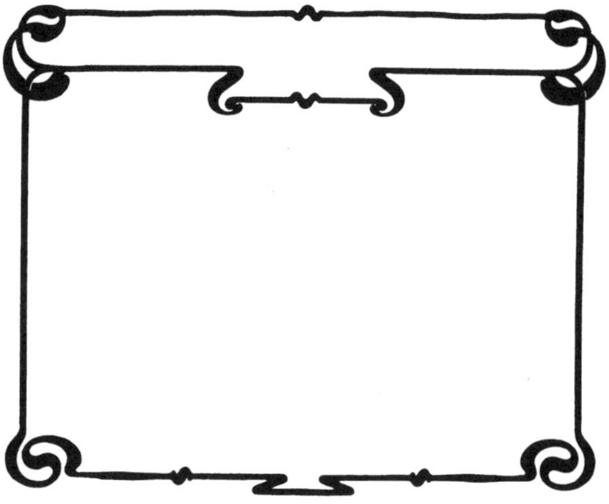

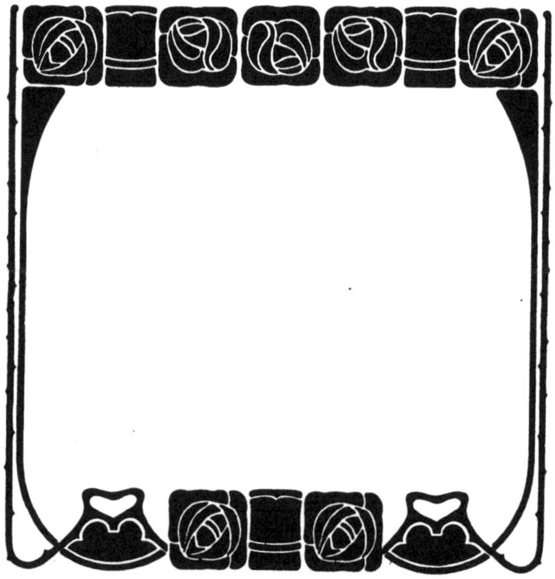

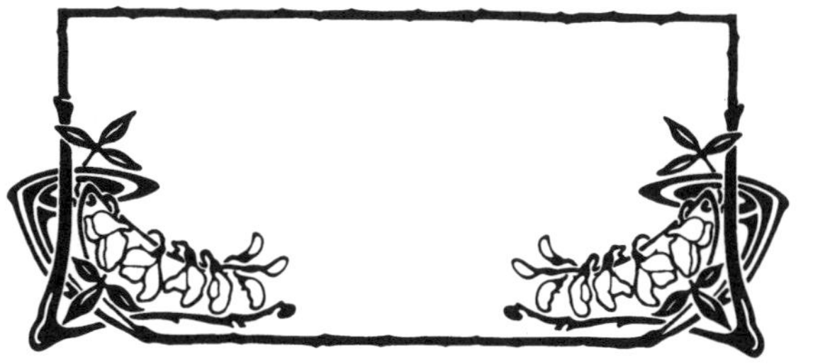

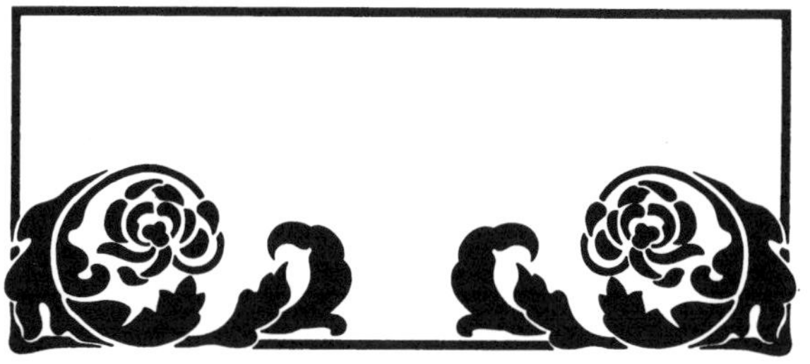

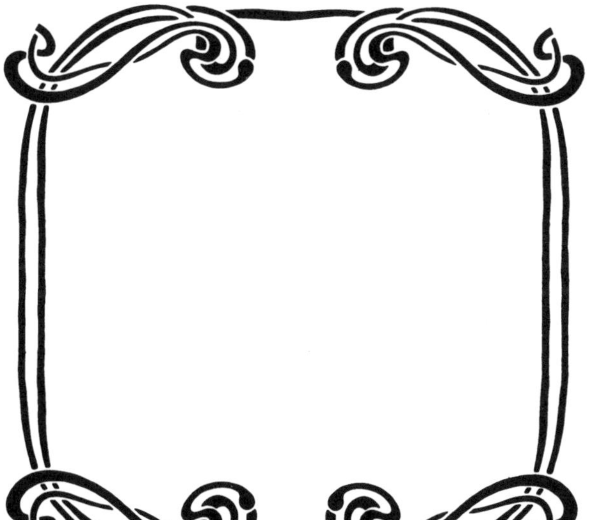

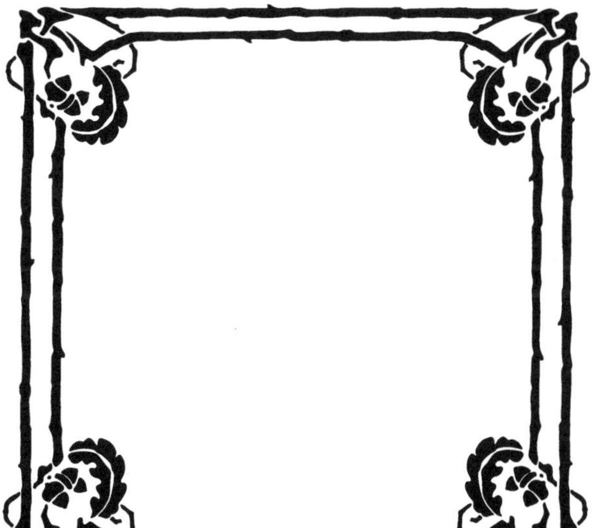

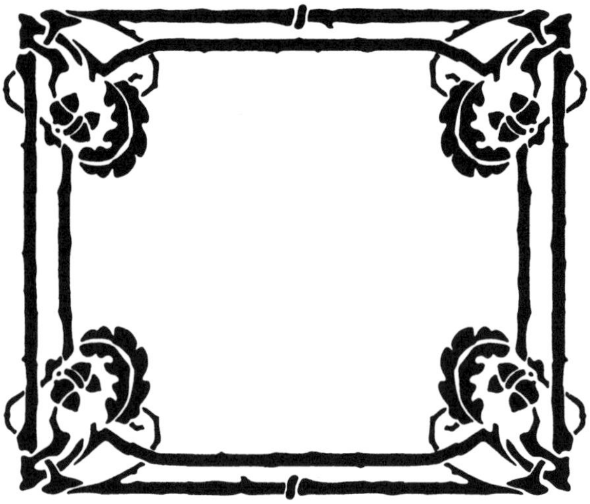

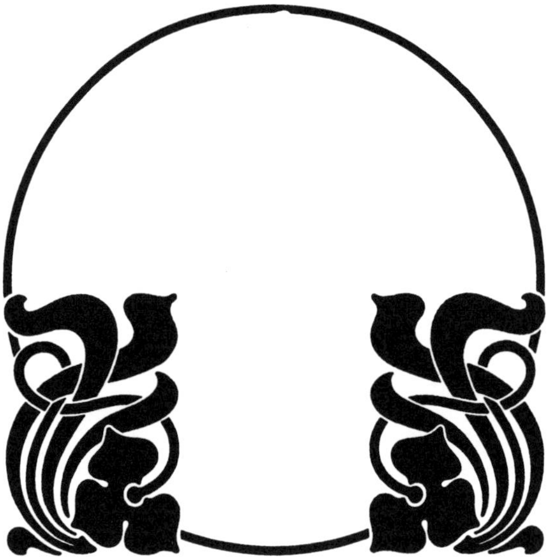

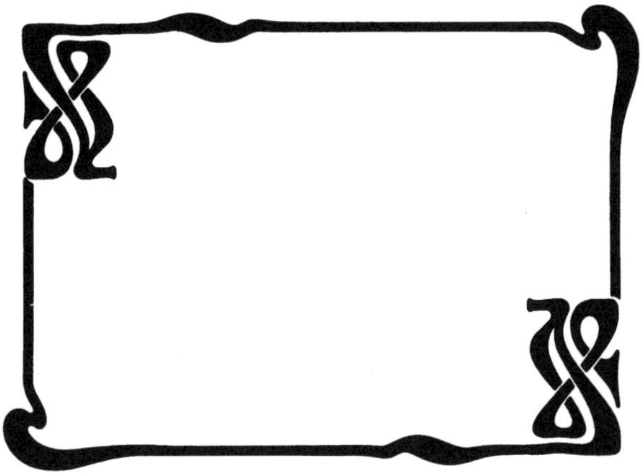

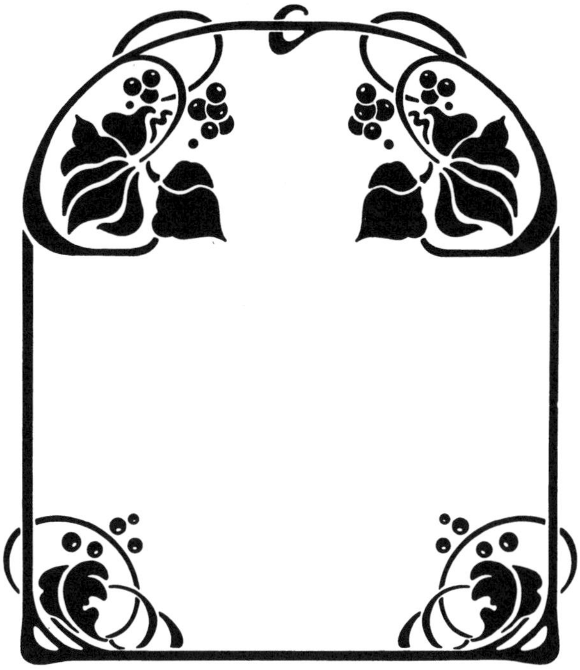

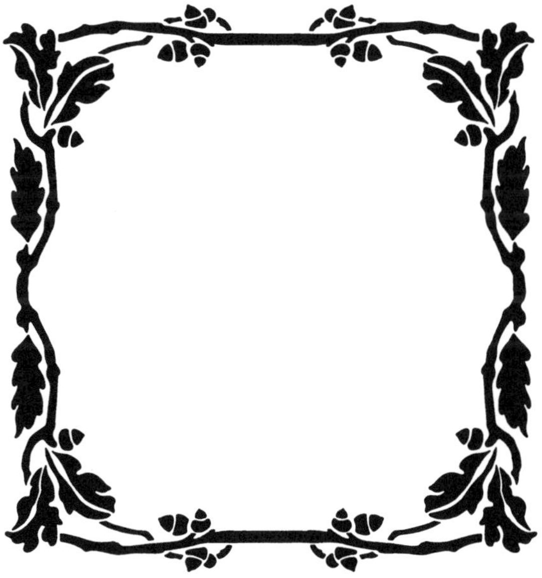

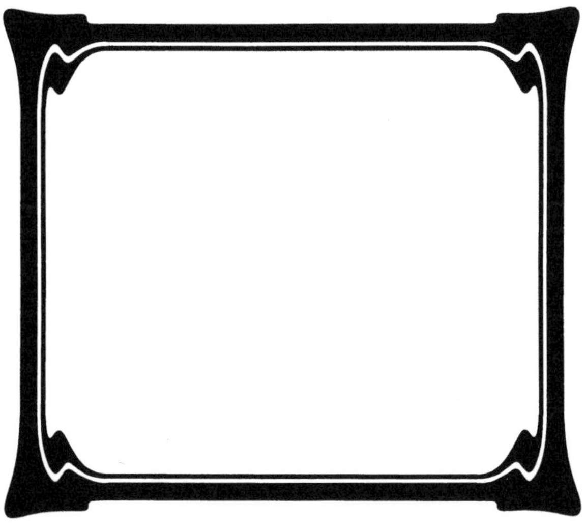

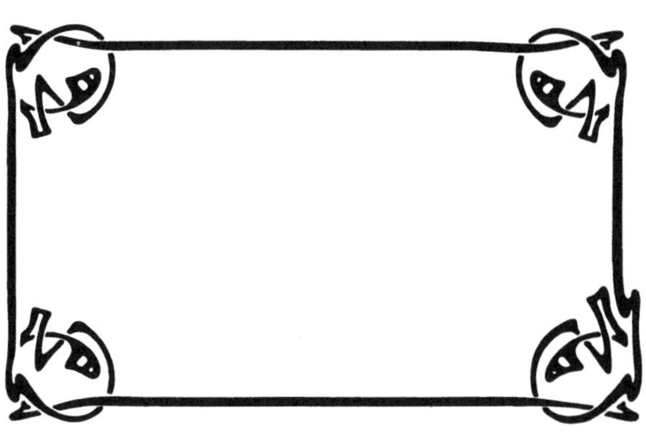

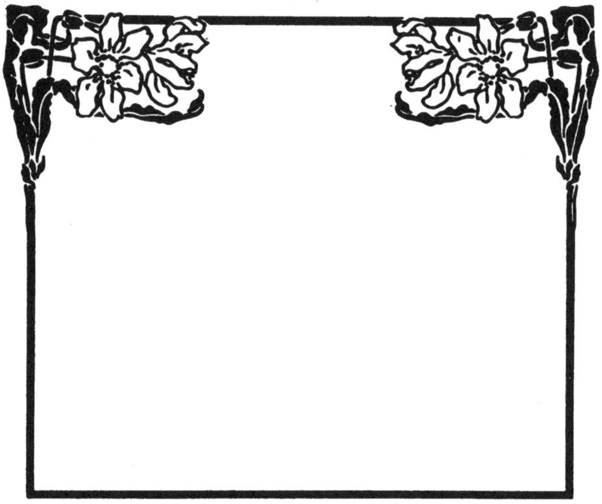

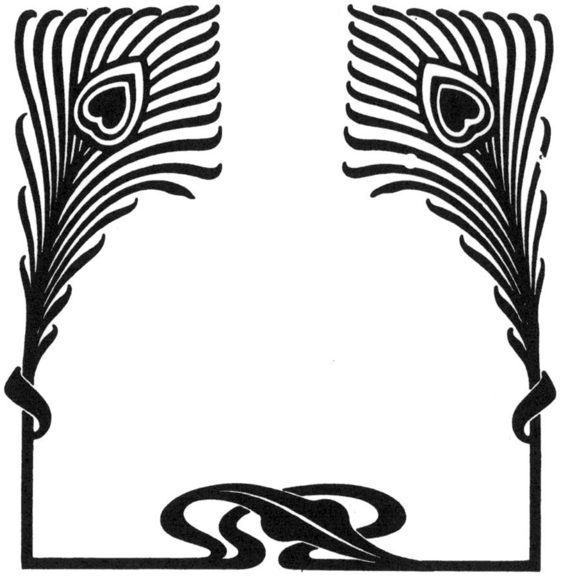

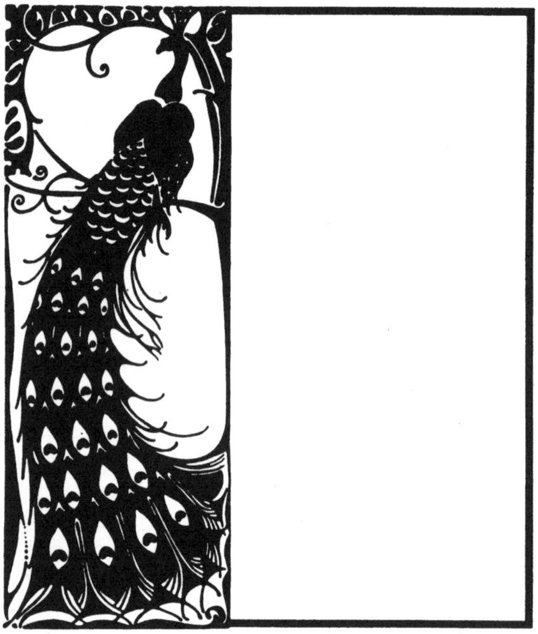

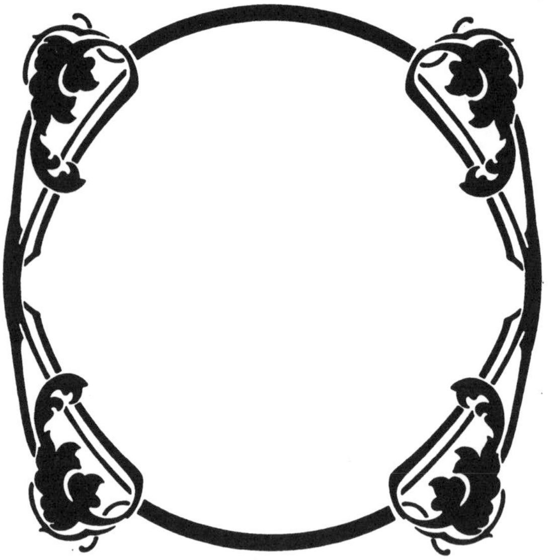

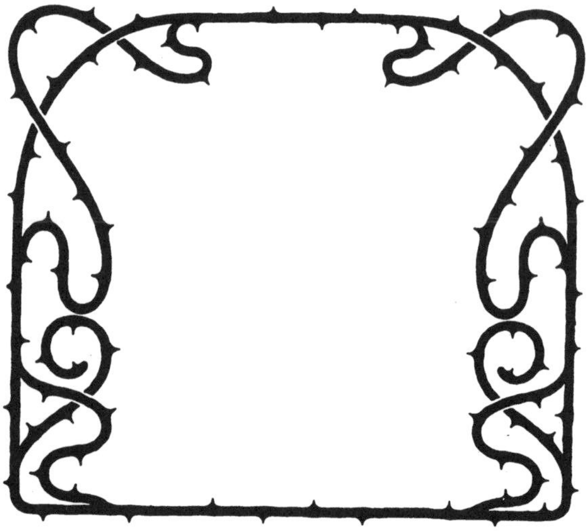

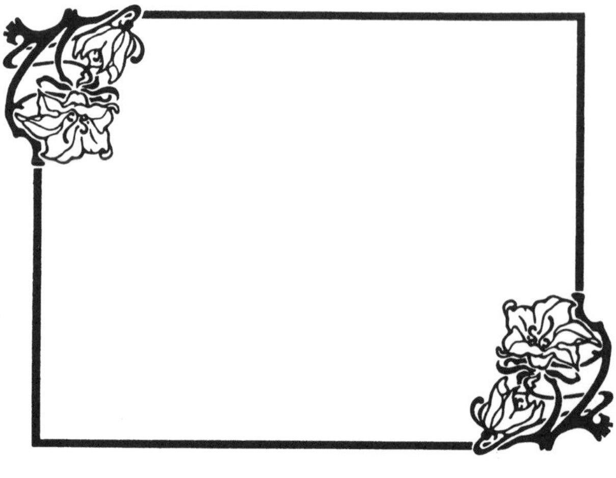

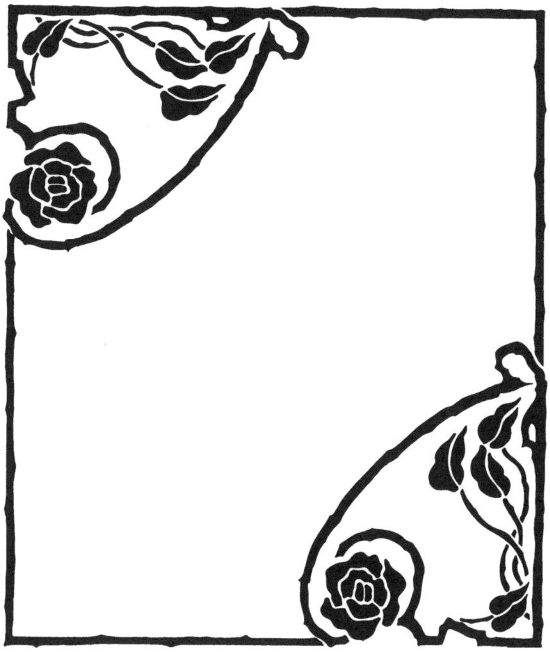

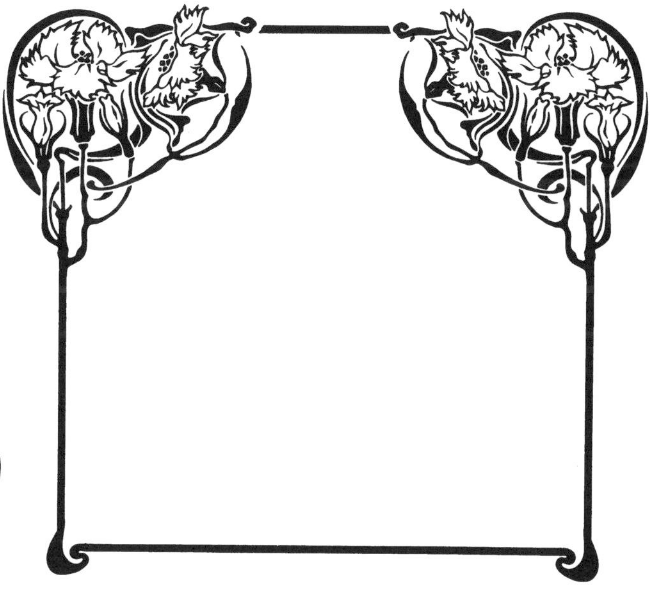

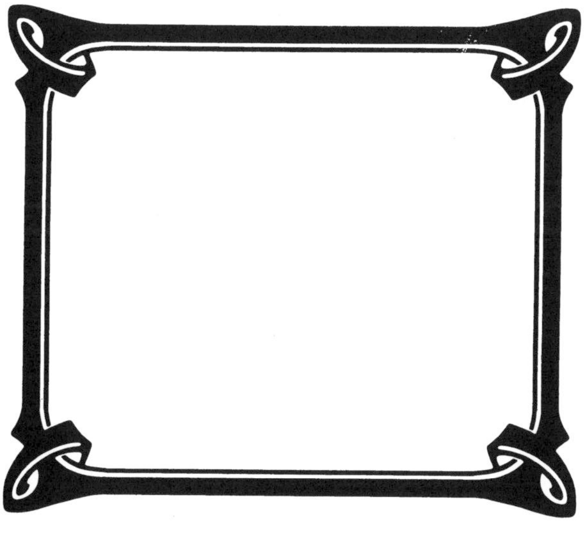

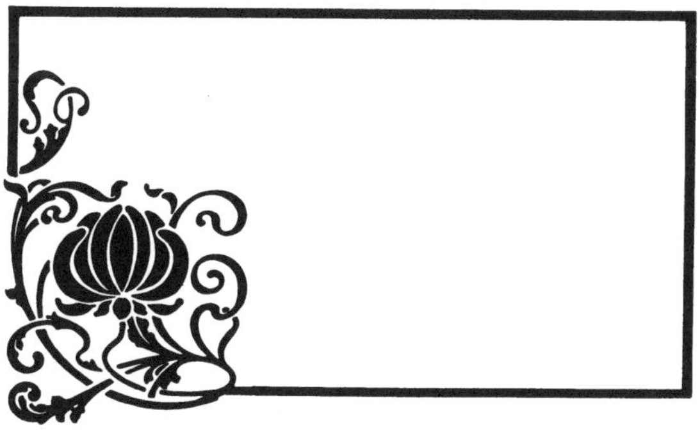

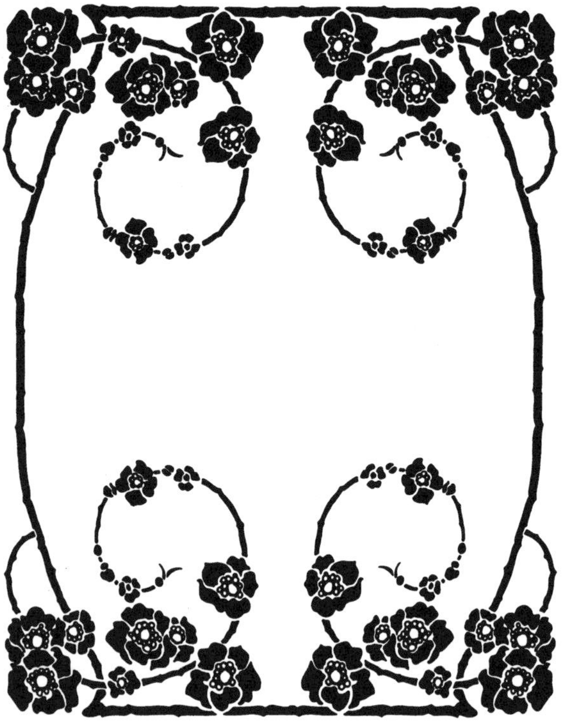

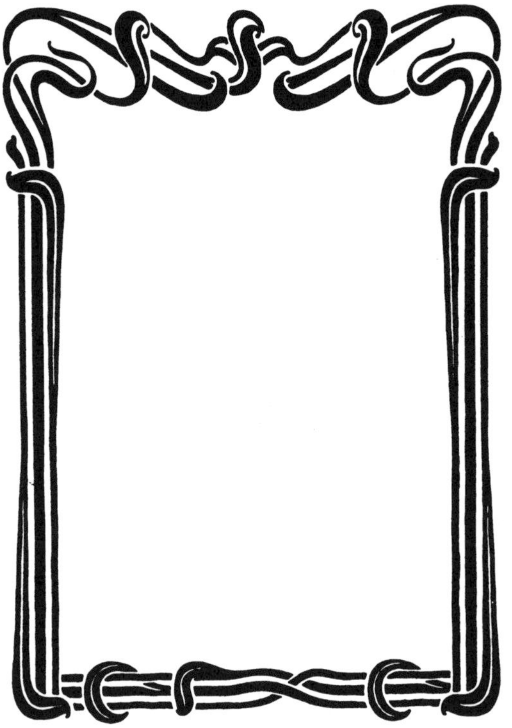

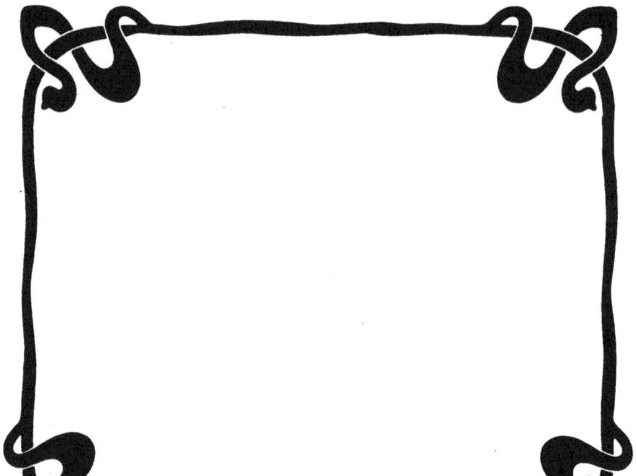

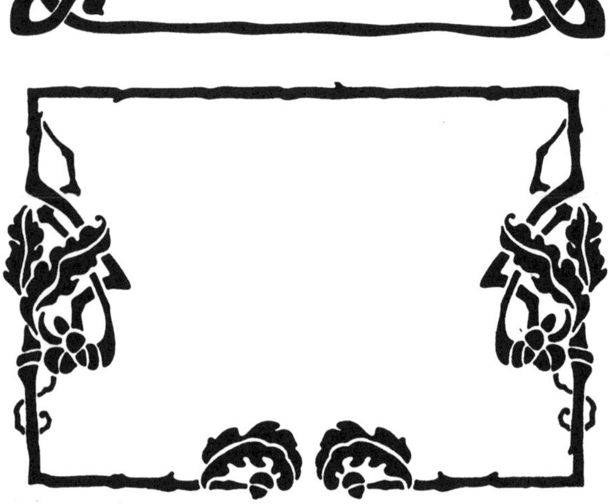

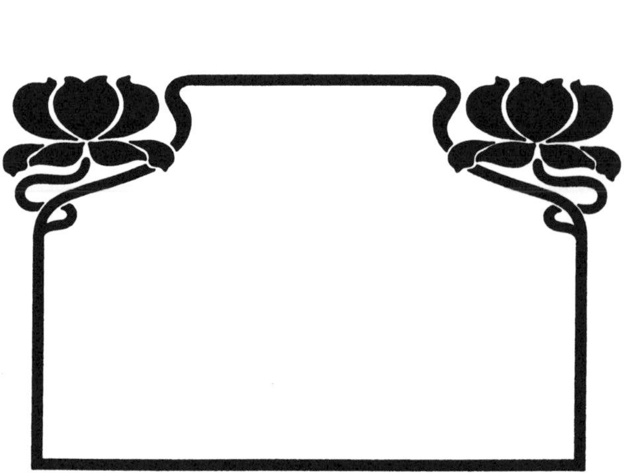

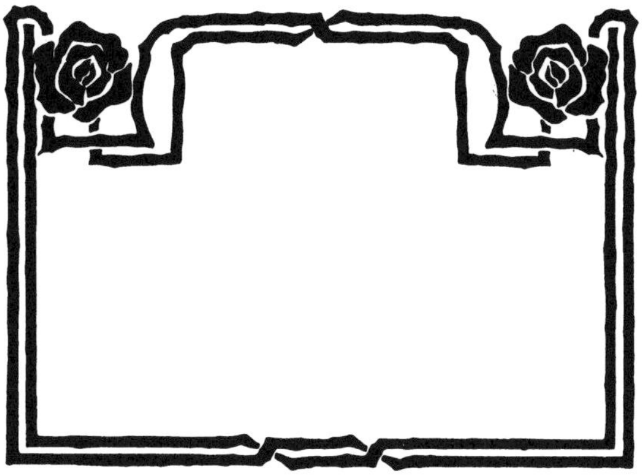

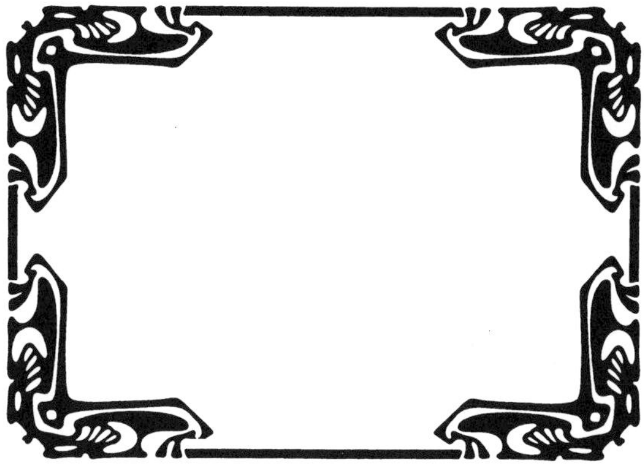

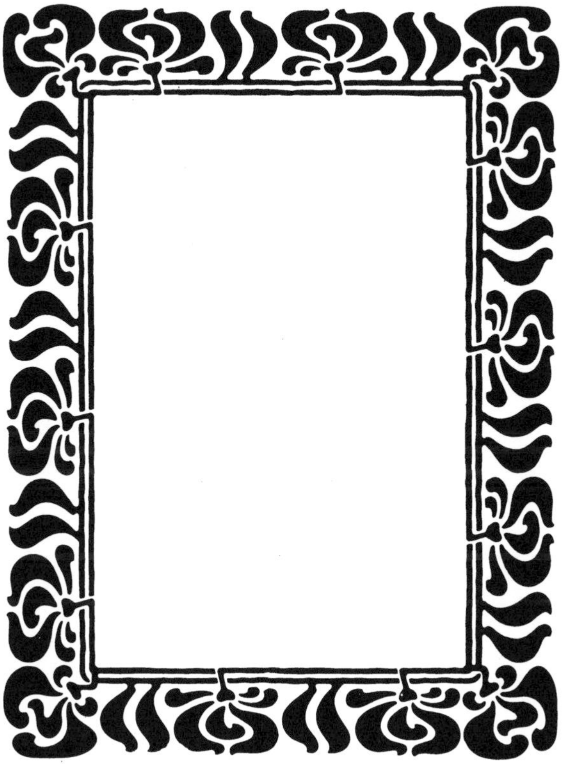

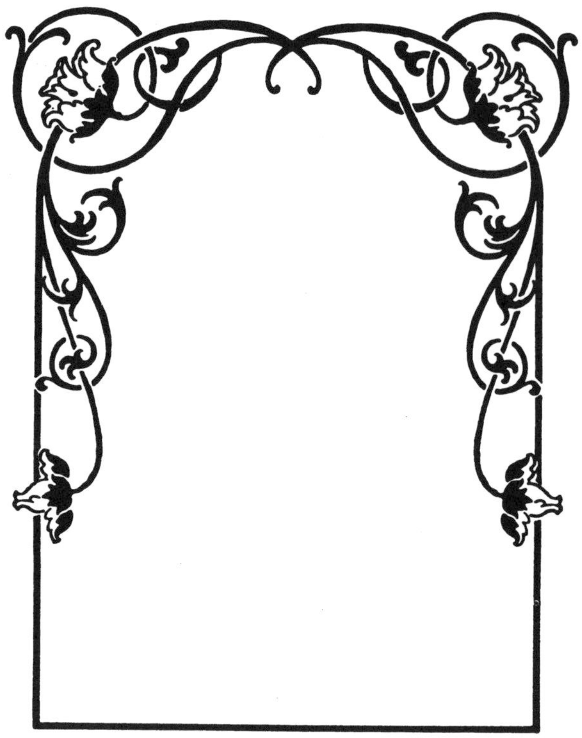

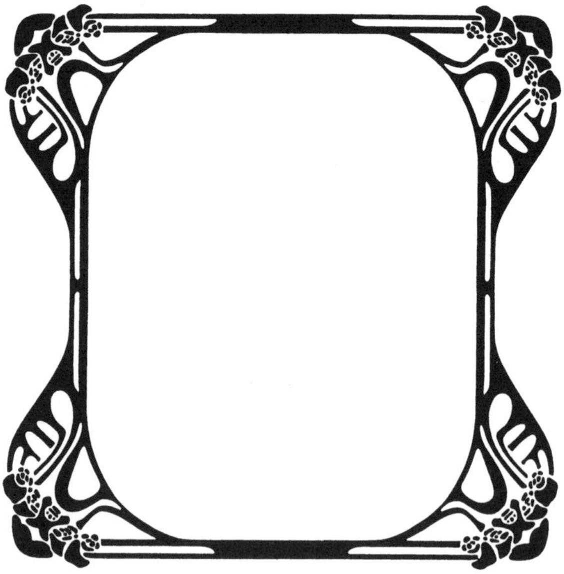

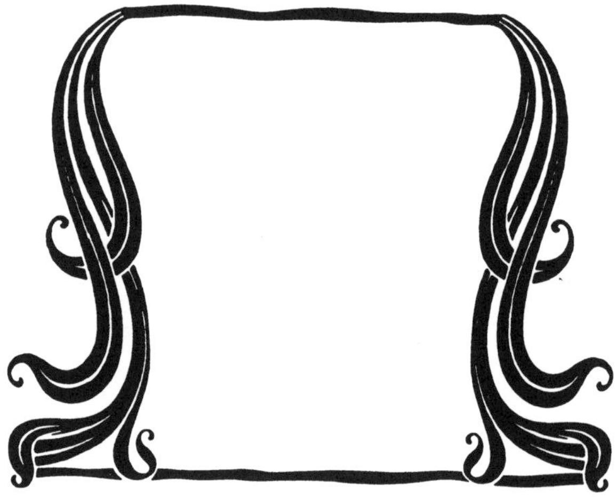

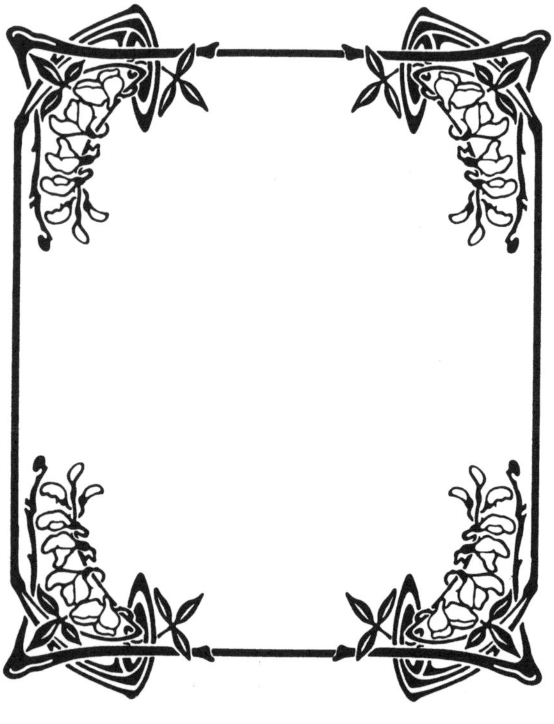

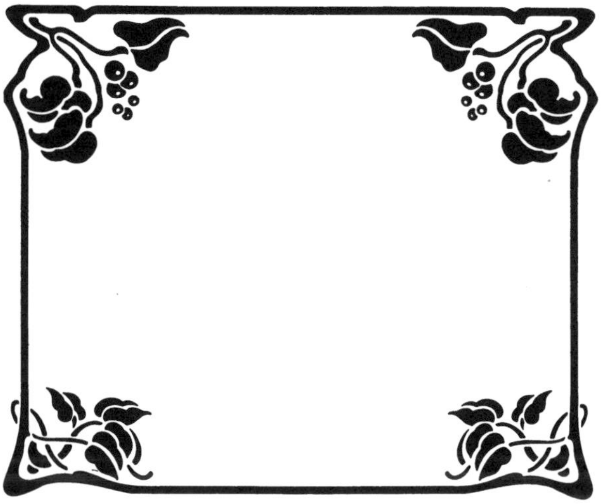

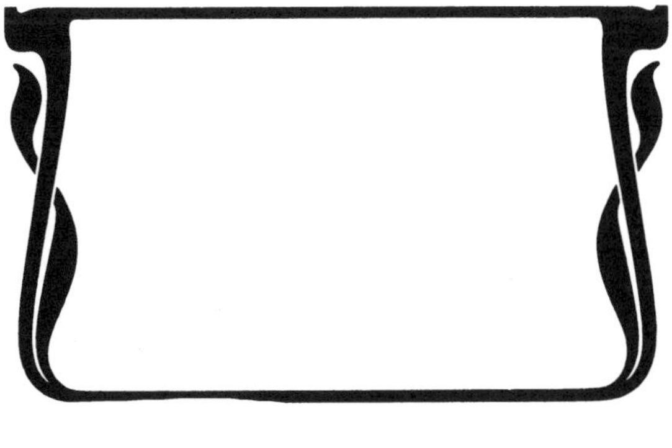

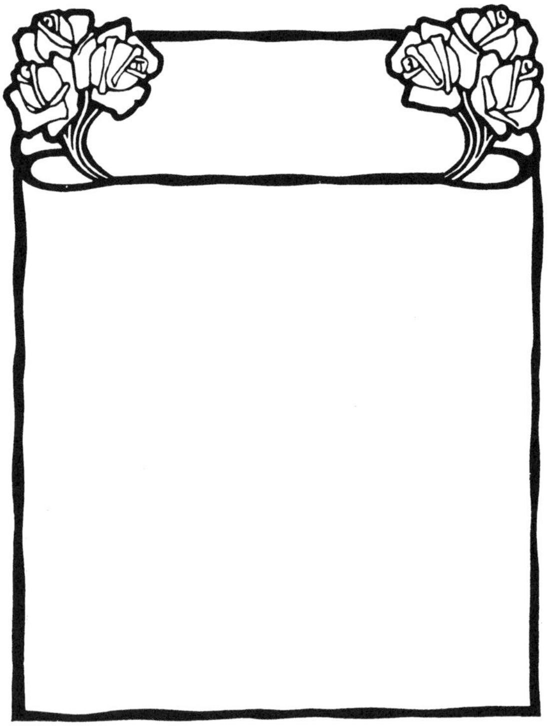

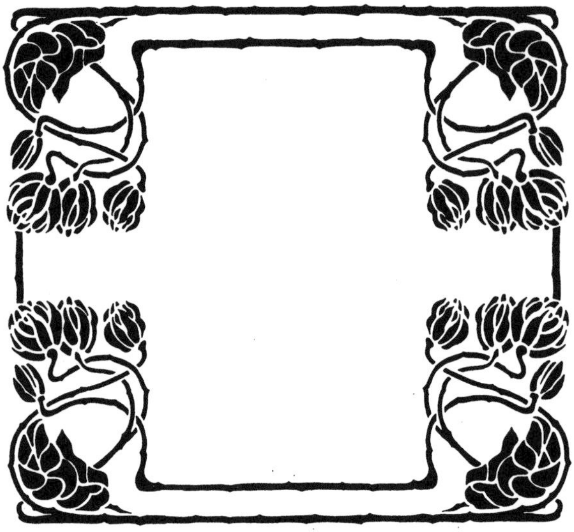

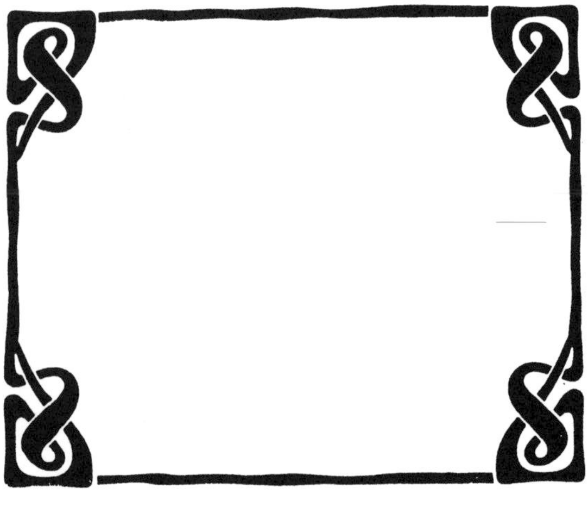

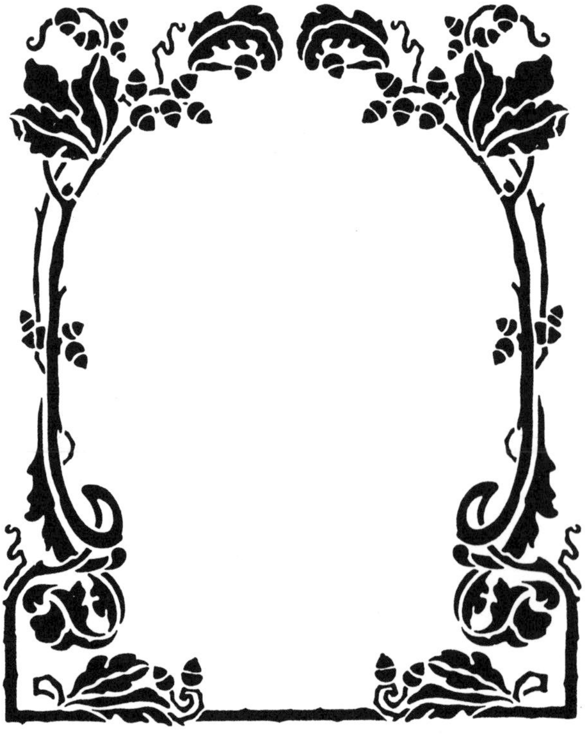

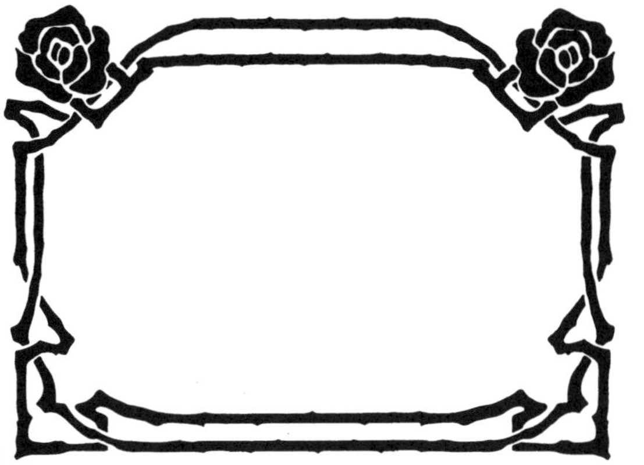

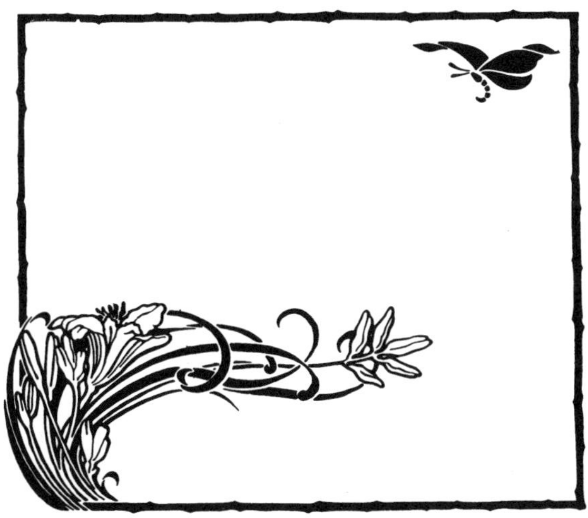

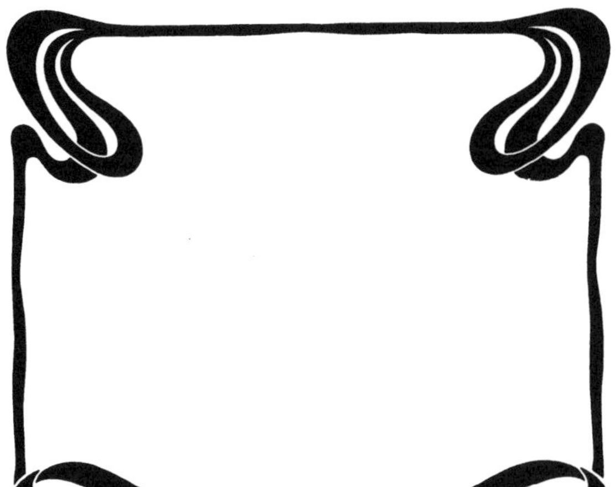

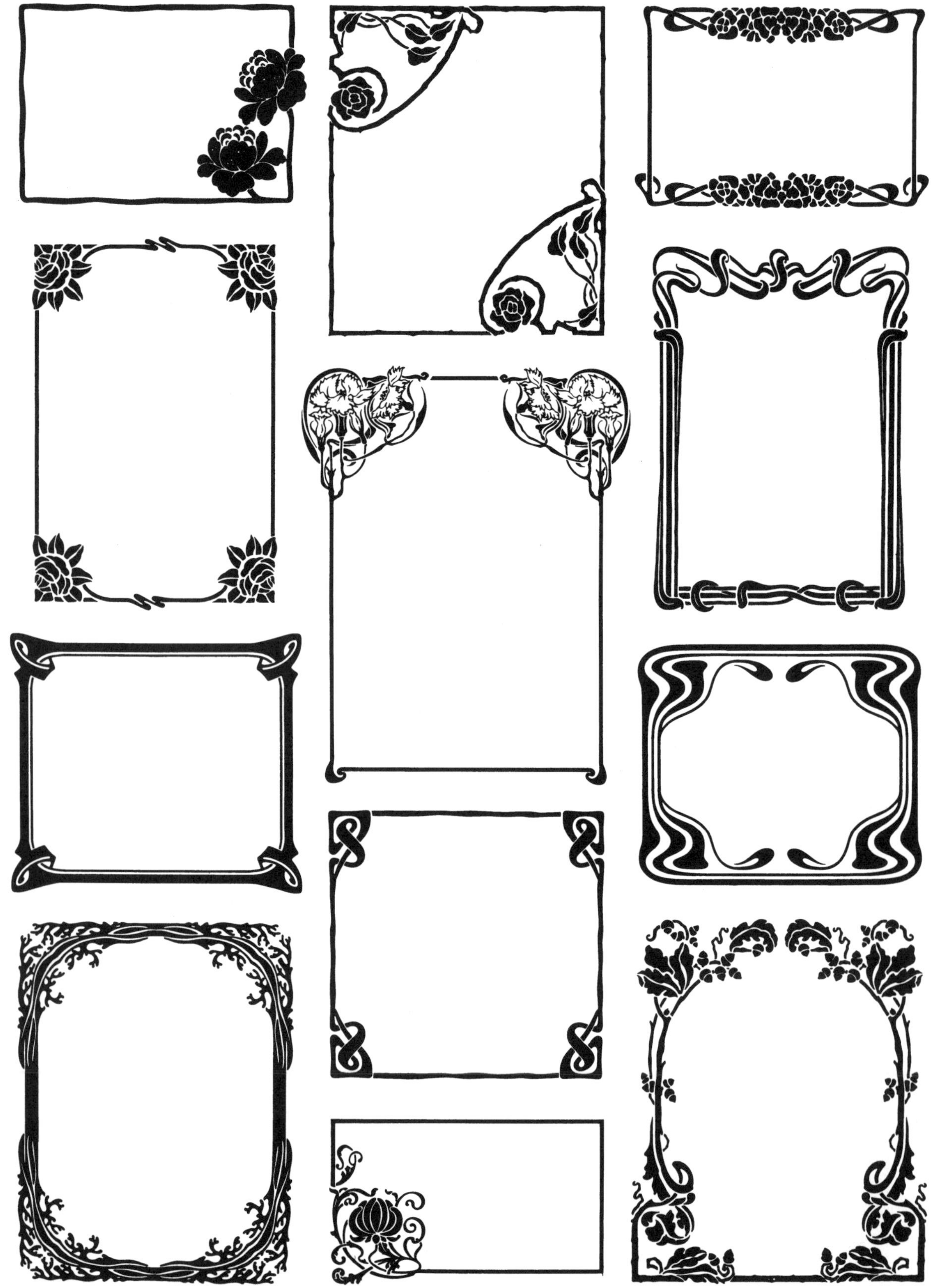

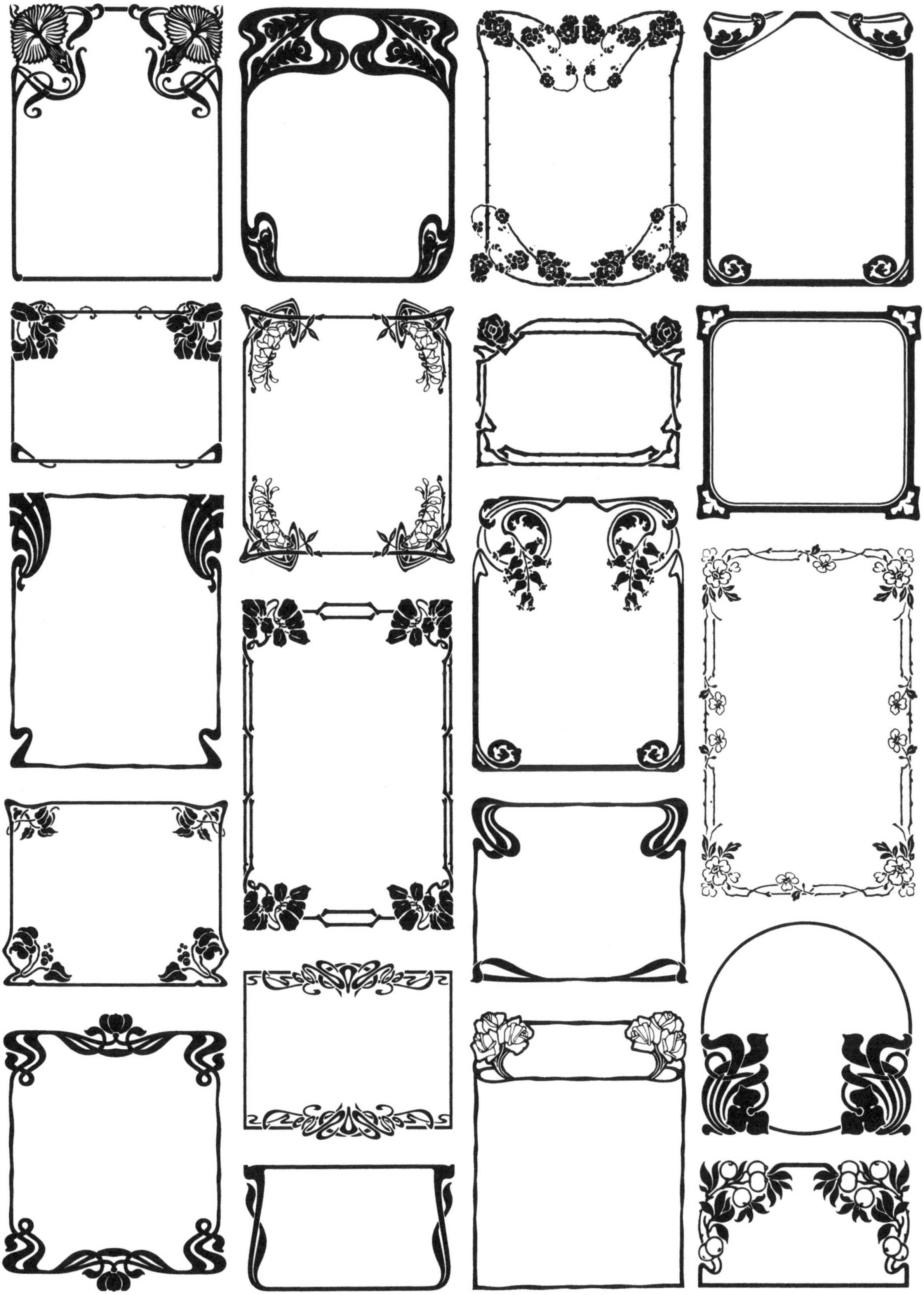

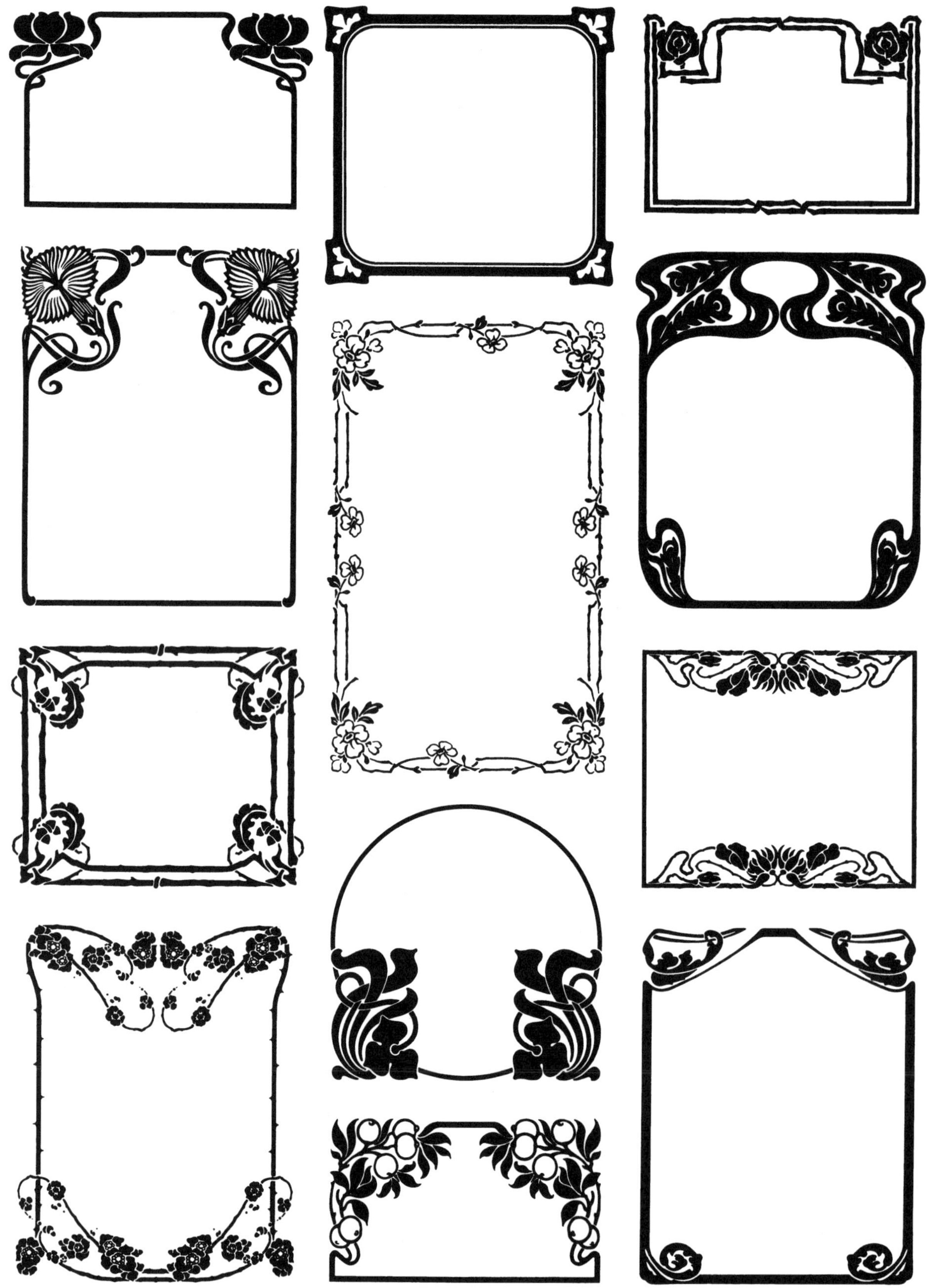

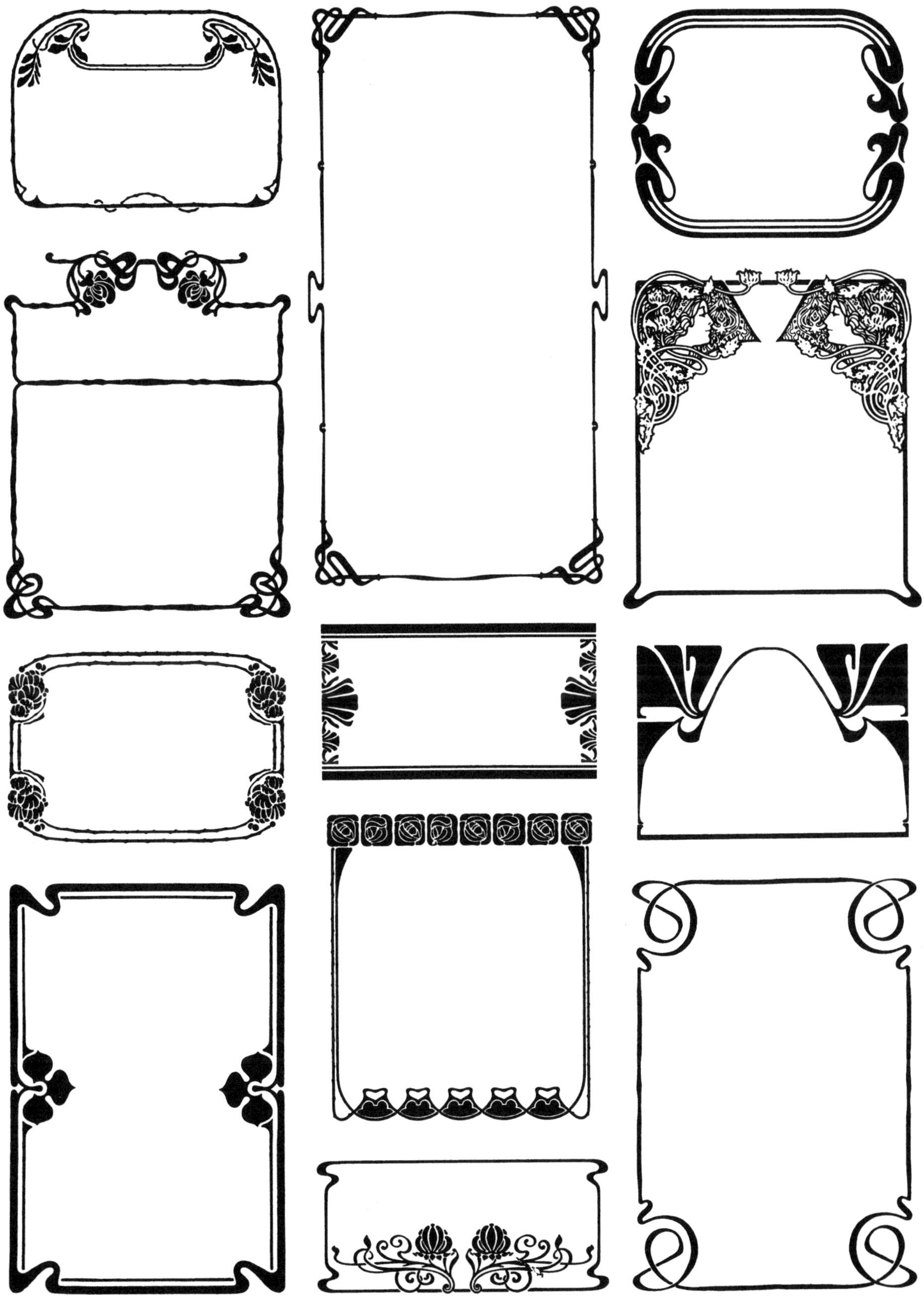

본사 간행 도서목록

No.	책　　　　명		면 수	정　가		
ART TECHNIQUE 시리즈						
1	**드로잉·드로잉·드로잉**		174면	**8,000원**		
2	**얼굴과 손의 드로잉**		152면	**7,500원**		
3	**인물화 드로잉**		200면	**10,000원**		
4	**드로잉 테크닉·얼굴**		200면	**10,000원**		
5	**여성 누드와 크로키**		160면	**7,000원**		
6	**알기쉬운 인체 데생**		192면	**7,000원**		
7	**인물소묘 작품집**		176면	**8,000원**		
8	**동물화 드로잉**		176면	**8,000원**		
9	**해부학에 준한 인체드로잉**		200면	**8,000원**		
10	**인물화 드로잉 테크닉**		200면	**12,000원**		
ART 시리즈						
1				**폐 간**		
2	**스포츠·캐릭터 디자인**		"	**6,000원**		
3			"	**폐 간**		
4	**테마 미술 디자인**		"	**6,000원**		
5	**동물 캐릭터 디자인**		"	"		
6	**인물 캐릭터 디자인**		"	"		
7	**꽃·식물 문양 디자인**		"	"		
8	**예쁜 캐릭터 디자인**		"	"		
9	**공예품 밑그림 디자인**		"	"		
10	**용·봉황 디자인**		"	"		
11	**컷 도안 디자인**		"	"		
12	**세계 캐릭터 디자인**		"	"		
도자기 공예 시리즈						
1	도자기 공예기법		120면	**10,000원**	컬러물	
2						
3						
세계 장식문양 시리즈						
1	**세계 장식문양** (유럽)		184면	**10,000원**		
2	**세계 장식문양** (아시아)					
3	**세계 장식문양** (고예품)					
4	**세계 장식문양** (꽃)		160면	**12,000원**	컬러물	

도서출판 상투스

전화 02)932-5111 • FAX 02)932-5113